# 객체지향 지도학

이 저서는 2018년 대한민국 교육부와 한국연구재단의 지원을 받아 수행된 연구임 (NRF-2018S1A6A3A03043497)

# OBJECT-ORIENTED CARTOGRAPHY

타냐 로세토 지음 | 박민지 옮김

## 지도의 시대, 지도의 삶, 지도의 이야기

# 객체지향 지도학

앨피

## 모빌리티인문학 Mobility Humanities

모빌리티인문학은 기차, 자동차, 비행기, 인터넷, 모바일 기기 등 모빌리티 테크놀로지의 발전에 따른 인간, 사물, 관계의 실재적·가상적 이동을 인간과 테크놀로지의 공-진화co-evolution라는 관점에서 사유하고, 모빌리티가 고도화됨에 따라 발생하는 현재와 미래의 문제들에 대한 해법을 인문학적 관점에서 제안함으로써 생명, 사유, 문화가 생동하는 인문-모빌리티 사회 형성에 기여하는 학문이다.

모빌리티는 기차, 자동차, 비행기, 인터넷, 모바일 기기 같은 모빌리티 테크놀로지에 기초한 사람, 사물, 정보의 이동과 이를 가능하게 하는 테크놀로지를 의미한다. 그리고 이에 수반하는 것으로서 공간(도시) 구성과 인구 배치의 변화, 노동과 자본의 변형, 권력 또는 통치성의 변용 등을 통칭하는 사회적 관계의 이동까지도 포함한다.

오늘날 모빌리티 테크놀로지는 인간, 사물, 관계의 이동에 시간적·공간적 제약을 거의 남겨두지 않을 정도로 발전해 왔다. 개별 국가와 지역을 연결하는 항공로와 무선통신망의 구축은 사람, 물류, 데이터의 무제약적 이동 가능성을 증명하는 물질적 지표들이다. 특히 전 세계에 무료 인터넷을 보급하겠다는 구글Google의 프로젝트 룬Project Loon이 현실화되고 우주 유영과 화성 식민지 건설이 본격화될 경우 모빌리티는 지구라는 행성의 경계까지도 초월하게 될 것이다. 이 점에서 오늘날은 모빌리티 테크놀로지가 인간의 삶을 위한 단순한 조건이나 수단이 아닌 인간의 또 다른 본성이 된 시대, 즉 고-모빌리티high-mobilities 시대라고 말할 수 있다. 말하자면, 인간과 테크놀로지의 상호보완적·상호구성적 공-진화가 고도화된 시대인 것이다.

고-모빌리티 시대를 사유하기 위해서는 우선 과거 '영토'와 '정주' 중심 사유의 극복이 필요하다. 지난 시기 글로컬화, 탈중심화, 혼종화, 탈영토화, 액체화에 대한 주장은 글로벌과 로컬, 중심과 주변, 동질성과 이질성, 질서와 혼돈 같은 이분법에 기초한 영토주의 또는 정주주의 패러다임을 극복하려는 중요한 시도였다. 하지만 그 역시 모빌리티 테크놀로지의 의의를 적극적으로 사유하지 못했다는 점에서, 그와 동시에 모빌리티 테크놀로지를 단순한 수단으로 간주했다는 점에서 고-모빌리티 시대를 사유하는 데 한계를 지니고 있었다. 말하자면, 글로컬화, 탈중심화, 혼종화, 탈영토화, 액체화를 추동하는 실재적·물질적 행위자agency로서의 모빌리티 테크놀로지를 인문학적 사유의 대상으로서 충분히 고려하지 못했던 것이다. 게다가 첨단 웨어러블 기기에 의한 인간의 능력 향상과 인간과 기계의 경계 소멸을 추구하는 포스트-휴먼 프로젝트, 또한 사물인터넷과 사이버 물리 시스템 같은 첨단 모빌리티 테크놀로지에 기초한 스마트시티 건설은 오늘날 모빌리티 테크놀로지를 인간과 사회, 심지어는 자연의 본질적 요소로 만들고 있다. 이를 사유하기 위해서는 인문학 패러다임의 근본적 전환이 필요하다.

이에 건국대학교 모빌리티인문학 연구원은 '모빌리티' 개념으로 '영토'와 '정주'를 대체하는 동시에, 인간과 모빌리티 테크놀로지의 공-진화라는 관점에서 미래 세계를 설계할 사유 패러다임을 정립하려고 한다.

오늘날 우리는 풍부한 지도학적 문화 속에 살고 있다. 공간적 · 위치적 · 지리시각적 미디어는 우리가 길을 찾거나, 여행하거나, 일을 하거나 여가 시간을 보내는 일상생활에서 끊임없이 우리를 따라다닌다. 디지털 전환 이후 다른 형태의 미디어와 지도의 융합이 증가했고, 지도학과 매핑mapping은 우리의 일상생활에서 사회적으로 새로운 중요성을 얻게 되었다. 이런 관점에서 코로나19의 대유행은 특별하게 드러났다. 전 지구적인 규모의 도전이라는 인식에서부터 국경 제한과 강제적인 이동성 폐쇄, 가정이라는 공간의 재개념화에 이르기까지, 우리가 시작한 가상 여행의 근접성에 부여된 새로운 가치에 이르기까지, 우리가 겪은 수많은 경험들은 공간뿐 아니라 우리 삶의 지도학적 네트워크에 대한 재사유를 요청한다.

지도학은 개인적인 맥락과 집단적인 맥락 모두에서 전염병의 공간 경험을 드러내는 주요 도구였다. 질병과 사망을 다룬 존스홉킨스대학의 충격적인 지도, 금지구역을 표시한 상징적인 지도, 접촉자 추적이나 연대 사슬 구축에 헌신했던 앱, 격리된 도시의 인포그래픽, 예술가와 활동가의 창의적 매핑, 아이들이 그린 전례 없는 상황을 재현한 지도 등등. 지도학적 생산물과 실천의 모든 세계가 전염병과 전염병 이후의 상황을 거쳐 우리의 길을 따라왔으며, 지금도 따라가는 중이다.

사회 내에서 지도와 매핑이 갖는 새로운 위상은 학문 분야로서 지도학이 갖는 위상 변화와 함께했다. 실제로 지도와 매핑에 대한 관심은 다른 분야에서 꾸준히 발전하고 있으며, 이는 지도학의 연구 대상을 학문 분야로 재편하는 데에 기여하고 있다. 지도학은 이제 보편적인 언어나 표현 방식이라는 단순한 인식을 넘어, 현재와 과거에서 모두 펼쳐지는 일련의 다면적 매핑 실천들로 여겨진다. 우리는 지도학을 훨씬 더 다양하고 활기찬 연구 영역으로 변화시키고 있는 지도다원주의 시대에 살고 있다. 이런 관점에서 지도학 이론은 지도의 새로운 개념화를 제안하며 추진력을 얻었다. 지도는 기술적으로 최적화되거나 비판적으로 해체되어야 하는 정보의 이미지가 아니다. 그것은 또한 다양하고 창의적이고 개방적인 방식으로 연구되고 경험되어야 할 실천이기도 하다.

이 책은 지도학과 객체지향 철학의 연결 고리를 구축하면서, 지도에 대한 사유를 풍부하게 할 추가적인 층위를 제안한다. 이 책은 지도에 대한 새로운 이론적 독해를 통해 지도학적 재현에서 매핑 실천으로 관심이 이동했음을 인정하면서도, 지도의 '객체성'에 대한 대안적인 사유를 요청한다. 오랜 기간 동안 지도는 그 물질적인 특성에 기반하여 연구되었다. 특히 지도학적 객체의 중요성은 역사적 지도학과 기록 연구 분야에서 광범위하게 탐구되어 왔다. 하지만 지도의 물질성은 지도의 객체성에 대한 내 관심의 초점이 아니다. 나는 지도학적 객체에 대한 질문을 현실을 구조화하거나 반추하는 질문으로 제기하지도 않는다. 오히려 객체지향 철학이 우리의 관심을 이끄는 사물 세계 안에서, 지도를 포함한 지도학적 객체의 삶에 대한 질문으로 객체를 심문한다. 나는 지도의 객체성을 받아들이면서도, 지도가 어떻게 사물의 실재론에 접근할 수 있는지의 여부에는 그다지 관심이 없다. 나의 관심사는, 객체지향 철학의 근본적 기조인 사물의 실재론은 언제나 철회된다는 입장을 지도학적 사물에 직면시키는 것이다.

지도는 우리만을 위한 것인가? 지도가 우리에게 완벽하게 접근하는 것이 가능할까? 지도는 우리에게 의존적인가? 지도에도 그 자체의 삶이 있을까? 지도가 경험하는 건 무엇일까? 만약 지도들이 말할 수 있다면 뭐라고 말할까? 한 마디로, 지도가 어떤 방식으로 현실에 연결되는지를 묻고 지도의 물질성에만 초점을 맞추지 않고 지도학적 객체를 전면에 내세워 사변적-실재론 지도 이론의 가능성을 탐구하는 것이 이 책의 목표이다. 그렇기에 이 책의 주요 관심사는 디지털 지도와 비디지털 지도의 객체성이다. 이 객체성을 미학과 기술, 민족지학과 이미지 이론, 내러티브와 사진 기술에 대한 사유와 사례연구로 조사한다. 우리는 어떻게 사물로서의 지도학에 실질적으로 접근할 수 있을까?

지도에 대한 명시적인 객체지향적 접근법을 채택하는 것 외에도, 이 책은 구체적인 방법론적 응용 프로그램을 개발함으로써 지도 중심의 실용적인 사변적 실재론을 탐구하고자 한다. 이 책은 지도의 '객체성'을 탐구하는 것을 목표로, 지도학적 객체의 삶을 사유하고 객체지향 지도학 연구를 발전시킬 방법을 제공하려 한다. 디지털과 비디지털 지도학적 객체 전부에 대한 민주주의를 호소하며, 몇 가지 연구와 실험을 제안하려 한다.

이 책의 한국어 번역은 (내가 모빌리티와 인문학 고등연구소 의장으로 소속돼 있는) 파도바대학 역사지리학과 고대세계 분과와 건국대학교 모빌리티인문학연구소의 협업으로 이루어졌다. 특히 생산적인 협업으로 이끌어 준 이진형 교수에게 감사를 표한다. 공통된 인문학적 관점에서 진행된 학제 간 협업은 책 안에서 수행되는 작업에서 큰 부분을 차지한다. 물질로의 전환, 행위자-네트워크 이론, 포스트휴머니즘, 사변적 실재론 혹은 객체지향 철학으로 제시되는 이론과 지도학의 대화는 그것을 '지도학적 인문학'이라고 할 수 있다는 점에서 고무적이다. 지도학적 인문학의 관점은 학제 간 교류뿐만 아니라 문화적 맥락의 교환에도 열려 있기에, 이 책의 번역은 우리가 전 지구적으로 공유하는 지도학 사유를 증진시킬 개방성과 다원주의적 태도의 한 방식이라고 생각한다.

타냐 로세토

2021년 4월 21일 파도바에서

감사의 말

이 책을 쓰는 일은 주로 고독한 작업이었다. 하지만 나는 몇 달 동안 홀로 작업할 수 있게 해 준 많은 이들에 빚지고 있다. 나의 첫 번째 감사는 같이 공유했던 작업을 나름의 방식으로 해석하는 작업을 존중해 준 파도바대학의 DiSSGeA 부서 내 지리학 동료들에게 건넨다. 이 프로젝트의 가치를 인정해 주고, '맞아, 밀린 일은 결국 되기 마련이야'라고 말해 준 안드레아에게도 감사를 표한다. DiSSGeA의 학술위원회는 이 책의 언어를 교정하는 데에 재정적 지원을 해 주었다. 나는 원어민이 아니어서 나의 부족한 영어 글쓰기를 세계의 어딘가에서 전문적인 온라인 교정 서비스에 종사하는 익명의 교정자들에게 맡겼다. 머릿속의 아이디어들을 정제된 문장으로 다듬어 내놓는 그 불가능성에서 기인한 고통을 그들과 함께 나누었다. 이 책의 초고는 내가 런던의 로얄할로웨이대학에 초청받아 나누었던 〈풍경의 진단Landscape Surgery〉 대담에서 처음 구체화되었다. 베로니카 델라 도라, 필 크랭, 사샤 엔젤만, 펠릭스 드라이버, 헤리엇 호킨스를 비롯한 대담자들과 참석자들이 보여 준 환대와 통찰에 감사를 표한다. 특히, 초고를 확장시키고 연구를 조정하게 만든 중요한 질문들을 던져 준 마이클 더건에게 큰 빚을 졌다. 출판사에 책의 초고를 보냈을 때에도 익명의 세 검토자에게 중요한 평을 받는 행운을 누렸다. 루틀리지출판사의 루스 앤더슨과 파예 리링크에게 받은 격려의 코멘트들은 나의 글쓰기에 힘을 북돋아 주었다. 매우 관대한 지지를 보여 준 베로니카 델라 도라, 크리스 퍼킨스와 세바스티안 카카드에게도 감사를 표한다. 로라 로 프레스티는 이 책을 쓰는 과정을 함께한 가상의 동료 여행자였다. 그녀의 이론적 직관, 어휘의 발명, 성경적 지식에도 감사를 표한다. 에도알도 보리아, 몬카 사샤텔리와 지아다 페텔레는 유럽 지도에 대한 나의 허구적 글쓰기에 상당한 영향을 끼쳤다. 유럽 지도에 대한 이야기를 들려주며 기억과 감정을 공유하고 나의 이 이상한 작업에 공감해 준 마테오와 안젤라 마사그란데, 조르조 토글리아니에게 감사를 표한다. 프란체스코 페라레세, 사라 루체타, 실비아 피오반, 로라 카날리는 그들이 지도에 관해 나눈 대화를 서술할 환경과 시간을 내주고, 이 책에 그들의 사적인 내러티브를 싣도록 허락해 주었다. 연구에 참여해 준 아쿠스마 어쿠스틱 밴드에게도 감사를 표한다. 이 책에 필수적인 사진들을 출판할 수 있도록 허가해 준 아델 기리, 클레멘 발라, 데렉 맥코맥, 케이틀린 데실비, 지아다 페텔레, 리앙카 로제토에게도 감사를 표한다. 또한, 영화 속 객체에 대해 조언해 준 파라 폴라토와 기울라 라바로네와 (지도 속) 객체에 관심을 보여 준 프란세스코 발레라니에게도 감사한다.

특히 언제나 나를 관대하게 이해해 주는 나의 가족에게 감사를 전한다. 마지막으로, 나의 책에게 감사를 전한다. 이 책은 엄마가 심각하게 아프다는 소식을 들었을 때에도 내가 흔들리지 않도록 도와주었다.

# 지도 사유하기의 층위

1990년대 이탈리아 학계에서 지도 이론과의 첫 만남은 비판이론적 입장에 강하게 영향을 받았다. 예술과 인문학을 전공하는 학생으로서 나는 지리학의 궤적을 좇으며 이른바 **지도학적 이성비판** critique of the cartographic reason을 알게 되었고, 나중에는 지도를 독해하거나 제작하는 것뿐만 아니라 지도를 **사유하는** 것도 가능하다는 것을 발견했다. 나의 이론적 성향은 지도를 사유할 가능성을 인식하는 데에서 커다란 희열을 찾았다. 그러나 가혹한 비판으로 가득 찬 이 이론적 관점은 곧 나에게 고통스러운 기분을 불러일으켰다. 이러한 이론적 불신의 주입에도 불구하고, 내가 지리학자로서 훈련 받는 환경은 지도에 대한 신뢰를 표현했다.

　　파도바대학교 지리학과에서 공부를 하는 동안 나는 여러 가지 방법으로 지도의 기본 정의, 즉 현실의 축소되고 대략적이며 상징적인 표현으로 간주되고 공유되고 생각되었던 바를 실천으로 전환시켰다. 나는 지도학의 역사와 지식과 기술의 '진보'를 살펴보고자 지도학적 기호학(이탈리아에서 활발하게 논의되는)[Casti 2015]에 대해 배웠고, 이탈리아 도시 공간의 인식도認識度 애플리케이션, 수동으로 색칠된 지형 또는 인구 지도, 이탈리아의 권위 있는 지도학 기관인 군사지리연구소Instituto Geografico Militare의 지형 지도에서 추론된 인류 패턴과 지형 형태를 공부했다. 그렇게 경험적으로 지도를 과학적이고 실용적인 필수 응용 도구로 사용하면서, 나는 또한 지도학의 총체화 비전이 권력과 연관된 발군의 개물個物entity, 군사적 목적과 연결된 근대성과 식민주의의 거대서사, 학문의 주요 도구임을 깨달았다.

1989년 할리Brian Harley의 획기적인 책《지도 해체하기Deconstructing the Map》와 1990년 코스그로브D. Cosgrove의 재현에 관한 비판적 독해의 메아리는 이미 지도학을 포함하여 지리적 표현에 대한 급진적 비판의 출현을 경험하고 있던 이탈리아 지리학에 도달했다(Quaini 1979). 이와 나란히 혹은 좀 더 앞서, 할리식 지도 비평을 전개한(Lo Presti 2017; Lladó Mas 2012 참조) 이탈리아 지리학자 파리넬리Franco Farinelli(1992)는 지도가 서구 지식의 원형으로 존재하며 현실을 생산해 내는 방식, 다시 말해 지도가 가진 존재론적 힘에 철학적인 질문을 던졌다. 그때부터 이탈리아 안팎에서 지도학적 이성과 응시(Pickles 2004)에 대한 비판적 해석은 점점 커지는 **지도혐오적 태도**를 양산하였고, 이는 점차 **지리학의 나쁜 면모로서 지도 왜곡**으로 이어졌으며, 이는 궁극적으로 지도학의 **고갈**이라는 지속적인 형식으로 이어졌다(Lo Presti 2017, p. 8). 이런 문화지리학 내에서, 나는 주로 지도학을 의심하고, 지도를 비판하고 경멸하며, 지도의 결점과 이데올로기적 내용을 탈신비화하고 비난하며 그것과 거리를 두어야 한다는 압박을 느꼈다. 그러나 지리학을 공부하면서 나는 모순을 보기 시작했고 불편해졌다. 간단히 말하자면, 나는 지도에 대한 사랑 때문에 그 자리에 있었으나 이 사랑을 이론적인 수준에서 연출할 방법이 없었다. 특정 시점에서 지도를 적절히 **사유**할 유일한 방법은 지도의 해체de(con)struction밖에 없어 보였다.

2000년대 초, 지리학과에서 박사과정을 시작하며 나의 관심사는 몇 해 전 베니스 IUAU대학의 건축학부에서 일부 과정을 자유롭게 수강하던 시절에 관심을 가졌던 사진 이론으로 옮겨 갔다. 지리학과 사진의 관계에 관한 박사논문을 쓰면서, 나는 사진과 이미지 이론의 다성성(Marra 2001)을 주로 사회구성주의와 재현 비판에 집착하는 지배적인 일의적 지도학 사상으로 보이는 것과 비교하기 시작했다. 현실의 유사물로서의 사진 이해를 넘어, 수행적·현상학적 틀을 통해 현실의 상징적 변형으로서의 사진 해체와 비판을 넘어, 사진 이론은 **사진 행위**를 탐구했는데, 이는 실재reality의 다양하게 체화된, 우발적, 물질적, 실험적 실천들의 집합으로 여겨졌다(Dubois 1983). 드문드문 지도학 분야로 다시 돌아가며, 나는 융통성 없고 타협이 불가능한 이론화에 낙담했다.

에드니M. H. Edney(2015)가 특히 할리의 작업을 참조하여 관찰한 것처럼, 1990년대 비판적 지도학의 주요 문제 중 하나는 **지도**를 보편화하려는 경향이었다. 지도학을 주로 권력과 제도 및 사회정치 엘리트와 연결된 통합된 단일 실천으로 취급하는 이 접근법은 실제 다양하고 구체적인 지도학 방식들을 경시했다. 바로 이 점이 요점이었다. 나는 나의 지도 경험과 일반적인 지도학 감각을 이렇게 편협하고 단일한 해체주의적 접근에 강요할 수 없었다. 2004년 피클스John Pickles는 지도 이론에서 서서히 발생하고 있던 조급함을 훌륭하게 표현했다.

지도를 사회적으로 생산된 상징적 객체, 권력의 도구, 시선의 특정 인식론에서 파생된 형식, 또는 남성적 재현으로 설명하는 단조로운 총체적 해설에 대한 여전히 뿌리 깊은 욕망은, 내가 보기에 탈구

조주의 전환의 요점을 놓치고 있는 것 같다. 즉, 지도는 다성적일 뿐만 아니라, … 지도를 다루는 우리의 설명도 그러해야 한다는 것이다.(Pickles 2004, p. 19)

피클스의 논문에서 명확하게 드러나듯이, 지도학의 디지털 전환은 이러한 조급함을 지도 이론화의 갱신과 지도 연구 범위의 확장으로 밀어붙이는 데에 결정적인 역할을 했다. 구글 어스Google Earth가 출시된 2005년 이후 급속하게 인터넷 개발에서 가장 주목받는 제품 중 하나가 되었다. 몇 년 안에 우리는 스마트폰에서 지도를 사용하기 시작했고, 차량에 부착된 내비게이션 시스템에 점점 더 의존하게 되었다. 우리는 어디에나 있는 디지털 매핑 실천과 지리공간 기술 및 장치의 세계에 살기 시작한 것이다.

2000년대의 끝자락, **문화지도학**cultural cartography 전문가인 코스그로브(Cosgrove 2008, p. 171)는 새로운 인문학적 발전을 지지하며, 우리가 "역사상 지도학적으로 가장 풍부한 문화"에 살고 있다고 단언했다. 실제로, 디지털 전환은 지도를 생산/사용하는 무수히 많은 창의적인 방법의 확산, 생경한 매핑 맥락과 인터페이스의 증가, 전례 없는 지리적 시각화 도구의 출현, 지도에서 영감을 받은 디자인과 "지도 예술"의 묘사에 대한 새로운 취향이 잘 반영된 새로운 미학적 매혹의 출현으로 이어졌다(Wood 2006). 이런 경향은 일상생활과 예술 실천뿐만 아니라 지적 영역에도 막대한 영향을 끼쳤고, 인문학은 점차 지도의 형상뿐 아니라 공간적 전환에 매혹되었다(Mitchell 2008). 이 경향을 잘 보여 주는 예가 2002년에 출판된 시각예술학자 브뤼노 Giuliana Bruno의 저서《감정의 아틀라스: 예술, 건축, 영화 속 여정Atlas of Emotion: Journeys in Art, Architecture and Film》이다. 영화, 건축, 지도학을 결합한 이 책은, 지도가 객관적인 눈으로 생성된 총체적 개념이라는 비판적 태도 너머를 지향하겠다고 분명히 밝혔다. 브뤼노는 논쟁의 여지가 있고 심지어 부정적인 개념의 지속과, 지도를 해체하고 탈식민지화하는 데에 전념하는 지속적인 노력에 반응했다.

너무나 자주, 지도학은 지배적이고 헤게모니적인 도구로 무시되는 경향이 있다. 그러나 이런 입장을 고수하는 것은 완전히 지배에 봉사하는 제한된 지도학 개념을 생산할 위험을 감수하는 것이다. 지도학의 미묘한 재현적 가장자리, 지도학적 실천의 다양성, 다양한 매핑 과정들이 품고 있는 다채로운 잠재력은 여전히 가려져 있다.(Bruno 2002, p. 207)

지도를 움직임과 서사, 촉각과 주거, 감정과 친밀한 공간과 연결시키면서, 브뤼노는 학문의 외곽에서 지도를 상상하는 새로운 방법뿐 아니라 지도를 감각하는 새로운 방법을 제안한다. 디자인, 커뮤니케이션, 문학, 예술 등 여러 분야에서 지도학에 대한 관심이 팽배해지면서, 몬모니어Monmonier(2007)가 지적한 것처럼, 지도학 자체가 **인문학적 전환**을 경험하고 있었다. 이런 **지도인문학**carto-humanities의 일부 흔적이 이탈리아 지리학에 나타났다. 예를 들어, 파포티

Papotti(2000)는 문학작품으로 지도에 접근하여 인문학적 · 문화적 지도학을 구체적으로 발전시켰다.

하지만 내가 지도학을 나의 주요 연구 분야로 다시 받아들이게 된 전환점은, 이탈리아 학술지《로 스콰데르노: 공간과 사회 탐구 Lo Squaderno: Exploration in Space and Society》(2010)에 실린 키친Rob Kitchin의 세 쪽짜리 논문을 접하면서다. 현재 지도 이론에서 가장 영향력 있는 패러다임의 이정표 중 하나인 앞선 출판물(Kitchin and Dodge 2007: Doge, Kitchin and Perkins 2009)에서 발췌한 이 짧은 글의 제목은 〈탈재현적 지도학Post-representational Cartography〉이다. 이 짧은 논문은 지도학에 대한 나의 관점을 열어 주었고, 내가 지도에 대해 품었던 억압된 사유와 경험을 자유롭게 하고 어떻게든 합법화해 주었다. 지도의 체화에 관한 현상학적 사유(Rossetto 2012)를 발전시키던 시기였는데, 이 논문은 나의 시도를 구체화하는 데에 큰 도움을 주었다. 브라이언 할리의 초기 비판적 지도학을 넘어 지도 이론화를 확장시킨 존 피클스, 데니스 우드Denise Wood, 존 펠스John Fels, 제임스 코너James Corner, 빈센트 델 카지노Vincent Del Casino, 스티븐 한나Stephen Hanna 등을 언급한 후, 키친은 다음과 같이 말한다.

지도는 순간적이며 (체화된 · 사회적 · 기술적) 실천을 통해 생성되며, **언제나** 참여할 때마다 다시 만들어진다. … 지도는 일시적이고 순간적이며 우발적이고 관계적이며 맥락의존적이다. **지도는 실천이다—항상 매핑 중이다.** … 또한 지도는 모든 개인에게 같은 방식으로 나타나지 않는다. 오히려 창의적이고, 반응적이며, 장난스럽고, 촉각적이고, 습관적인 실천이 혼합된 맥락 속에서 나타난다.(Kitchin 2010, p. 9)

'탈재현적 지도학' 혹은 '신생 지도학'이라고 불리는 이 새로운 사유 방식은 지도의 본질(그리고 권력)보다는 광범위한 매핑 실천에 초점을 맞춘 새로운 연구 열정을 불러일으키는 것을 목표로 했다. 그때부터 나는 매핑 실천과 살아 있는 지도의 세계를 전부 탐험하기 시작했다. 이후 10년간 도시의 지도학적 객체들의 공간성, 지도의 시각적 묘사와 공공 이미지들, 매핑 실천에 대한 문학적 서술, 촉각과 지도학의 관계 같은 기이한 현상들을 연구하면서, 나는 무엇보다도 내가 학계 밖에서 겪은 다면적이고 구체적인 경험에 주목했다. 초등학생 시절에 생긴 지역 지도 제작에 대한 관심, 전국 벽화 지도에 대한 애정, 나의 공간지각 능력 부족에 따른 지도에 대한 절실한 욕구, 여행을 꺼리면서도 포기하지 못하는 도시 지도 수집벽, 내가 만나는 모든 지도를 사진으로 담고 싶은 욕망, 이런 것은 더 이상 슬퍼할 일이 아니었다.

다른 다양한 감정과 태도 및 실천과 마찬가지로, 그것은 고려하고 연구할 가치가 있다. 내가 느끼기에, 이 새로운 지도 연구의 흐름 안에서, 나는 나만의 방식으로, 아직 연구가 덜 된 지도학적 실천과 물질성에 대한 정의를 내리는 데에 기여하고 있다. 이는 지도적 사고의 비판적 차원을 완전히 배제하는 것을 의미하지 않으며, 실제로 나는 나의 매혹된 태도와 지도 비평의 엄격함(Boria and Rossetto 2017) 사

| **그림 0.1** | 지도 사진 찍기, 파도바, 2016 (출처: 저자 사진)

이에서 타협점을 찾게 되었다. 비판적 차원에서 한 걸음 더 나아간 미묘한 차원에 가 닿겠다는 의미다(Perkins 2018 참조).

이 책의 제목이 유래된 객체지향 존재론object-oriented ontology(ooo)이란 철학적 흐름을 처음 접한 것은 포스트현상학적 지리학(Ash and Simpson 2016)을 다룬 논문에서다. 이 연구는 현상학에 깃든 인간중심적 관점과 사물의 행위주체성agency을 충분히 인식하는 객체지향적 관점을 결합할 것을 제안했다. 이후 나는 객체지향 철학의 이론적 기여를 훨씬 더 실용적인 근거로 끌고 온 보고스트Ian Bogost(2012)의 《에일리언 현상학Alien Phenomenology》을 읽으며 객체지향 존재론 문학을 연구하기 시작했다. 현상학의 참여 그리고 수행적인 태도의 채택과 함께, 이 출발점은 아마도 지도학 분야에 객체지향 존재론을 도입하는 것에 대한 나의 절충적이고 실용적인 방법의 많은 부분을 설명해 준다. 객체지향 철학을 탐구하며 나는 지난 수십 년간 인문학과 사회과학 분야에 등장한 더 넓은 '사물로의 전환turn to thing'에도 참여했다. 이것은 또한 지도 연구에서 객체성objecthood과 물질성materiality을 사유하는 방식을 다시 짚어 볼 기회를 제공했다.

## 각 장의 내용

**지도학적 사물들로의 (재)전환**이라는 제목의 1장은 지도의 객체성에 대한 기존의 다양한 접근법에 대한 초기 개요를 제공한다. 확실히, 객체로서의 지도와 지도학적 물질성에 대한 관심은 디지털 이전 지도와 디지털 매핑을 모두 포함하여 지도 연구 내에서 오랜 기간 동안 다양한 방식으로 존재한다. 지도학과 객체지향 존재론 사이를 더 구체적으로 오갈 실험의 전제로서, 1장에서는 지도의 객체지향적 사고를 수행할 포괄적인 틀의 채택을 제안한다. 앞서 말했듯이, 기존의 사물 연구는 객체지향 존재론에서 비롯된 철학적 관심으로 개정된 것처럼 보인다. 그 이론적 거리에도 불구하고, 이 일련의 연구들은 사물의 삶이 중심 무대를 차지해야 한다는 공통된 주장을 공유한다. 이를 지도학에 적용하면, 최근의 철학적 흐름과 관련하여 사물/물질성에 오랜 관심을 두는 이 방법은 '지도의 사물성thingness of maps'에 비추어 초기 조명 작업의 실질적인 본체를 재구성하고 연결하는 역할을 한다.

2장 **객체지향 존재론에서 지도 연구로, 그리고 그 반대로**에서 나는 이 책이 지도와 객체지향 존재론의 관계를 정확히 어떤 의미로 다루는지를 말하려 한다. 어떤 객체지향 철학자들은 은유적 수준에서 지도학적 어휘들을 다룬다. 대부분의 경우, 객체지향 존재론 철학자들은 지도학을 실재real에 접근하거나 아는 방식으로 다루고, 그래서 지도학의 **존재론적**ontological 차원보다는 **인식론적**epistemological 차원을 암시한다. 그러나 객체지향적 존재론 철학자들에게 사물에 관한 질문은 인식론적 질문이 아니다. 그것은 우리가 사물을 어떻게 **아는가**가 아니라, 사물이란 **무엇인가**이다. 여기서 지도학은 '사물에 대한 질문'에 지나지 않는 것처럼 보인다. 지도와 현실에 대한 인식론적 혹은 비판적 의문(즉, 지도가 현실을 어떻게 그려 내는지 혹은 우리가 현실을 어떻게 아는지)과는 거리가 먼 이 책은, 객체지향 존재론이 우리의 관심을 이끌었던 사물들의 우주 내 지도를 비롯하여 지도학적 객체들의 삶에 관한 질문으로 사물에 대한 질문을 던진다. 나는 지도의 객관성/비객관성에 의문을 제기하는 것이 아니다. 오히려 지도의 객체성을 포괄하고 지도의 존재being를 암시할 미학적 방법론의 필요성을 제안하는 것이다.

3장 **이론의 확장: 지도학적 객체, 지도 행위**는 객체지향 존재론의 논쟁적 측면, 즉 사물이 무엇인지 그리고 사물이 무엇을 하는지를 비교한다. 객체지향 존재론은 주로 사물의 내적 존재(사물이 무엇인지)에 매력을 느끼는 반면, 일부 버전은 행위와 효과, 네트워크, 아상블라주(사물이 무엇을 하고 어떤 관계에 있는지)에도 민감하다. 관계의 묶음으로서의 사물을 바라보는 관점과 사물 그 자체에 관한 관점을 결합하려는 시도가 이미 제기되었듯이, 나는 지도를 관계적인 객체로 보는 객체지향 지도학을 제안한다. 나의 접근법은 지도학적 객체에 주의를 기울이더라도 매핑 실천에 주목하고, 그래서 '탈재현적 지도학post-representational cartography'이라는 현재의 실천지향적 패러다임에 반대되는 것이 아니라 그 추가적인 층위로서 자리잡는다. 3장은 지도의 힘, 행위주체성agency, 수행성 등에 대한 비판적 지도학 문헌과 탈비판적 지도학 문헌을 다시 살펴볼 것이다. 이때 객체지향 존재론 문헌과 살아 있는 이미지living image 연구에서 비롯한 '사물 권력thing power' 혹은 '이미지 행위image act'와 같은 개념과 지도의 힘, 행위주체성, 수행성 등을 비교할 것이다. 내가 제안하는 것은, 우리가 사물들과 관계에 대한 사유를 방법론적으로 조정할 필요가 있고, 따라서 매핑 실천 계획에서 지도학적 객체들을 하나하나 자세하게 다루는 순간들로 전환(그 반대로도)할 수 있어야 한다는 것이다.

4장 **지도학적 표면에 머무르기**는 디지털과 디지털 이전 지도학에서 지도 인터페이스와 지도 표면 간의 차이를 사유하는 것으로 시작한다. 나는 표면적이고 상상적이며 관조적인 접근법을 택한다. 이 장은 지도 역사학자들에게 익숙한 지도의 원자재(소재)를 선호하는 감성을 언급하고, 객체지향적 '표면적 사고surficial thought'와 지리학적 사고를 모두 사용하여 현대 지도 표면에 초점을 맞추자고 제안한다. 비판적 해체주의 지도학 접근법에 따르면, 지도의 표면은 지도학적 재현에 담긴 깊고 숨겨진 의미와 이데올로기적 토대에 도달하기 위해서 읽어 내야 하는 어떤 것이다. 비판 이상의 관점에서 보면, 표면에 대한 과잉강조는 지도 내부의 힘을 해부하기 위해 지도를 해체하던 격렬함에 균형을 맞추려는 목표로 어떻게든 합리화된다. 객체지향 존재론의 관점에서, 표면은 객체의 접근성과 비접근성의 동시성이라는 역설을 드러내는 표상이다. 그리하여 이 장은 우리가 다 규명해 내지 못하는 공간 또는 지도와 융합하지 못하는 공간, 예비된 무언가가 있음을 인정할 수 있는 공간, 지도 객체로부터 어느 정도의 놀라움과 약간의 '저항'이 있음을 인정할 수 있는 공간으로서 지도 표면에서 쉬어 가라는 초대이다.

시각화와 지도학, 이미지 이론과 지도 연구 사이의 더 긴밀한 결합을 지지함으로써, 5장 **지도제품에서 배우기, 지도경관에서 표류하기**는 지도를 다른 이미지 중의 이미지, 다른 시각적 대상 중의 시각적 대상, 무엇보다도 다른 사물 중의 사물로 다루기를 요청한다. 이를 통해 지도학자들은 지도학 텍스트로 거의 읽을 수 없거나, 지도학적 수행이나 사유로 읽어 내기 힘들었던 지도와 같은 대객체들의 완전히 평행한 세계를 민주적인 방식으로 사유할 수 있다. 특히 이 장은 '지도제품cartifacts'(지도학과 직접적 관련이 없는 매개체 위에 그려진 지도, 또는 그 주된 기능이 지도학적인 데에 있지 않은 지도)과 '지도경관mapscapes'(외부 환경 속 거시 경관과 미시 경관의 일부로 지각되는 지도학 기반 물질)에 초점을 맞춘다. 제도제품과 지도경관에서, 지도학은 종종 의미적으로 기능하지 못하고, 낯설게 되고 한계점에 도달한다. 지도제품은 지도의 예상치 못한 존재 방식을 탐색하는 데에 도움이 되는 반면, 지도경관은 지도 객체 '표면'에 대한 시각적 탐구를 추동한다. 이 장에 실린 사진 에세이의 시각적 존재기술법visual ontographies과 언어시각적verbo-visual 암시를 통해 지도제품과 지도경관으로부터 깨달음을 얻을 수 있을 것이다.

6장 **문학 속 지도학 객체들의 생산적 실패: 아버지, 아들, 《로드》, 그리고 망가진 지도**에서는 객체지향 철학의 입장과 문학 속에 등장하는 지도 연구 간의 잠정적 교환을 제안한다. 지도의 객체성에 대한 특정한 관심에서 문학적 지도학의 장에 접근하면서, 나는 지도학적 에크프라시스ekphrases *를 특히 지도 그 자체의 언어적 기술의 경우, 말하자면 지도-영토 관계에 대한 고려 없이 지도에 대한 미학적 설명을 제공하는 문학적 장치로 읽어 보려 한다. 에크프라시스 장치와는 별개로, 나는 문학이 지도학적 객체의 비축물(읽히지지 않은 부분들)뿐만 아니라 저항을 간접적으로 파악하는 데에 도움이 된다고 생각한다. 나는 문학 연구와 객체지향 사유의 현재 관계를 검토하여 이 주장에 대한 이론적 배경을 제공한다. 이어서, 객체지향적 태도에 따라 코맥 매카시Cormac McCarthy의 소설 《로드The Road》에 등장하는 지도를 사례연구로 택하여, 결과적으로 문학 세계가 어떻게 지도의 삶에 대한 완곡한 접근 지점들을 제공해 주는지를 다룰 것이다. 《로드》의 디스토피아적 풍경에 등장하는 문학적으로 망가진 지도

---

* 시각적 예술품을 언어로 생생하게 표현하는 방식.

는 특정한 지도학적 객체의 불가해한 현실과 예측할 수 없는 놀라움을 암시한다.

문학 연구와 객체지향 철학을 바탕으로, 7장 **비인간 내레이션의 온화한 정치학: 유럽 지도의 자서전**은 연구자들로 하여금 공감과 낯설게 하기 둘 다를 사용해 지도학적 개물entity의 위치를 점할 수 있게 한 전략으로서 비인간 서술에 초점을 맞춘다. 실제로, 말하는 지도의 형상은 이미 비판적인 지도학자들이 사용한 개념이다. 지도의 비판적 물신화(지도가 설득하고, 주장하고, 명령한다)에서 일반적으로 채택되는 부정적인 분위기와는 거리를 두고, 나는 여기서 자서전적인 방식을 선택해 지도가 1인칭 관점으로 자기의 이야기를 들려주는 객체의 자서전을 제공한다. 이 지도학적 이야기에서 파도바 도심의 유럽평화기념비에 있는 모자이크 지도인 폰테우로파Fonteuropa는 유럽에 대한 인간의 열정이 시간이 지나면서 변하는 것을 목격하고 겸손하고 우울한 어조로 말을 건넨다. 아카이브 연구와 기념비 제작자 및 예술가들과의 심층 인터뷰를 바탕으로 한 이 가상의 설명은, 흔히 긍정적으로 여겨지던 유럽화에 관한 이야기이자 지도의 '온화한 정치학'을 탐구하는 방법이다.

객체지향 사상가들이 제안한 것처럼, 모든 대상을 '나'로서 여기게 하는 가능성을 품은 예술의 사유들을 따라가며, 8장 **지도 사진, 객체 렌더링, 자세히 읽기**는 회화, 사진, 영화 속에서 만들어진 지도학적 객체들을 다룬다. 한번 틀이 만들어지면, 어떤 객체들은 언제나 기능과 지식을 초월하는 감각을 되찾는 대안적 공간으로 이동한다.

예술은 무궁무진하고 찾기 힘든 사물의 깊은 중심으로 우리의 관심을 인도하는 약속의 통로다. 회화 속 지도 모티브를 다룬 첫 부분은, 그려진 지도에 상징적·기호적·정치적 의미를 부여하는 전통적인 방식을 보여 준다. 루이지 기리Luigi Ghirri의 지도 초상과 클레멘트 발라Clement Valla의 구글 어스 엽서 사례연구를 다룬 부분에서는, 그들의 '시각적 존재기술법visual ontographies'◆이 디지털 이전 시대와 디지털 시대에 일상적인 지도학적 객체의 자기 존재와 물질적 질감을 어떻게 각기 다르게 암시하는지 살펴볼 것이다. 마지막으로, 이 장은 '영화 속 지도'에 대한 연구 노선을 살피고, 영화 비평 개념을 지도학의 에크프라시스로 자세히 설명한다. 톰 콘리Tom Conley는 중요한 저작 《지도학적 영화Cartographic Cinema》에서 영화지도 자세히 읽기에 관해 저술했는데, 이는 지도학적 객체를 개별적인 타자로 렌더링하는 기술의 뛰어난 사례로 다뤄진다.

9장 **살아 움직이는 지도학 혹은 지도와의 대화 속으로 진입하기**는 처음에는 운행을 보조하고 상호활동적인 수행을 하는 살아 움직이는 지도, 인공적 지성이 있는 지도, 지도학적 자동장치Automata, 더 나아가 〈탐험가 도라Dora the Explorer〉와 같은 애니메이션 시리즈 속 지도 캐릭터와 같은 것들에서 볼 수 있는 '움직이는 지도학animated cartograhpy' 개념을 살펴본다. '살아 있는 이미지' 현상을 다룬 이미지

---

◆ 접두어 onto는 그리스어로 '존재'를 의미하는바, 표현 기술을 의미하는 단어 graphy의 의미를 함께 살려 존재기술법이라 번역하였다.

이론 문학을 끌어와서, 지도학적 개물들과의 대화 속으로 들어간다는 개념에 초점을 맞춘다. 이 장의 실증적인 부분은 내가 학계 안팎의 지도 전문가들로부터 수집한 네 개의 자기서술 혹은 짧은 지도학적 회고를 기반으로 한다. 객체지향 철학에서 실행되는 것처럼, 객체에 대한 조현attunement의 순간을 다룬 개인적인 기록은 객체지향 지도학을 실행할 전술이 될 수 있다. 그들의 서술 형식과 글쓰기 미학과 함께, 이 자기민족지학적 글쓰기들은 우리가 어떻게 생경한 alien 힘을 지도에 투사하고 그것을 어떻게 우리의 대응물로 감각하는지, 어떻게 지도학적 비인간의 생생한 능력을 이해하고, 지도학적 물질들의 생명력을 인식하고, 그것에 신체를 부여하고, 교감하고, 시선을 교환하고, 이야기를 나눌 수 있는지를 보여 준다.

10장 **지도와 지도의 대면: (차량 내) 내비게이션, 공존, 디지털 타자들**에서는 객체지향 존재론의 가장 논쟁적인 측면 중 하나인 비관계주의 non-relationalism를 살펴본다. 객체지향적 존재론은 관계적 존재론이나 시스템 지향 개념, 네트워크와 아상블라주 이론과는 거리가 먼 이론적 입장으로 여겨진다. 이 장은 비관계적 사유와 관계적 사유를 결합하고자 제안된 많은 개입이 지리학과 같은 철학 외부의 학문 분야에서 어떻게 등장했는지를 보여 줄 것이다. 이런 점에서, 지도학 분야는 **매핑**과 **실행**, **관계성**을 강조함으로서 **지도, 존재, 객체성**과 연계된 사유를 발전시키고 있다. 모바일, 내비게이션, 길찾기 기술을 다룬 문헌에 의존해서, 그리고 포스트현상학과 포스트모더니즘의 디지털 객체 연구를 바탕으로, 나는 인간과 비인간 개물의 상호작용이 아닌 공존을 감지하는 것으로 차량 내 위성항법장치에 객체지향적 태도를 적용한다. '비네트vignetting' 기법을 사용하여, 나는 내비게이션 객체들이 지닌 타자성alterity의 감각을 환기하고, 그것이 설계된 방식에 따라 망가지거나 실패하거나 오류를 일으키는 순간뿐 아니라 둘 이상의 내비게이션 장치가 공존하는 순간에도 어떻게 나타나는지를 보여 줄 것이다.

11장 **지도학적 장소에 다시 방문하기: 지도의 생성과 '반생성'**은 지도를 개별적인 삶이 있는 것, 그 자체의 시간성을 지닌 것으로 인식하는 데에 초점을 맞춘다. **시간이 지남**에 따라 지도학적 객체들이 어떻게 되는지를 간접적으로 파악하기 위해, 나는 지리학계에 보편적인 방식인 반복 사진 촬영Repeat photography을 일반적이지 않은 방식으로 적용한다. 만연한 매핑 실천과 실시간 상호작용의 시대에, 우리는 일반적으로 지도를 이동 중에도 끊임없이 작동하는 능동적인 필수 행위자로 바라본다. 하지만 이 장에서는 무력하고, 휴식을 취하는, 연결되지 않은, 혼자 있는, 파손되고, 분리된, 부패해 가는, 반쯤 죽은 지도학적 객체들을 다룬다. 반복 사진 촬영과 지도학적 장소들을 재방문하는 실천은 이러한 지도들을 생성becomings과 '반反생성unbecomings'을 경험하는 기록 개물로 인식함으로써 실천 없이 이 지도들을 '새롭게 감각sense anew'하는 방법을 제공한다. 또한, 이 장은 버려진 장소에서 벌레들이 파먹은 지도와 묘지에 세워진 비극적인 탐험을 기억하는 부조relief 지도 사진을 다룬 지리학자 데렉 맥코맥Derek McCormack과 케이틀린 데실비Caitlin DeSilvey의 지도학적 방문/명상을 담은 두 가지 에피소드를 다룬다. 이 에피소드들은 지도를 재현이 아닌 객체로서 접근하는 포스트현상학적 스타일의 대표적인 사례로, 파도바 도시 주변의 평범한 지도 간판들의 불안정한 삶을 다룬 나의 (리)포토그래픽(re)photographic 서술에 활기를 불어넣는다.

마지막 장은 앞서 서술한 객체지향 지도학의 대안적 방법과 태도를 다시 짚어 본다. 이는 지도학 이론의 난제를 인식하는 것이자, 지도와 매핑을 다룬 기존의 접근 방식에 도전하면서 그를 불안정하게 만드는 효과를 인식하는 것이다. 이 장은 독자들이 일상 속 지도학적 환경에서 예측할 수 없는 지도들의 삶에 익숙해지도록 요청한다.

# 지도학적 사물들로의 (재)전환

제목에서 알 수 있듯이, 이 책은 2010년 등장한 '사변적 실재론 speculative realism'이라는 철학 흐름의 한 갈래인 '객체지향 존재론 object-oriented ontology'으로 알려진 사유 흐름과 지도 이론을 잇는 대화를 생성해 보려는 아이디어에서 시작되었다(2장 참조). 이 대화를 발전시킬 잠재적 방법을 탐구하며, 이 책은 일반적으로 '객체지향'으로 분류되는 이전의 더 넓은 학제 간 문헌에서 이 방법을 끌어 낸다. 기존의 '객체 연구object studies'(Candlin and Guins 2009) 분야는 객체지향 존재론에서 파생된 철학적 요구로 어떻게든 개정된 것처럼 보였다. 실패한 대화와 이론적 거리에도 불구하고, 최근 등장한 객체지향 철학에 참여하려는 절충적이고 실험적인 노력들이 더 다양한 학제적 관점에서 증가하고 있다. 예상치 못했던 창의적인 이론적 결합의 사례로, 객체지향 존재론은 최근 사물들의 **대중적** 삶popular life(Malinowska and Lebek 2017)을 조사하는 문화연구의 유익한 지적 틀로 인식되고 있다. 객체지향 존재론은 세계를 문화적으로 구성된 것으로 보는 관점에 비판적이기 때문에, '사변적 문화연구speculative cultural studies'(Czemiel 2017)라는 용어는 사변적 실재론과 문화연구라는 모순적 조합과 함께 오늘날 우리가 경험하는 이론적 혼합의 정도를 나타낸다.

인문학과 사회과학에서 **사물로의 전환**turn to thing에 대한 검토(와 비판)에서, 파울즈Fowles(2016)는 객체지향 철학을 1990년대에 시작된 물질과 비인간을 향한 확장된 움직임의 결과물로 정의한다. 파울즈가 볼 때, 있는 그대로의 물질을 향한 이 움직임을 다음과 같다. 1986년 아르준 아파두라이Arjun Appadurai가 엮은 《사물들의 사회적 삶The

Social Life of Things》이 그 대표적인 저서이다; 물질문화 연구 분야의 등장; 브뤼노 라투르Bruno Latour의 사물로까지 확장된 민주주의에 대한 포스트휴머니즘적 옹호의 인기; 문학 연구와 고고학에서 등장한 '사물 이론thing theory'; 최근 물질성materiality으로 확장된 작업. 파울즈는 이런 사물로의 전환이 일반적으로 두 가지 표준적인 동기로 유발된다고 설명한다. 먼저, 객체지향 연구는 포스트모던 반실재론post-modern anti-reliam과 사회구성주의social contructivism에 대한 일반적인 피로의 징후로 보인다. 다른 한편, 객체지향 연구는 지구온난화, 바이러스 이미지, 테러 등의 현상으로 특정되는 객체 세계에 대한 새로운 관심의 요청에 대응하는 현실주의적 태도로 보인다. 특히, 사물로의 전환에서 보이는 중요한 동기는 객체지향 존재론에서도 찾아볼 수 있다. 파울즈에 따르면, 사물로의 전환은 인식론보다는 존재론의 문제로 더 많이 논의된다. 이는 물질 세계가 (인간에게) 어떤 방식으로 해석되는지에 관한 것이 아니라, 물질 세계란 무엇인지(혹은 무엇을 하는지)에 관한 의문이다. 나아가, 이런 전환은 주체와 객체 간 상호 구성에서 비인간적인 측면에 좀 더 초점을 맞추면서, 사물을 통해 인간(그리고 사회)을 조명한다는 목적을 점점 더 잃어버리고 있다. 아파두라이가 제안한 '방법론적 물신주의methodological fetishism'—말하자면, 사물 자체를 따라가려는 노력—가 "어떻게 무생물 객체들이 인간 주체를 구성하는지"(Brown 2001, p. 7)에 관한 것이라면, 최근의 존재론적 연구는 덜 인간중심적인 관점으로 사물의 삶을 상상적으로 (혹은 사변적으로) 파악하고 "적어도 인간 주체성의 흔적

없이 온전하게 자율적인 현실을 인식하"려는 시도이다[Czemiel 2017, p. 44]. 그렇기에 객체들은 인간적·사회적 맥락을 밝힐 발견적 장치로는 거의 이용되지 않고, 그들만의 에일리언 현상학을 가진 자율적인 개물entities로 더 인식된다. 움직이고, 인식하고, 감각하고, 욕망하는 사물. 이는 아파두라이가 염두에 두었던 방법론적 물신주의와는 사뭇 다르지만, 파울즈[Fowles 2016, p. 21]가 묘사한 사물의 삶이 중심 무대를 차지하는 연구 경향의 자연스러운 확장이다. 지도학에서 이 경향은 연구에 어떤 영향을 미칠까?

지도는 오랜 기간 다양한 접근 방식을 통해 그 객체성과 물질적 일관성이 연구되어 왔다. 지도학적 객체의 물질성은 역사적 지도학 연구, 기록 연구, 역사적 태도로 특징지어지는 제도학적 이론화 연구 내에서 폭넓게 발전되어 왔다. 1992년 프랑스에서 처음 출판된《주권적 지도The Sovereign Map》에서 역사학자 크리스티앙 자코브 Christian Jacob는 비록 "지도는 객체와 거리를 두고 객체를 재현적 이미지로 대체함으로써 가시성의 새로운 공간을 확립"하지만, 지도 그 자체는 "그 물질성에서, 그것을 보는 이의 신체와 시선이라는 특정한 실용성에서 비롯된 결과"를 가져오는 객체라고 정의한다[Jacob 2006, pp. 2, 8]. 자코브의 지도학 연구는 정확히 지도학적 객체들의 본질에 대한 질문에서 출발한다. '지도란 무엇인가?'라는 물음에서, 그는 대답하기 힘들다는 점이 지도학적 객체를 정의 내리기가 얼마나 어려운지를 드러낸다고 강조한다.

지도의 본질은 오직 지도가 무엇을 재현하는지―말하자면, 지도가 아닌 것은 무엇인지―를 즉각적으로 언급함으로써만 설명할 수 있다. 여기서 어려움이 드러난다. 쓰고 말하는 언어와 같이, 지도는 일상적이거나 과학적인 용도로 거의 주목 받지 못한다. 그것의 지적 · 사회적 사용 조건은, 의사소통 과정으로 간섭당할 '소음'이 없는 상태에서, 그 투명성 안에 정확히 자리잡고 있다. … 그것은 그 내용을 펼치는 시각적 · 지적 운용 속에서 사라진다.(Jacob 2006, p. 11)

책 초반에서 지도의 원재료에 초점을 맞추며, 자코브는 (최신 디지털 장치를 제외하고) 과거와 현재의 지도학에 존재하는 다양한 물질적 형식, 구체적인 지도, 임시 지도들을 검토하고 논평한다. 몇 가지 잠정적인 정의에 도달한 자코브는, 지도란 '여러 방식으로 물질화될 가능성이 있는 객체', '주어진 매체에 2차원 혹은 3차원을 투사하여 "세계관"을 물질화하는 것'이라고 결론 짓는다(Jacob 2006, pp. 98-99). 그는 계속해서 다음과 같이 말한다. "그러나 지도는 소통하려는 욕구, 지식의 전달, 광범위한 용어 감각에 깃든 기호학적 의도와 별개의 고립된 객체가 절대 아니다"(Jacob 2006, p. 101). 따라서 여기서 지도학의 객체성과 물질적 존재는 소통 장치 및 정보 이미지의 특성과 깊게 연결된다.

기록적 · 역사적 접근 방식은 지도학적 **인공물**artefact의 물질적 일관성을 설명하거나 그 물질적 역사를 추적할 뿐만 아니라, 비판적 맥락에서 이데올로기적 내용과 정치적 기능을 포착하는 데에 초점을 맞춘다. 바버Peter Barber와 하퍼Tom Harper가 2010년 대영도서관에서 개최한 〈장엄한 지도들: 권력, 프로파간다 그리고 예술Magnificent Maps: Powe, Propaganda and Art〉 전시에서 수행한 역사적·기록적 연구가 그 사례이다. 유럽의 근대 시대를 중심으로, 전시는 궁전, 국무장관 집무실, 상인 혹은 지주의 집, 교실 같은 전형적인 설정에서 웅장한 벽화와 벽지도들이 어떻게 노출되었는지 고찰했다. 여기서, 인상적인 물질 재료들과 거대한 크기의 벽 지도 객체는 권력의 메시지를 전달하고자 설치된 주요 문화적 도구로 연구되었다.

(2005년 델라 도라Veronica Della Dora가 지적했듯이) 피오라니F. Fiorani는 《지도의 경이로움: 이탈리아 르네상스의 예술, 지도학 그리고 정치학The Marvel of Maps: Art, Cartography and Politics in Renaissance Italy》에서 덜 이념적인 맥락에서 그리고 3차원적 접근 방식으로, 피렌체의 팔라초 베키오(베끼오 궁)에 있는 유명한 과르다로바 누오바Guardaroba Nuova의 지도 주기와 바티칸 지도의 방Gallery of Geographic Maps을 물질적 공간에 착근되어 있어서 물리적 상호작용이 가능한 3차원적 현실로 분석했다(Fiorani 2005).

좀 더 드물기는 하지만, 역사가들은 예를 들어 소비재, 장식용 물건, 개인용 상품으로서의 지도를 연구하면서 그리 대단하지 않은 지도들에 몰두했다. 유럽과 미국의 자본주의 경제와 정체성 발달에서 지도학적 객체들이 기여한 바를 다룬 광범위한 연구에서, 예술역사학자 딜런Steven C. Dillon은 르네상스 이후에 나온 선물용 고급 지도 제작물, 가정용 장식 또는 공개 전시물, 관광객들이 손에 들고 다니는 대중적인 여행 지도, 지도가 특징적인 특수 제작품, 지도학적 기념품으로 수놓은 지도, 장난감, 광고판과 같은 품목을 검토했다[Dillon 2007].

더 최근에는, 브뤼크너Martin Brückner가《미국에서 지도의 사회적 삶1750~1860 The Social Life of Maps in America, 1750-1860》에서 18세기 중반부터 19세기 중반까지 미국에서 가장 잘 팔리고 문화적으로 영향력 있는 일상 상품이었던 지도의 인기를 정확히 설명했다[Brückner 2017]. 학교 지도와 거대한 벽지도, 축소도와 같은 지도학적 객체들을 물질문화적 접근법으로 분석하여, 브뤼크너는 지도의 물질성과 물질적 생명력이 지도를 어떻게 상품 유통, 그래픽 및 장식예술, 문화적 수행, 사회적 소통에 영향을 미치는 사회적 객체로 변형시켰는지를 보여 주었다[Brückner 2016 참조]. 또한, 다른 곳에서는 18세기 영국령 아메리카에서 등장하였던 상업용 포켓 지도를 분석하여[Brückner 2011], 지도학적 영역과 관련하여 '사물 연구thing studies'(사물의 중심성, 사물의 전기biographies, 사물을 화자로 적용한 문학) 내에서 수행된 비평 작업을 대화 속에 명확하게 배치했다. 물질적 객체로서 지도의 삶과 지도의 관계에 대한 연구를 요청하며, 그는 '지도의 사물성'[Brückner 2011, p. 147]에 대한 혁신적인 이론적 진술을 정제된 실증적 역사 분석과 결합했다.

지도의 물질성에 대한 관심은 더 기술적이고 디자인중심적인 접근 방식으로 명확하게 표현되었다. 지도의 실용성과 가독성에서 물질적 매개체는 필수적이다. 예를 들어, 지도를 채색한다고 생각해 보자. 이때 지도학적 생산물의 물질성은 중요해진다. 수공, 인쇄, 혹은 디지털 지도는 결과적으로 사용 환경 유형이 매우 다르다. 예를 들어, 2001년에 처음으로 개발된 인터넷에서 자유롭게 접속할 수 있는 대화형 색상 선택 도구인 컬러브루어ColorBrewer 툴은, 선택한 색채 설계가 노트북의 LCD 디스플레이에 적합한지, 컬러레이저프린트에 맞는지, 혹은 사진 인쇄에 어울리는지를 알려 줌으로써 최종적인 지도학적 생산물의 사용 환경을 구체적으로 조언한다. 실제로, 디지털 전환은 지도의 물질적 매개체로서의 중요성을 감소시키기는커녕 지도 디자인의 물질적 측면을 새롭게 강조했다.

지도는 언제나 다양한 방식과 다양한 매체를 통해 표시되어 왔지만, 최근에는 지도가 작동하는 맥락과 표현 형식이 다양해지고 있다. 예를 들어, 같은 지도여도 그것이 인쇄되었는지, 접혔는지, 투시되었는지, '당신은 여기에 있어요You are Here' 형식으로 제자리에 붙어 있는지, 전시회에 전시되었는지, 다른 인쇄물과 함께 그래픽으로 배치되었는지, 인터넷 사이트 혹은 텔레비전 화면에 전시되었는지, 아니면 모바일 장치의 작은 화면 또는 위성항법시스템에 배치되었는지에 따라 매우 다른 방식으로 읽힐 것이다.(Perkins, Dodge and Kitchin 2011, pp. 197-198)

종종 지도의 객체성은 지도 디자인과 지도 생산물의 효율성 혹은 인체공학과의 관계에서 고려된다. 지도의 객체성에는 특정한 인지적 관심도 존재한다. 인지 장치로서, 지도에는 인지 작업에 영향을 미치는 물질적 특성이 있다(그림 1.1).

| **그림 1.1** | 지도의 물리적 여백 너머의 가상 경로를 따라. 비에스테, 2018 (출처: 저자 사진)

　　길찾기와 공간 내비게이션은 실증적 민족지방법론적 조사, 지도 이용에 대한 현장 연구, 작동 중인 지도 객체에 대한 관찰을 통한 실천 기반 관점을 통해 획기적으로 연구되었다. 예를 들어, 내비게이션 객체들은 선회하는 독자들의 손 안에서 선회하는 것으로 이어졌다 (Laurier and Brown 2008). **종이** 길찾기/내비게이션 제품과 **디지털** 길찾기/네

비게이션 제품은 인지적(Field, O'Brien and Beale 2011) 혹은 인지적인 관점 이상의 관점(Axon, Speake and Crawford 2012; Duggan 2017)에서 서로 비교되었다. 가장 최근에는, 모바일 기술과 관련하여 공간적 이해에서 물질적·기술적 객체의 자율적인 역할에 대한 비인지적이고 객체지향적인 사유가 제안되었다(Ash 2013).

'재물질화rematerialisation'에 대한 이 요구는 지리정보시스템(GIS) 및 GIScience(지리정보과학)와 관련하여 더 발전해 왔다. 문화적·비판적 혹은 해체주의적 관점에서 GIS를 단지 힘 있는 담론적 개물과 동일시하는 방식에 반발하여, 레슈친스키Leszczynski(2009a, 2009b)는 이러한 비판이 GIS 기술을 컴퓨터 속에 위치한 그 물질적 기초로부터 떨어뜨리며 추상화한다고 주장하였다. 레슈친스키는 GIS의 존재론에 관한 철학적 심문(GISience의 존재론에 관한 다양한 의미에 대해서는 Agarwal 2004 참조) 안에 또한 존재적ontic 구성 요소를 포함할 것을 제안했는데, 그 구성 요소란 여기서 기술의 본질이 아니라 그 물질적 기반과 기술적 대상에서의 견고한 구체화를 의미한다.

비판 실재론의 철학적 렌즈를 통해, 레슈친스키는 GIS를 주로 물리적 계산 개물, 개별 기술 장치, 구성적 아키텍처 및 특정 디지털 객체로 인지한다. 그녀는 물질적 개물로서의 GIS 개념을 강조하는 것이 GIS를 일련의 중립적인 도구로 축소하는 것도 아니고 일련의 실천으로서 이해하는 일을 방해하는 것도 아님을 강조한다. 오히려 GIS의 재물질화를 촉진하게 되면 "이러한 작업들이 취하는 물질적 형태가 강조된다"(Leszxzynski 2009a, p. 584).

또한 지도학의 물질성과 객체성에 관한 관심은 최신 지도학 이론에서 가장 영향력 있는 패러다임으로 여겨지는 탈재현적post-representational 지도학에서도 찾아볼 수 있다. 마틴 도지Martin Dodge, 롭 키친Rob Kitchin, 크리스 퍼킨스Chris Perkins(2009)가 2000년대 후반에 발전시킨 탈재현적 지도학은 실천에 기반한 관점으로 지도를 재사유하기를 요청한다. 지도는 정확성과 인지적 효율성으로 평가받는 대신, 또한 강력한 표현과 시각적 담론으로 읽히고 해체되는 대신, 인간과 비인간 행위주체 네트워크를 포함하는 매핑 실천 및 사건으로 보아야 한다. 주요 저서인《지도 연구 선언문Manifesto for Map Studies》에서, 도지·키친·퍼킨스(Dodge, Kitchin and Perkins 2009, pp. 220-243)는 '매핑의 물질성'이라는 제목의 장을 소개한다. 지도학적 물질성에 대한 독특하고 새로운 관심은 다음과 같이 표현된다.

사회과학의 다른 많은 분야에서는 사물의 촉각적 경험에 대한 관심과 함께 사회적 과정에서 사물의 물질성을 향한 인상적인 전환이 있었다. … 매핑의 물질성은 지도학에서, 특히 디지털 제품에 대한 현대 연구와 온라인 경험 및 상호작용의 가상화에서 크게 간과되어 왔다. 실제로 종이 지도는 여전히 사용되고, 디지털 지도는 즉각적이고 편리한 사용과 주석을 위해 여러 번 인쇄된다. 한편, 디지털 지도 인터페이스는 매우 물질적인 방식으로 상호작용할 것을 요구한다(예를 들어, 손가락으로 버튼 조작하기, 화면 위치 조정, 불완전한 빛의 조건에서 더 잘 보이도록 만들기 등).(Dodge, Kitchin and Perkins 2009, P. 229)

지도의 객체성에 관한 이런 관심은 그 물질적 일관성에 초점을 맞추는 것으로 명백하게 드러난다.

라투르가 소개한 비인간 행위자로서 지도에 대한 널리 알려진 이론적 작업은, 적어도 부분적으로는 역사적 접근법으로 회귀한다. 《젊은 과학의 전선: 테크노사이언스와 행위자-네트워크의 구축 Science in Action》에서 라투르는 서구의 원거리 지배를 가능하게 한 근대에 발명된 수단의 '극적인 사례'로 지도학을 언급한다(Latour 1987, p. 223). 라투르는 이 수단이 모빌리티, 안정성 및 결합가능성combinability을 특징으로 한다고 말한다. 지도학은 라투르가 정의한 '불변하고 결합 가능한 모바일'을 생성하는 그 긴 네트워크에 참여했다(Latour 1987, p. 227). 불변성의 지위는 근대에 지도학적 정보들이 점차 표준화되고 보편화되고 지도 형태로 고정될 수 있게 하는 방식으로 주어졌다. 결합가능성의 상태는 지도가 언제 어디서 생겼든 혹은 원래 크기가 어떻든지 간에, 다른 지도들을 마음대로 결합하고 재편성하고 중첩할 수 있는 가능성에서 주어졌다. 모빌리티의 상태는 탐험, 거래, 식민지화를 목표로 서구의 공간 지식을 다른 맥락으로 수송하는 수단이 된 지도학적 인공물의 휴대성과 이전가능성에 의해 주어졌다. 따라서, 지도는 "한 지점 혹은 다른 지점에서 보관할 수 있고, 벽에 고정될 수 있고, 다른 것들과 결합할 수 있는 평평한 종이 표면 형태를 취하는" 객체의 일부이다(Latour 1987, P. 227). 기입inscription은 지도학이 현실 세계에 '부재하는 것을 보여 주거나' 혹은 '객체와의 양방향 관계'를 설정하는 방식이며(Latour 1986, p. 8), 물질적 일관성도 내포

한다. 지도는 종이로 만든 2차원 기입inscription이다. 이 기입에 대해 라투르가 기술한 장점들, 말하자면 이동성과 불변성, 평면성, 규모 수정 가능성, 재생산 가능성, 결합 가능함, 과도한 부과 가능성, 문자 텍스트의 일부, 기하학과의 결합 가능성 중에서 특정 관심은 명백히 지도학적 물질성과 손 작업(눈의 작업에 더하여)에 대한 관심을 나타낸다. 지도는 라투르에 의해 행위자-네트워크 이론actor-network theory; ANT의 방법론에 의거해 따라야 할 비인간적 행위자로 참여한다. 객체지향 존재론 학계의 특출한 선구자 중 한 명인 그레이엄 하먼Graham Harman(2장 참조)은 라투르의 《판도라의 희망Pandora's Hope》에서 '라투르식' 지도의 선명한 초상을 끌어 냈다. "현장의 실제 과학자들에게 합류하여 그들이 일련의 변형을 통해 다양한 행위자, 종종 투박하게 물리적인 행위자를 다루는 것을 지켜보자. 그들이 손으로 플라스틱 지도를 펼치고, 색상 막대 옆에 토양 샘플을 두고, 수집책에 마른 잎을 끼워 넣는 것을 지켜보자"(Harman 2018, p. 109).

이동 중이거나 움직이는 중인 객체로서의 지도 개념은 브뤼크너(Brückner 2011, p. 147)에 이르러 "지도와 지도학을 (라투르에게서 영감을 받은) 과학의 사례로 접근하지 않고 움직이는 **사물**things로 여기는" 혁신적인 모델을 통해 논의되었다. 이에 따라, 18세기 미국의 상품 지도에 대한 그의 분석은 상품들의 변경 가능한 **이동성** 상태를 강조했으며, 지도와 지도학적(혹은 비지도학적) 지식의 수용(혹은 편향)이 지도 내용뿐만 아니라 "지도의 물질적 형태를 둘러싼 예측할 수 없는 소비자 습관"에 좌우된다는 사실을 강조하였다(Brückner 2011, p. 148).

지도의 불변성에 대한 라투르식 개념은 최근 디지털 전환과 관련되어 문제적으로 다뤄졌다. 이 맥락에서, 퍼킨스는 디지털 매핑 실천과 자료의 가변성을 선명하게 짚는다. "우리는 (지도를) 배포할 때 다양한 방식을 택한다. 우리는 지도와 상호작용하고, 종이 인쇄본을 접고, 화면을 클릭하여 그 디지털 표면을 확대/축소한다. 우리는 그것에 우리를 맞춘다. 우리는 눈으로 그 형식을 좇는다. 우리는 그것을 만진다"(Perkins 2014, P. 305). 비슷하게, 람메스는 우리가 매핑의 물질적 인터페이스를 사용해 어떻게 움직이고, 만지고, 말하는지, 이러한 인터페이스가 우리의 물리적 행위를 흡수하면서 어떻게 지속적으로 변화하는지를 보여 줌으로써 지도의 불변 상태에 대해 논했다(Lammes 2017).

　노벰버Valérie November 그리고 카마초 휘브너Eduardo Camacho-Hübner와 함께, 라투르 본인은 지도의 모방적 해석보다는 내비게이션적 측면을 지지하며 최근 지도학, 특히 디지털 지도학에 대한 성찰로 회귀했다. 저자들은 지도가 운명, 즉 결코 만들어진 적 없는 영역을 닮아 가는 작업에 종사해 왔다고 단언한다. 운행 정보 제공을 지도학의 본질적인 차원으로 규명하며, 디지털 기술이 지도학적 경험을 재구성하여 사실상 이전 시대에도 적합했던 이 내비게이션 충동에 대한 우리의 느낌을 향상시켰다고 주장한다. 컴퓨터 이전 시대에 "지도는 위에서 보거나 벽에 고정할 수 있는 일정한 양의 접힌 종이였지만, 오늘날 우리가 매핑에 참여하는 경험은 특정 인터페이스를 통해 데이터뱅크에 로그인해 실시간 정보를 수집하는 것이다"(November,

Camacho-Hubner and Latour 2010, p. 583). 중요한 것은, 디지털 기술이 비물질화의 느낌을 증가시키기는커녕 지도의 내비게이션 차원을 **재물질화**한다는 것이다. 즉, 생산 사슬과 내비게이션 플랫폼의 일부라는 느낌, 그리고 지도/스크린과 현실 세계를 통해 우리의 궤적을 따라 실질적으로 진행하기 위해 **모방적인** 단서가 아닌 **상관적인** 단서를 감지하는 경험이라는 것이다. 따라서 여기서 지도는 재현적 질문(지도가 어떻게 현실을 닮았는가?)에서 자유로워지고, 일련의 실천과 물질적 특징 및 실제 세계와의 구체적인 연결을 통해 이해된다.

지리학과 지도 사유의 내부에서, 객체로서의 (지리)그래픽적 재현의 개념화에 대한 근본적인 기여는 명시적으로 사물로의 (재)전환을 승인하는 델라 도라의 작업에서 나왔다. 물질문화 문헌의 의식적인 절충적 재작업; 제인 베넷Jane Bennett, 빌 브라운Bill Brown, 수전 스튜어트Susan Stewart의 '사물' 이론화; 라투르식 개념; 사진의 물질성에 관한 작업(Edwards and Hart 2004); 인식 연구; 그리고 비재현 지리학과 물질적 지리학을 통해서, 델라 도라는 순수 도상학적 접근 방식을 완전히 떠나기보다는 보충할 객체 **그 자체**로서 지리적 재현(풍경뿐만 아니라 지도학도)을 감상하라고 제안한다. 산과 강 같은 거대한 지리학적 객체(Della Dora 2007), 그리고 경관-객체 기념품이나 지도 관련 기념품 같은 작은 지리학적 시각적 객체(Della Dora 2009a) 모두의 특수성과 실제성 및 물질적 일관성에 대한 인식을 촉구하며, 델라 도라는 인식론적 심문(객체가 재현하는 바가 아니라 객체가 무엇인지)보다는 존재론적 개입을 지지한다. 여기서 내가 강조하고 싶은 것은, 델라 도라가 객체와 객체의 인간 이상의 특질과 행위주체성에 대한 초점을 깊이 있는 현상학적·인간중심적 연구와 함께 발전시킨다는 점이다. 사실, 이러한 시각적 객체들은 "감정적인 인체와 상호작용하는 인체 이상의 신체"로 간주된다(Della Dora 2009a, p. 334). 시각적 객체들은 큰 범주의 공적 삶을 살 수도 있지만 소규모 사회생활도 할 수 있다. 객체들은 친밀한 주체적/상호주체적 경험에 참여한다. 델라 도라가 사용한 **지도학적** 사례는 도로를 참조한 지도부터 르네상스 지도 갤러리까지, 그리고 첫 번째 **지도책**Atlas부터 19세기 교실 지도, 구글 어스에 이르기까지 다양하다. 초점이 (풍경보다) **지도학적** 객체에 가까워지면(Della Dora 2009b), 객체의 수행적이고 상호작용적인 특성이 더 강조된다는 점에 주목할 가치가 있다. 지도를 언제나 생성 과정에 있는 유동적인 객체로 개념화함으로써, 델라 도라는 지도를 항상 매핑 실천으로 간주하는 지도학의 최신 탈재현주의적 패러다임과 지도학적 객체성에 대한 초점을 결합하는 데에 성공한다. 객체의 '초과적excessive' 특성과 그 숨겨진 잠재력을 강조할 때, 델라 도라는 객체지향 존재론적 입장을 더 발전시키는 것처럼 보이지만 극단적으로 인간을 탈중심화하지는 않는다(Della Dora 2007, p 323). "무생물적 사물들의 전기biographies는 지속적으로 새로운 의미를 생성하는 인간의 전기와 뒤얽힌다"(Della Dora 2009a, p. 348).

이 장을 구성하며 나의 목표는 지도의 객체성에 대한 기존의 다양한 접근법에 대한 서두 격의 개요를 제공하는 것이었다. 따라서 이 장은 지도학의 객체지향적 사유를 실행하는 데에 포괄적인 틀을 적용할 것을 제안한다. 사례들은 늘어날 수 있다. 지도학적 객체성과 물질성에 대한 관심은 오래 지속되어 왔으며, 지도 연구 내에서 다양하게 이루어져 왔다. 다음 장들에서는 지도를 사물로 다루는 추가적인 관점들을 발전시킬 것이다.

# 객체지향 존재론에서 지도 연구로,
# 그리고 그 반대로

이 책의 제목은 2010년 애틀랜타에서 이 주제에 대한 첫 번째 학회가 열린 이후 예술과 인문학에 영향을 끼치게 된 객체지향 존재론이라는 철학적 사유 흐름에서 나왔다. 이 이론의 저명한 선구자 중한 명인 하먼(Harman 2018, pp. 6, 279, note 11)은 '객체지향 존재론'('OOO'로 약칭하고 '트리플 O'로 발음한다)이란 말이 2009년 레비 브라이언트Levi Bryant에 의해 다양한 객체 관련 접근 방식을 포괄하는 용어로 만들어졌다고 설명했다. 종종 객체지향 존재론의 동의어로 사용되는 '객체지향 철학'이란 용어는 1990년대 후반에 '사변적 실재론'이라는 철학운동의 한 버전으로 허먼이 소개했다. 이 운동은 2007년 런던 컬로퀴엄에서 불과 1년 전만 해도 세상을 오직 인간과의 관련성으로만 사유하는 끈길긴 철학적 경향인 '상관주의correlationalism'에 반대하면서 공식적으로 소개되었다. 영어권 세계에서 2006년 프랑스 철학자 퀑탱 메이야수Quentin Meillassoux가 만든 '상관주의'는 사변적 실재론 운동의 '촉매 역할'을 했다. 이 운동은 상관주의를 거부함으로써 '세계의 자율성을 인간의 접근으로부터 방어하지만', 대담한 상상의 정신으로, (현재 사변적 실재론 저서 시리즈의 설명에 표현된 바와 같이) 그렇게 했다(Harman 2011, p. 136). 간단히 말해, 상관주의의 입장은 '객체를 정신, 주체, 문화나 언어의 구성물 또는 단순한 상관물'로 취급하는 반면(Byrant 2011, p. 26), 사변적 실재론은 '인간 정신과 독립된 실재가 있다'는 관점이다(Harman 2018, p. 202). 상관주의가 모든 작업을 수행하는 담론적 구성, 사회문화적 구성 또는 주관적 경험을 보는 데에서 객체를 약화시키는 반면에, 사변적 실재론자들은 객체를 공정하게 대하는 것을 목표로 한다.

하먼(Harman 2018, p. 57)은 아마도 상관주의에 대한 '가장 중요한 공격'은 브뤼노 라투르와 '무생물적 존재들을 더 포괄적으로 취급하겠다고 약속'한 행위자-네트워크 이론의 '평평한 존재론flat ontology'(즉, 인간과 비인간 개물을 동등하게 포함하는)에서 나왔을 것이라고 말한다(Harman 2018, p. 108). 실제로, 객체지향 패러다임은 라투르와 '인간 영역과 함께 무생물적 실재를 다루는 그의 능력'(Harman 2018, p. 210)에 깊은 영향을 받았다. 보고스트(Bogost 2012, p. 7)가 주장한 바와 같이, 사변적 실재론 철학은 포스트휴머니즘post-humanism과 어느 정도 유사한 면이 있지만, '포스트휴먼 접근법은 여전히 인간성을 주요 행위자로 보존한다'는 점에서 다르다. 이는 비인간 개물이 종종 인간의 관행, 문화적 과정 혹은 경험을 연구할 목적으로 포스트휴먼 사유에 동원됨을 의미한다.

더 넓게 보면, 객체지향 존재론은 포스트모던 반실재론의 헤게모니 이후 최근 등장한 실재론으로의 회귀와 반대되는 것은 아니지만 다른 사유 흐름에 참여한다. 현대 실재론의 변종 사이에 존재하는 차이 중 하나를 언급하며, 하먼은 마우리치오 페라리스Maurizio Ferraris(2014)가 소개한 '새로운 실재론'과 객체지향 존재론의 접근 방식을 명백하게 분리한다. 새로운 실재론이 객체지향적 존재론과 관련이 깊다는 걸 인정하면서도, 하먼(Harman 2018, p.161)은 객체지향적 존재론의 경우 실재에 대한 지식을 온전히 얻을 수 있다고 보기 때문에 그것이 다른 형태의 실재론이라고 주장한다. 실재론의 객체중심 버전을 특징으로 하는 객체지향 존재론 그룹은 그 자체로도 내부적인 차이점을 지닌다. 객체지향 존재론의 원래 핵심 그룹에는 그레이엄 하먼, 레비 브라이언트, 이안 보고스트, 티머시 모튼이 있다. '객체지향 존재론 관용구' 안에서 작업했거나 여전히 작업하고 있는 이 핵심 주창자들이 저술한 주요 저작물과 제인 베넷 같은 객체지향 존재론 그룹의 '동료 여행자'(harman 2018, p. 16)가 추가한 일부 저작물이 철학 영역의 측면에서 내가 접한 기본적인 이론 문헌을 구성한다.

나는 이 책에서 단일 저자의 이론화나 철학적 흐름을 엄격하고 일관성 있게 고수하여 '객체지향 지도 이론'을 소개하려는 것이 아니다. 오히려 지도 조사와 접근 및 연구에서 객체지향적 태도를 실험한다. 나는 이들 문헌에서 사물에 대한 성향, 사물을 다루는 전반적인 스타일, 심지어 실재에 대한 분위기까지 빌려 온다. 그러나, 나는 또한 지도학의 영역에서 더 깊은 질문을 자극하는 아포리아, 의문, 문제적이거나 모순된 점들을 도출했다. 그렇기에, 잠정적인 객체지향적 지도 사유의 한 부분을 제안함으로써, 나는 철학 학파를 맹목적으로 따라가면서 지도학에 새로운 패러다임을 도입하고 싶지는 않다. 그 대신에, 추가적인 관점을 제안하고 현대 지도 연구의 활발한 영역에 하나의 지층을 추가하고자 한다. 지도학과 객체지향 존재론을 비교하는 것은, 최신 유행이지만 매우 논쟁적인 철학적 추세를 내 연구 영역에 적용하려는 미리 계획된 아이디어에서 나온 것이 아니다. 서문에서 설명했듯이, 객체지향 존재론의 일부 문헌이 나의 지도 연구 상상력을 자극했다. 이 철학적 이론과 지도학의 대면을 진행하면서, 나는 지도 이론에서 과거와 현재 작업의 일치와 공명을 발견하기 시작했다. 따라서, 객체지향 관점은 지도학 이론 내에서 중요한 발전을 밝히는 데에 도움이 되며, 객체지향 존재론에서 지도 연구로의 이론적 수입뿐만 아니라 두 영역 간의 잠재적인 유익한 교환을 예고한다.

객체지향 철학자들 사이에서는 '매핑mapping' 개념이 대중적이며, 지도학적 어휘가 많이 사용된다. 물론 이는 은유적 용법으로, 특히 이른바 공간적 전회spatial turn 이후 문화학과 인문학에서 등장한 지도 도형의 매력 및 보편화와 유사하다. 미첼(Mitchell 2008)이 지적한 바와 같이, 지도 메타포는 지식 이론과 재현 문제를 논할 때 오랫동안 사용돼 왔지만 포스트모던 시대에 변화를 겪었다. '실재가 더 이상 주어지지 않는 (포스트모던) 시대에, 지도는 협상의 메타포가 된다 … 세계에서 의미를 도출하는 데에 필요한'(Mitchell 2008, p. 3). 따라서 고전적이고 과학에 영감을 받은 총체적·객관적 지도 메타포—앎이 곧 매핑이다—는 포스트모던 영역에서 지도의 과정적이고, 권력과 유관한 상황지워진 형상으로 대체된다. 이때 매핑은 의미의 해체와 협상, 권력 네트워크 내에서의 자기 지향 또는 또 다른 비판적 경로 생성과 동일시된다. 지도학적 메타포의 명시적이고 상당히 다른 사용은 라투르의 행위자-네트워크 이론화에서도 찾아볼 수 있다. 라투르는 행위자-네트워크 이론 연구자를 지도학자로 묘사하며 본인의 이론을 특징짓는 데에 지도 메타포를 고집스럽게 적용한다. 행위자-네트워크 이론은 지도학의 일종이자 평평화 행위로서, '사회적 풍경이

… 평평한 "네트워크적" 지형학을 갖는다'고 주장하는 이론이다(Latour 2005, p. 242).

객체지향 철학자들은 은유적인 수준에서 지도학 어휘들을 가지고 작업하며, 때로는 그들의 지적 제스처를 비유적으로 정의하는 데에 사용한다. 《쿼드러플 오브젝트The Quadruple Object》에서 하먼(Harman 2011, p. 143)은 그의 '존재론이 … 우주의 강력한 지도', 떠오르는 '지도학' 혹은 '이상하지만 신선한 객체지리학'을 주었다고 썼다(Harman 2011, p. 77). 그는 거듭 말한다. '숲과 호수 같은 자연적 특징을 다루는 지리학이 아니라, 존재학은 객체의 우주에서 기본적인 랜드마크와 단층선을 매핑한다'(Harman 2011, p. 125). 의미심장하게도, 이 마지막 인용문은 사물에 대한 하먼적 접근 방식의 '정신'을 공유하는 보고스트에 의해 재생산되었다(Harman 2012, p. 51). 하먼(Harman 2011, p. 135)도 지도학적 어휘의 매력을 보여 주며 '지도책'의 형상을 사용하고, 다른 데에서는 자신의 철학적 모델을 '지구본'과 비교한다(Harman 2018, p. 41). 객체지향 존재론 프로젝트를 대하는 인식의 비문자적 형태로서 은유의 결정적인 역할을 논하며, 하먼(Harman 2018, p. 65)은 '은유를 산문적 의미로 완벽하게 번역할 방법이 없는 것처럼, 3차원적 행성을 2차원적 지도에 완벽하게 묘사할 방법은 없다'고 했다. 그만의 지도 메타포 사용 방식과는 다소 모순되게도, 여기서 하먼은 지도학을 고차적원적인 은유적 영역이 아니라 '산문에서든 수학적 형식화에서든 그 사물에 대한 가상의 완벽한 설명으로 사물을 다 해명할 수 있다고 주장하는' '문자주의literalism'의 영역에 배당하여 저평가하는 것처럼 보인다(Harman 2018, p. 90). 《객체지향 존재론Object-Oriented Ontology》(2018)의 다른 구절에서, 하먼은 객체지향 존재론이 객체의 내적 삶을 간접적으로 파악하는 인지적 방식으로서 지식보다 미학에 특권을 주더라도 인간이 축적한 전문 지식, 결과적으로 지식의 중요성을 경시하지는 않는다며, 매핑의 구체적이고 지리학적인 형태를 사유한다. '미국 대륙을 횡단할 때, 우리는 분명 루이스Lewis와 클락Clark 같은 초기 탐험가의 부정확한 지도를 참고하기보다는 GPS 시스템을 이용한다'(Harman 2018, p. 168). 은유와 상관없이, 여기서 지도는 지식의 문제이며 현실 세계를 가로지를 때 사용하는 길찾기 도구이다.

《객체들의 민주주의The Democracy of Objects》에서 브라이언트(Bryant 2011, p.281)는 사물을 인식하기보다 사물에 접근한다는 생각을 발전시키며 다음과 같이 썼다. '우리는 국지적 현상과 그 변형을 추적함으로써만 객체 안에 숨겨진 어두운 폭발력을 감지할 수 있다. 다시 말해, … 우리는 객체 또는 지도의 가상 다이어그램을 형성한다'. 여기서 브라이언트는 '객체의 네트워크 매핑으로 구성된' 지도학을 언급했지만, 최신작 《존재-지도학Onto-Cartography》(2014)에서는 지도학적 (은유적) 세계를 명시적으로 수용한다. 그는 존재-지도학이란 '"사물"의 의미에서 "존재"를, "지도"의 의미에서 "지도학"을 끌어낸 것으로, '기계'가 '객체'의 동의어인, 기계들 간의 관계를 그린 지도를 가리키는 이름'이라고 설명한다(Bryant 2014, p. 7). 브라이언트의 설명에 의하면, '존재-지도학은 지리학적 지도학과 다루는 화제나 주제에서 많이 중첩된다. 그러나 지리학적 지도학이 지리학의 한 갈래에서 지리적 공간을 매핑하는 반면에 존재-지도학은 기계 또는 개물 간의 관계 또는 상호작용을 매핑한다는 점에서 그 둘은 다르다'(Bryant 2014, p. 7). 더 농담조로, 객체지향 사유에 의해 감행된 인간의 추방이라는 생각을 제시하며,《실재론 마술Realist Magic》에서 모튼(Morton 2013, p. 136)은 다음과 같이 말한다. '이것은 마치 **당신은 여기에 있다**고 말하는 작은 빨간색 화살표가 있는 지도와 같은데, 오직 이 지도만은 **당신은 여기에 없다**고 말한다.'

물론 많은 비판적 포스트모던 사상가들이 알아차린 것, 즉 "m" 〔modernism, modernity 등의 m〕 단어의 인기와 달리 그 매력이 '지도가 작동하는 방식과 지도가 이론화되는 방식에 대한 무지'(Perkins 2003, p. 341)를 수반했다는 것을 앞서 인용한 객체지향 사상가들도 인식할 수 있었다. 이런 결과는 그리 문제적인 게 아니다. 지도 이론가들은 특히 지도 연구 열풍이 불고 있는 이 순간에 지도와 관련된 불안정한 제안들, '생각지도 못한' 아이디어들, 통찰들을 수용하기 때문이다. 실제로, 지도학 용어의 창의적이고 은유적인 사용은 지도학적 사유의 원천으로 여겨질 수 있다(Rossetto 2014). 그러나 앞서 언급한 사상가들의 지도학적 어휘 사용을 다룬 나의 검토 작업은 주로 깨달음을 얻어 내는 데가 아니라 이 책이 지도와 객체지향 철학 사이의 관계를 어떤 정확한 의미로 다루는지 지적하는 데에 도움이 된다. 대부분의 경우, 객체지향 존재론자들에게 지도학은 실재에 접근하거나 그것을 인식하는 방식으로 여겨지고, 따라서 지도학의 **인식론적** 차원을 암시한다. 지도학적 철학은 초기에 지도학의 '인식론적' 차원, 즉 지도학이 세계에 대한 지식을 생산하는 방식을 '존재론적' 상태 또는 그 결과로 나타나는 개물 및 인공물의 존재와 구별했다(Perkins 2009, p. 386; 실제 세계의 상호-작용적 포착을 위한 범주, 용어, 규칙을 정의하는 것이라는 GIS 존재론의 개념에서 인식론과 존재론을 중첩하는 GISience 경향에 대해서는 Agarwal 참조 2004, pp. 508-509). 과학적 인식론의 차원에서 우리는 이렇게 말할 수 있다. 근대의 지도학은 세계 내 객체들이 실재하고 그 실재가 관찰, 측정, 수학적 용어를 통해 매핑될 수 있다는 가정에 기초한 지식의 표준 모델로 스스로를 단언한다. 혹은 우리는 1980년대에 등장한, 지도가 사회적 구성물이자 현실의 문화적 번역이라고 하는 다른 인식론적 분위기를 떠올릴 수도 있다(Harley 1989).

그 정의상 객체지향 존재론 운동은 '객체에 대한 질문은 인식론적 질문도, 우리가 객체를 어떻게 아는가라는 질문도 아니고, 바로 객체가 무엇인가라는 질문'이라는 철학적 입장인 반면 (Byrant 2011, p. 18), 일부 객체지향 존재론자에게 지도학이란 '객체에 대한 질문'은 아닌 것으로 여겨지는 것 같다. 브라이언트(Byrant 2011, p. 16)가 해석한 것처럼, 문화주의적인 반실재론 논쟁에서 객체에 대한 질문은 '우리가 객체를 어떻게 인식하는지, 그리고 우리가 객체를 인식하고 있기나 한 것인지에 대한 질문으로 미묘하게 변형되어' '우리의 재현이 실재에 매핑되는지 여부를 묻는 질문이 된다'. 인식론적 초점은 또한 객체지향 존재론의 존재론적 실재론과 최근의 다른 형태들인 '새로운' 인식론적 실재론 사이의 중요한 차이를 부각한다. 브라이언트(Byrant 2011, p. 18)는 다음과 같이 설명한다. '**인식론적** 실재론은 우리의 재현과 언어가 세계를 있는 그대로 정확하게 반영한다고 주장하는 반면에 … **존재론적** 실재론은, 그 반대로, 객체에 대한 우리 **지식**에 관한 논의가 아니라 우리가 객체를 재현하기 위해 존재하는지 여부와 무관한 객체 자체의 존재에 관한 논의다.' 분명히, 실재론적 철학 흐름과 나의 대화는 지도가 어떻게 현실을 (충실히 혹은 담론적으로) 재현하는지에 대한 질문도 아니고, 일부 객체지향 존재론자들이 사용하는 것 같은 은유적인 매핑 제스처가 어떻게 객체 세계를 파악하는지에 관한 질문도 아니다. 이는 새로운 실재론과 지도학을 비교하는 흥미로운 추가 궤도가 될 수 있다. 예를 들어,《존재-지도학》에서 고백하듯이, 브라이언트는〈심시티SimCity〉비디오게임을 플레이하고, 궁극적으로 대화형 지도를 사용하며 객체지향 존재론과《객체들의 민주주의》, 존재-지도학 아이디어로 이끌렸다. 그는 이렇게 썼다. '컴퓨터게임과 같이 명백히 비물질적인 것(두 가지 의미에서 모두)을 통해 매개되고 있음에도 불구하고, 나는 실제 물질성, 물리적 물질, 사물과 조우했고, 그것들이 만드는 차이에 직면했다'(Byrant 2014, pp. 5-6). 여기서〈심시티〉지도는 객체가 아니라 우리가 세상에서 객체를 만나는 매개체인 것이다.

최근 드리서(Driesser 2018)는 객체지향 철학과 지도학을 혁신적으로 연결하여 사회구성주의와는 반대되는, '영토에 대한 존재론적 안전보장을 반환하고 지도와 영토의 연결을 (재)확인하는' **객체지향적 비판적 지도학**object-oriented critical cartography을 제안했다(Driesser 2018, pp. 225-226). 한편, 드리서는 현대 디지털 지도학(대용량 데이터 세트, 실시간

모니터링, 장치의 확산, 상호작용)의 확장 능력을 강조함으로써, 지도가 나타내는 장소의 생동감을 더 많이 느끼는 데에 지도가 어떻게 도움이 될 수 있는지 시사했다. 한편, 그는 전통적인 '구성주의적 초점이란 처음부터 지도의 힘이 세계에 어떻게 발현되는지를 다루는 데에 부족하다'면서(Driesser 2018, p. 226), **객체지향적 비판적 지도학**이 지도가 재현하는 영토에 **정확히** 어떤 영향을 미치는지 설명할 수 있어야 한다고 주장한다. 드리서에게 중요한 것은, 탈재현적 맥락에서 지도학적 재현에 초점을 맞추기보다, 실제 환경과 함께 존재하면서 지도 장치 또는 기구apparatus 혹은 객체가 특정 역할(활성화 또는 비활성화, 개방 또는 폐쇄)을 수행하는 방법과 구조를 설명하고 현실을 생성하는 것이다.

챈들러(Chandler 2018)도 지도학과 관련하여 객체지향 존재론 문헌을 인용했다. 그는 포스트휴먼 거버넌스 기술로서 디지털 매핑에 대한 일부 **존재정치적**ontopolitical 성찰을 제공했다. 포스트휴먼 거버넌스가 문제의 깊은 원인과 해결책을 찾는 것이 아니라 계속 변화하는 효과들에 책임을 지고 또 그것을 완화함으로써 변화의 표면과 실시간으로 작동하는 거버넌스 방식이라면, 전 세계적으로 분산된 피드백 루프를 통해 탐지하고 감지하고 추적하고 역추적하는 디지털 매핑 능력은 이에 특히 적합하다는 것이다. 매핑과 평평화 간의 라투르식 방정식을 반영하며, 여기서 디지털 매핑은 인간과 비인간 행위주체가 연루된 변동적 관계와 표면적 효과를 명백히 파악하는 기술로 간주된다. 포스트휴먼 존재론에 기초하여, 비판적인 (지도) 학자들은 거버넌스와 매핑 개념을 정치적으로 관여시켜야 한다고 챈들러는 주장한다.

　그러나 지도와 실재에 대한 인식론적·비판적 의문, 즉 지도가 현실에 어떻게 매핑되는지에 대한 질문은 이 책의 목표가 아니다. 나는 현실을 반영하거나 구조화하는 문제로 객체의 문제를 제기하지 않는다. 오히려 나는 객체지향 존재론이 그랬던 것처럼 객체 문제를 우리가 관심을 기울이는 사물의 우주 안에 있는 지도를 포함하여 지도학적 객체의 삶에 대한 질문으로 제기한다. 나는 지도의 객관성/비객관성에 의문을 제기하는 것이 아니라, 오히려 지도의 사물성을 수용한다. 따라서 지도가 사물의 실재에 접근할 수 있는지 여부에는 별로 관심이 없다. 대신에, 객체지향적 존재론의 기본 진술 중 하나를 **지도학적 객체**에 직면시키는 데에 관심이 있다. '사물은 어느 정도 자율성을 유지한다', 왜냐하면 '사물의 실재성은 직접 접근 가능하기보다는 언제나 철회되거나 가려져 있기 때문이다'(Harman 2018, pp. 38, 41). 우리는 지도에 완전히 접근 가능한가? 지도는 오로지 우리만을 위해 존재하는가? 지도는 우리에게 의존적인가? 지도에 생명이 있는가? 지도는 무엇을 경험하는가? 지도가 말을 할 수 있다면 뭐라고 말할까? 지도학적 사물들에 관한 이런 저런 있을 법하지 않은 질문을 던지며, 나는 종종 (배타적이지는 않게) 지도학적 객체의 물질성에 집중한다. 객체지향 존재론 사상가들 사이에서 물질성에 대한 고려는 구별할 수 있는 것까지는 아니라고 하더라도 매우 미묘한 차이가 있다. 여기서 내 작업의 주요 참고 문헌은 베넷(Bennett

2010)의 《생동하는 물질: 사물에 대한 정치생태학Vibrant Matter: A Political Ecology of Things》이다.

앞서 살펴본 것처럼, 베넷은 객체지향 존재론 사상가들의 동료 여행자로 여겨진다. 베넷의 저서에는 '지도'라는 단어가 단 한 번 등장한다. 베넷은 비인간 사물들의 생명력을 진지하게 고민하는 프로젝트에서 객체에 대한 매혹의 순간에 머무르기, 물질적 개물에 대해 상상적인 관심을 기울이기 같은 몇 가지 전술을 제안했다. 이러한 태도를 예시하며, 베넷은 '플라스틱 지형도가 상기시키는 … [그의/그녀의] 손등 정맥'을 가진 누군가로 활기찬 유물론자의 프로필을 스케치했다. 플라스틱 지형도는 지식의 도구도, 사회적 구성도, 물질적 존재에 접근하는 철학적 방식도 아니다. 그것은 물질적 존재이다.

앞서 보았듯이, 하먼은 지도학을 지식의 한 형태로 여기는 것 같았다. 그의 객체지향 이론은 미적, 은유적, 간접적 인식을 문자 그대로의 지식에 비해 사물의 실재에 접근하는 더 현명한 수단으로 간주한다. 지식의 요점이 실재의 특성을 파악하는 데에 있다면, 예술의 요점은 '실제 객체의 알 수 없는 독특함을 경험하는 데에' 있다[Harman 2018, p.170]. 하먼에 따르면, 미학은 지식이 아니라 인식의 한 형태이자 실재에 대한 간접적인 암시, 즉 일종의 반지식counter-knowledge이다. 나는 지도학적 객체는 지식의 문제일 뿐만 아니라 객체지향 존재론이 구성한 미학적 경험의 문제일 수도 있다고 주장한다. 하먼에게 객체의 '내부성insideness'을 문자 그대로 말할 수 있는 방법은 없고, 그래서 나는 지도학적 객체가 무엇인지 문자 그대로 말할 수 있는 방법이 없기에 지도의 존재를 암시하는 미학적 대응 방법이 필요하다고 덧붙일 것이다.

이런 미학적 접근 방식에서 영향을 받은 나의 **존재론적** 탐구는 과거의 것들과는 거리가 멀다. 예를 들어, 나는 할리(Harley 1989)가 추구했던 '지도의 내부적 힘'을 다루지 않는다. 실제로 할리는 정치적·사회적·문화적·경제적 힘을 가진 여러 소유자들이 지도 '위에' 그리고 지도'에' 행사하는 외부적 힘을 고려한 후, 지도에 내재된 힘, 지도가 추구하는 힘, 지도라는 존재에 내재된 '안쪽'으로 향했다. 이 책에서 나는 할리의 작업과 병행하여 이탈리아의 지도 이론가 프랑코 파리넬리Franco Farinelli가 제안한 유명한 지도의 존재론과는 다른 태도로 '지도의 의인법적 성질'(Lo Presti 2017, p. 81)을 강조한다. 로 프레스티가 날카롭게 묘사한 것처럼, 파리넬리는 '지도에 대한 담론을 더 깊고 내적인 수준으로 나아가게' 하면서, 권력 수단으로서 지도의 외적 사용이 아니라 '지도의 존재, 따라서 존재론'에 의문을 제기한다.

파리넬리에게 더욱 문제적인 지점은 … 일단 기호가 지도에 양각되면 원래 기능과 관련이 없는 형상을 만들어 내고자 스스로 의미화되는 경향이 있다는 사실이다. 이런 방식으로 기호학적 읽기를 선호하면서, 이 학자는 지도의 의인법적 성질을 강조한다. 그 추상화에도 불구하고, 지도는 살아나고 지도가 발산하고 배출하는 내적 힘에 근거하여 말하도록 초대된다. 이런 설명은 향후 수십 년 동안 그의 사유 경로를 표시할 것이다. 이는 지도에 내재하는 행위주체성과 활력 그리고 위험을 정확하게 다룬다. … 나아가, 지리학자 파리넬리는 지도란 스스로 생각하고 보는 사람에게 행동을 지시하기 때문에, 지도 읽기를 통해 지도학자의 의도를 재현하는 것은 불가능하다고 과감히 주장한다. 이런 읽기의 수사학은 엄청난 효과를 발휘한다. 나는 이런 종류의 성찰이 불가피하게 지도를 인간 행동과 표현을 통제하고 흡수하는 미묘하고 만연한 아이콘으로 물신화하는 결과를 낳는다는 점에 주목하고 싶다.(Lo Presti 2017, pp. 81-82)

로 프레스티가 지적했듯이, 할리와 파리넬리에게 지도의 존재론적 힘은 이데올로기적 구성물로서 그것이 갖는 지위 및 규율 능력과 관련이 있다. 지도 자체에 대한 악마화는 아니지만, 분명히 심각한 비판적 읽기를 만들어 내는 관점이다. 따라서, 사회구성주의적 비판이 기술을 **탈존재화**de-ontologises(지도)하여 기술을 사회적 구성물에 불과한 것으로 번역한다고 하더라도, 이 비판은 동시에 모순적이게도 '기술을 그것을 생산하는 사회를 통제하는 (감시, 전쟁, 헤게모니, 균질화) 자율적 힘으로 본질화한다'(Leszczynski 2009, p. 594).

지도-존재론적 사고의 비판적 버전을 고수하는 것과는 거리가 먼, 지도의 객체성과 삶에 대한 나의 전환은 다른 분위기, 즉 객체지향 문헌에서 기인한 객체에 대한 매력을 풍기는 분위기의 영향을 받는다. 미학과 경이로움에 더 기울고 비난과 불신에 덜 취약한 정반대의 지적 자세는 지도에 대한 나의 생각과 감정을 이 초기의 비판적 지도학(객체지향 **비판**적 지도학뿐만 아니라)에서 멀어지게 한다.

이러한 분명한 입장은 또한 객체지향 지도 사상가에게 지도란 무엇인지를 생각하는 데에 큰 역할을 한다. 객체지향 존재론의 가장 기본적이고 보편적인 원칙 중 하나는 평평한 존재론이 '존재하는 사물들의 유형을 구분하지 않고 모두 동등하게 취급한다'는 것이다(Bogost 2012, p.17). 이 원칙에 따라, 우리가 연구할 수 있는 지도학적 사물 목록은 최대한 확장된다. 객체지향 존재론이 승인한 사물들의 민주주의 정신에 입각하여 나는 지도들의 민주주의를 요청한다. 무대가 권력과 유관한, 전문적인, 제도적인, 단지 잘 알려진 지도학적 사물에만 국한되지 않는 지도의 민주주의 말이다. 객체지향 존재론이 모든 것에 대한 연구를 허용하고 '객체들을 공정하게 대하라'(Harman 2011, p. 47)고 요청한다면, 객체지향 지도학은 **모든** 지도학적 사물들을 거리낌 없이 공정하게 대할 것을 요청한다.

**3**

# 이론의 확장
: 지도학적 객체, 지도 행위

2장에서 보았듯이, 지도학 이론을 객체지향 존재론과 비교하는 것은 지도의 존재론적 차원과 인식론적 차원의 차이를 돌아보는 일이기도 하지만 지도의 존재론이라는 오랫동안 논의된 질문을 불가피하게 돌아보는 일이기도 하다. 지도 이론의 최신 패러다임 변화, 말하자면, **탈재현적 지도학**post-representational cartography(Dodge, Kitchin and Perkins 2009)은 지도학적 존재론에 대한 심문으로 시작하여 지도에 대한 철학적 재고의 기초를 제시했다. 이 새로운 패러다임(Kitchin and Dodge 2007)의 개시를 알린 중요한 논문은 사실 탈재현적 지도학 개념이 아니라 지도 사유에 나타난 '존재론'에서 '개체발생학ontogenesis'으로의 전환에 중점을 두었다. 키친과 도지(Kitchin and Dodge 2007, p.331)는 지도의 '안전한 존재론적 상태'에 의문을 제기하며, 지도는 언제나 '(체화된, 사회적, 기술적) 매핑의 실천으로 존재하게 된다'는 생각을 발전시켰다. 그렇기에 지도는 개물이 아니라 과정이다.

지도학자는 지도의 존재를 탐구하기보다 지도의 끊임없는 생성becoming 상태를 탐구해야 한다. 키친과 도지는 세계의 거울 또는 세계에 대한 일련의 존재적 지식이라는 초기의 지도관을 극복하는 데에 크게 기여한 이전의 비판적 지도 사상가들이 지도의 안전한 존재론적 상태를 어떤 방식으로 보존해 왔는지를 회고적으로 고찰했다. 키친과 도지(Kitchin and Dodge 2007, pp. 332-334)에 이어, 브라이언 할리, 브뤼노 라투르 및 존 피클스는 권력과 관계된 사회적 구성물, 영향력 있는 행위자, 세계를 작동시키고 생산하는 실체 등의 지도 개념을 발전시켰는데, 모두 지도의 존재론적 안전을 보존한다. '지도: 지도는 계속해서 존재론적 안전을 누리고 있다. 지도는 그것이 이데올로기적이고 수사적이며 관계적이라고 드러났음에도 불구하고, 일관되고 파악 가능하며 안정적인 생산물, 즉 지도로서 안전하게 남는다'(Kitchin 2008, p.212). 지도에 대한 존재론적 사고에서 이 급진적 일탈은 '존재론(어떻게 사물이 존재하는가)에서 개체발생학(어떻게 사물이 되는가)으로, 혹은 지도의 본질에서 매핑 실천으로의 전환'이다(Kitchin 2008, p. 213). 따라서 탈재현적 지도학에서 지도는 실천의 전개**이다**. 그것은 발생하고, 출현하고, 따라서 가변적이고, 제한이 없다. 지도가 '매핑 실천을 통해 지도로서 형태를 취하고 지도로서 이해되는 점과 선과 색상의 조합'임을 인정한다면, 또한 '이러한 수행이 없는 공간 재현이란 단순히 종이 위에 칠해진 잉크에 불과'하다는 점을 인정한다면, '가장 중요한 질문은 지도가 무엇인지(공간적 재현 혹은 수행)도, 지도가 무엇을 하는지(공간 정보 전달)도 아니고, **지도가 어떻게 나타나는가**'이다(Kitchin and Dodge 2007, p. 335, 342). 따라서 이 탈재현적 지도학의 대안적인 정의는 '신생 지도학' 혹은 '개체발생적 전환'이다.

게를라흐(Gerlach 2014, p.24)는 존재에서 생성으로의 이러한 전환을 지지하며, 키친과 도지의 주장이란 '지도학적 존재론과 인식론을 서로 붕괴시키는 역할을 한다'이고, 그래서 '지도가 **어떤 방식**으로 수행하는지를 묻는 것은 지도가 **무엇인지**를 묻는 것'이라고 명시했다. 그러나 퍼킨스(Perkins 2009)가 인식론적 차원과 존재론적 혹은 개체발생적 입장을 구분했다는 점은 주목할 만하다. 철학적 구분은 '매핑을 통해서 할 수 있는 지식 주장과 **실천 및 그 산출물 자체**의 상태' 사이에서 이루어진다(Perkins 2009, p. 386, 필자 강조). 이 구절은 객체와 실천을 함께 취하기 때문에 중요한데, 이는 내가 지도 객체에 객체지향 철학을 적용할 때 결정적인 점이기도 하다. 이 책에서 제안한 객체지향적 입장과 관련하여, 나는 1장에서 나의 주요 주장이 지도학의 인식론(지도가 세계 내 사물들을 어떻게 매핑하는가)이 아니라 지도학의 중심이 되는 객체에 관한 것임을 분명히 했다. 따라서 객체지향 존재론의 존재론적 의문에 참여함으로써 지도의 개체발생론보다는 존재론에 대한 질문에 응답한다고 말할 수 있다. 이는 부분적으로 사실이다. 앞 장에서, 나는 나의 존재론적 미학적 탐구의 의미를 지도의 존재론적 힘에 대한 이전의 비판적 평가와 차별화한 바 있다.

그럼에도 불구하고, 나의 접근 방식은 지도학적 객체에 주의를 기울이면서 매핑 실천/과정에도 주목한다. 이는 객체지향 존재론에 다양한 변종이 공존하는 것과 맥을 같이하는데, 일부 접근법은 행위와 효과(객체가 하는 일)에 더 민감한 반면, 다른 접근법은 사물의 내적 존재(객체가 무엇인지 혹은 경험하는지)에 더 매력을 느낀다. 하먼(Harman 2018)에게 객체는 언제나 물러나고, 비밀스러운 삶을 살며, 인간과의 관계로 결코 다 고갈되지 않는다. 한편, 브라이언트(Bryant 2014)는 객체가 어떻게 작용하는지, 객체의 힘이나 능력은 무엇인지, 객체가 조우하는 인간/비인간 네트워크, 얽힘, 아상블라주는 무엇인지에 관심을 두었다. 이로 인해 최근에는 객체가 기능하거나 작동한다는 사실을 강조하고자 객체 대신에 '기계machine'라는 용어를 선호하게 되었다. 사물의 힘과 행위에 대한 이러한 관심은 베넷의 저작(Bennett 2010)에서 중심적인 것이지만, 모튼(Morton 2013)의 태도는 하먼의 태도와 더 유사해 보인다.

《실재론 마술》에서 모튼은 다음과 같이 썼다. '이 연구는 사물의 실제성realness을 말로 표현할 수 없음, 폐쇄, 물러남, 비밀과 같은 여러 의미에서 어떤 신비와 결부된 것으로 간주한다. … 사물은 **암호화**되어 있다'(Morton 2013, P.17). 행위, 효과 및 관계에 대한 이런 강조는 종종 객체지향 존재론과 행위자–네트워크 이론(혹은 다른 관계 이론) 간의 가장 중요한 차이점으로 지적된다. 하먼(Harman 2018, p.109)이 말하였듯, '사물을 그것이 다른 사물들에 영향을 미칠 때 남김없이 전개되는 **행위자**로 해석함으로써 행위자–네트워크 이론은 사물이 무엇이고 사물이 무엇을 하는지 간의 차이를 보는 시각을 상실한다'. 실제로 하먼은 객체를 비관계적인 개물로 여기는 것이 객체가 관계로 진입하는 것을 부정하는 것을 의미하지 않는다는 점을 분명히 했다. 대신에 그것은 '객체가 객체들의 관계보다 어떻게든 더 깊고, 그 관계들로 분해될 수 없음'을 의미한다(Harman 2011, p. 196; Shaviro 2011 참조). 사물을 관계의 묶음으로 보는 관점과 사물을 그 자체로 보는 관점을 결합하려는 시도 역시 지리학 분야에서 제안된 바 있다(Fowler and Harris 2015; Bennett 2012). 객체는 네트워크나 아상블라주에 등록되기 전이나 도중, 후에 자율적인 것으로 볼 수 있으므로 그 사생활, 비밀 보호, 초과적 가능성을 보존할 수 있다(Shaw and Meehan 2013).

《에일리언 현상학》에서 보고스트(Bogost 2012)는 사물의 행위 능력보다는 사물 고유의 경험에 더 깊은 관심을 발전시키는 것처럼 보였다. 그러나 보고스트에 따르면, 사물이 무엇인가라는 질문은 다면적인 답변을 요구한다. 비디오게임 〈이티E.T.〉의 존재론적 지위를 예로 들며, 그는 거기에 '실제' 이티는 없으며 이티는 코드, 집적회로, 플라스틱 카트리지, 소비재, 규칙 시스템, 상호작용 경험, 그리고 수집물로 동시에 존재한다고 말한다(Bogost 2012, pp. 17-19).

이런 간단한 참조에서 알 수 있듯이, 사물의 존재/행위주체성, 폐쇄성/개방성, 비관계성/관계성, 물러남/효과에 대한 강조는 저자마다 다르다. 이를 통해 나는 객체지향 존재론에서 영감을 얻을 수 있었을 뿐만 아니라, 나의 적용 프로그램에서 절충적인 스타일을 유지하는 동시에 기존 지도 이론화와 조화시킬 수 있었다. 징후적이게도, 탈재현적 지도학의 틀과 연관된 객체지향적 비판적 지도학을 제안하면서(2장 참조), 드리서(Driesser 2018)는 주로 지도가 어떻게 생산하고, 분리하고, 활성화하고, 작동하고, 힘을 발휘하고, 영향을 미치고, 역량과 효과를 지니고, 법제화하는지 등에 초점을 맞추었다. 따라서 여기서 객체지향 존재론은 지도의 사적 실존이나 객체성보다는 지도의 행위와 관계를 강조하여 쓰인다.

나는 객체지향 존재론의 몇 가지 제안을 받아들임으로써, 새로운 패러다임을 도입하고 싶지도 않았고 매핑 **실천**이라는 포괄적인 개념 하에 지도학의 다양한 접근 방식에 걸쳐 대화의 공간을 만들어 낸 탈재현적 지도학의 실천 기반 접근 방식을 떠나고 싶지도 않았다(기술 구성주의자에서 사회 구성주의자로; 비판적 실재론자에서 엄밀한 실재론자로자; 인지적인 것에서 현상학적인 것으로; 텍스트적인 것에서 민족지학적인 것으로; 이론적인 것에서 실천적인 것으로)(Kitchin and Dodge 2007; Crampton 2009, p. 606; Leszczynski 2009a, p. 584; Caquard 2015; Boria and Rossetto 2017; Perkins 2018, p. 86 참조). 실제로 지도를 **객체와 실천**으로 사유하는 데에서 기본적인 교점交點은 지도의 행위주체agency 개념이다. 윌슨(Wilson 2014, p. 583)이 말했듯이, '지도가 활성 상태라는 것은 … 새롭지는 않지만 중요한 주장이다'.

지도가 세계 내 행위자이고, 지도가 '무엇인가를 한다', 스스로 행위한다는 관념은 폭넓게 연구되었다. 다음은 우드(Wood 2010)의 《지도의 힘 다시 사유하기Rethinking the Power of Maps》 서문에서 발췌한 내용이다.

힘은 일의 척도이다. 이것이 바로 지도가 하는 일이다. 지도는 일한다. 적어도 두 가지 방식으로 일한다. 먼저, 지도는 효율적으로 작동한다. 지도는 일한다. 즉, 지도는 실패하지 않는다. 반대로, 지도는 성공하고, 효과를 얻고, 일을 완수한다. **이봐! 지도는 일해!** 그렇지만 이렇게 하려면 지도는 반드시 다른 방식으로도 일해야 한다. 즉, **힘들게 일하는 것**, 즉 **노동**이다. 지도는 땀 흘리고, 긴장하고, 스스로를 적용한다. 이런 노력으로 얻은 결과는? 지도를 존재하게 해 주는 문화의 끊임없는 재생산이다. 현재: 일은 거리를 통한 힘의 **적용**이고, 힘은 한 신체가 다른 신체에 가하여 그 신체의 움직임 상태를 변화시키는 **행위**다. 지도의 일? 사회적 힘을 사람들에게 적용하여 사회화된 공간으로 가져오는 것. 문제의 그 힘이란? 궁극적으로 그것은 법원의,

경찰의, 군대의 것이다. 그 어떤 경우에도 그것은 … **권한**.(Wood 2010, p.1)

지도는 규범적이고, 생산적이고, 행위주체적이고, 강력한 것으로 다양하고 광범위하게 설명되었다. 이러한 개념들을 둘러싸고 만들어진 초기의 비판적 지도학은, 월슨의 다른 표현을 다시 빌려 오자면(Wilson 2014, p. 584), 각기 다른 방식으로 존재론적이고, 이데올로기적이고, 사회구성주의적 혹은 도덕주의적이었다. 그러나 지도의 행위, 힘, 기능, 노동, 작동은 비판적 지도학에만 국한된 진술이 아니다. 지도의 성과는 더 넓은 사회적 힘에 대한 반응이나 기술적 통치성의 법제화(사회적 혹은 기술-정치적 작인으로서의 지도)로 여겨질 수 있지만, 동시에 소통 과정(의미를 전달하는 정보 이미지-텍스트로서의 지도)이나, 인지 절차(방향을 지시 도구이자 신체적 실천으로서의 지도), 심지어 예지적이고 예측 불가능한 경험(어떤 방식으로든 발생하는 지도)으로 간주될 수도 있다.

더 최근에는, 지도 이론의 탈재현적인 재구성과 오늘날 매핑으로 간주되는 것의 기하급수적인 증식에 따라, 매핑의 행위주체 개념은 매핑을 '잠재력을 해방하고, 경험을 풍부하게 하고, 세계를 다양화하는' 프로젝트로 위치시키는 '더 낙관적인 수정'과 결부되어 왔다(Corner 1999, p. 213). 이런 맥락에서, 수행 개념이 그리 단순하지 않은 새로운 비판적 지도학의 영역에 들어와서는(Perkins 2018), '지도학과 매핑 연구를 매료시켰다'(Gerlach 2018, p.90). 그렇기에 지도의 고유한 수행성을 인식하는 것은, 힘 있는 지도를 해체하고, 지도학의 정치경제학을 불러일으키거나, 제국 통치 의제를 불러내는 문제일 뿐만 아니라, 고도로 분화된 '사소한 매핑 순간', '용도들의 무한 집합체에 대한 행위자들의 마찬가지 무한 집합체', '특히 존재의 일상적 기록부에 있는 매핑의 르네상스' 등을 섬세하게 탐구하는 문제이기도 하다 (Gerlach 2014, p. 93). 비판적 역량을 잃지 않은 채, **지도의 수행**이라는 더 미묘하고 개방적인 관념이 **지도의 힘**을 대체했다. 게를라흐는 실재성이라는 담론 이상의 차원과 수행성의 개방적인 차원 같은 관념들을 지도학 영역에 도입했는데, 이는 비재현 이론들의 기초가 되는 것이었다. 게를라흐(Gerlach 2014, p. 95)가 제안한 것처럼, '수행에 초점을 맞추는 것은 필연적으로 실천에 초점을 맞추는 것이다. 사물이, 물체가, 개념이, 공간이 어떻게 존재하게 되는지에 초점을 맞추는 것이다'. 그렇기에 지도를 실천과 수행으로 연구하는 것은 또한 '비인간 행위주체에 관한 호기심'을 발전시키는 것이다.

수행으로서의 매핑은 비인간 행위자의 함의 및 잠재적 행위주체성을 고려하지 않고서는 파악할 수 없다. 고대든 현대든, 수행으로서의 매핑은 당연히 언제나 비인간에 의존해 왔다. 재료와 도구, 종이, 각도기, 인공위성, GPS 장치 등이 그 예이다. 비인간에 초점을 맞추는 것은 곧장 눈에 띄지 않는 것처럼 보이지만, 중요한 것은 비인간이 지도학에 어떤 방식으로 개입하고 그에 따라 매핑이 어떤 방식으로 수행되는가이다. 기이하게도 우리는 이미 지도 자체의 역할로 볼 때 비인간적 개입이 어떤 방식으로 이루어지는지 이미 잘 알고 있다.

지도는 물질적 결과와 비물질적 결과를 낳는 비인간 인공물 또는 수행이다!(Gerlach 2014, p.96)

게를라흐(Gerlach 2014, p. 98)에 따르면, 지도의 수행성에 초점을 맞출 경우 지도의 존재론적 불안정성, 가변적이고 창발적인 존재, '활기차고 역동적인 잠재성'에 주목하게 되고, 궁극적으로 지도가 물질적/비물질적 수행임을 인식하게 된다. '형성 과정에 우선권을 부여하는 존재론'을 지지하며, 잉골드(Ingold 2010, p. 1)는 '사물이 살아 있음'을 유지한다는 것이 반드시 내부적으로 살아 움직인다는 원칙이나 행위주체성(객체가 '반응'할 수 있는 자율적인 능력)을 부여하는 것을 의미하지는 않는다고 말한다. 그보다는 그것은 오히려 사물이 그물을 세공하고 실천을 전개하면서 생명을 얻고 끊임없이 생성되는 데에 체계적이면서도 관계적으로 참여하는 것을 의미한다(Ingold 2010, p. 7) 잉골드에게 탈재현적 지도학과 유사하게 지도가 살아 있는 사물이라고 말하는 것은, 지도가 언제나 매핑**하는** 중이라고 말하는 것과 같다.

지도의 수행성에 관한 이런 종류의 주장은 객체지향 사례들과 유사하다. 베넷의《생동하는 물질》(2010) 같은 경우에서 보듯, 비인간 신체의 생명력, 물질적 형성물의 생생한 힘, 그리고 아상블라주 내부 힘은 특히 객체지향 존재론의 몇몇 변종들을 특징짓는다. 베넷은 '사물 권력의 표현을 문화의 효과와 인간 권력의 유희로 해석하는 문화적·언어적·역사적 구성주의를 향한 충동'을 포괄하고자 행위주체와 행위 개념을 확장시켰다. 그녀가 언급한 비인간 생명력은 객체에 대한 비판보다 인간의 목표, 기대, 의도를 뛰어넘고, 독립성과 살아 있음의 형태를 드러내는 객체의 기이한 능력에 대한 매혹과 더 관련이 있다. 다음 장에서는 일반적으로 이해되는 지도의 힘을 다루는 대신, 물질적 생명력에 대한 상상적 관심을 통해서 경이의 순간들이 지속되는 내내 **지도-사물 권력**(베넷이 사용하는 의미에서)이 창발되도록 할 것이다. 따라서 나의 작업은 애니메이션, 의인화 혹은 비인간 내레이션과 같은 '지도 행위'를 실험한다는 아직 개척되지 않은 방식들을 적용한다. 이런 관점에서, 이어지는 장들 내내 '이미지 행위', 즉 이미지의 생명력과 생생한 현존(Bredekamp 2018, Van Eck 2015, Belting 2014, Mitchell 2005)을 다룬 기존의 방대한 문헌을 살펴볼 것이다. 이 문헌들은 지도학적 이미지를 구체적으로 다루지 않은 채 시각적 행위주체 문제에 오랫동안 초점을 맞춰 온 것들이다.

지도 연구에서, 우리는 객체지향 접근법과 실천지향 접근법을 결합할 하이브리드 이론화를 찾아볼 수 있다. 1장에서 제시한 바와 같이, 지리학자 델라 도라는 이러한 비인간 행위주체 및 수행성 개념을 동시에 다루는 지리학적 재현의 객체성에 광범위하게 초점을 맞추었다. 델라 도라(Della Dora 2009a, p. 350)에게 객체성이란 '그래픽 경관(과 지도학적) 재현이라는 인간 이상의 행위주체를 강조하는 차원'이지만, 이 행위주체는 현상학적(인간중심적) 틀 안에 위치한다. 시각적 객체의 행위주체는 '내밀한 감정-지리의 활성화에 참여한다'. 그러므로 인공물의 전기biographies는 인간의 전기와 얽혀 있다. 객체는 우리에게 이야기를 건넨다. 델라 도라(Della Dora 2007, 2009b)는 예시적이고 절충적이며 포괄적인 이론화(나의 연구에도 적용하려고 노력하는 스타일)를 통해, 현상학, '존재론 너머 인식론' 태도에 대한 문제 제기, 물질적이고 실재론적인 주장, 실천 중심의 접근 방식, 도상학적인 분석, 특정 객체에 대한 관심 등을 결합하는 데에 성공한 미묘한 객체지향 입장을 수용하였다. 비슷한 맥락에서, 그리고 디지털 분야에서 실증적인 민족지학적 연구에 대한 강한 의지로, 더건(Duggan 2017, p. 67)은 '지도가 재현의 대상이라는 관념, 지도가 문제의 물질성을 갖는다는 관념, 지도가 실제로 실현되는 수행 능력을 갖고 있다는 관념 등을 함께 묶는 단일 틀을 창조하는' 포괄적인 매핑 인터페이스 이론을 제안하였다. 따라서 지도 연구는 이미 포스트휴먼 탐구에서 발생하는 이론적 수렴을 실험하고 있다. 또 다른 적절한 사례는 애덤스와 톰슨(Adams and Thompson 2016)의 (디지털) 객체 인터뷰 작업이다. 저자들은 현상학/인간중심 접근법과 행위자-네트워크 이론/객체중심 접근법을 모두 사용하는데, 이때 시너지효과뿐 아니라 이 작업에서 발생할 수 있는 긴장도 인정한다. 디지털 객체를 다루면서, 애덤스와 톰슨의 방법론적 저서가 실천, 관계, 아상블라주 같은 관념들을 특히 강조한다는 점은 주목할 만하다. 그들의 발견적 교수법 중 하나는 사물이 우리에게 말을 하도록 하는 게 목적인데, 이는 다음과 같이 기술된다.

'행위자를 따라가는 것'은 단일한 실체를 따라가는 것처럼 보일 수 있지만, 실제로는 행위자들 사이의 복잡한 연결, 즉 행위자-네트워

크 혹은 아상블라주를 추적하는 것이다. 각 행위자는 이미 가깝고
도 먼 다른 행위자의 네트워크 또는 혼합물이기에, 하이픈으로 연결
된 구절인 '행위자-네트워크'이다. 어려운 문제는 객체를 별개로 보
는 것이 아니다. 객체를 둘러싼 여러 집합들과 객체의 다양한 물질적
수행에 참여하는 것은 조사자와 참여자가 독립된 개물 너머, 훨씬 더
뒤엉켜 있고 훨씬 더 실천지향적인 무언가를 향해 사유하도록 만든
다.(Adams and Thompson 2016, p. 38)

이와 반대로, 나의 방법론적 제안은 실천과 관계를 고려하기는 해
도 그렇게 강조하지는 않는다. 실제로, 나의 객체지향 지도학은 주
로 객체 **자체**에 초점을 맞춘다. 객체지향 존재론의 기본적인 입장
은, 객체를 공정하게 대하기 위해서는 인간에게 영향을 미치는 것에
만 관심을 기울여서는 안 된다는 것이다. 무엇보다, 인간 경험의 외
부에서 그 객체들의 존재를 파악해야 한다. 이는 아마도 내 책이 주
로 인간 중심으로 남아 있는 최근의 지도 사유 방식에 추가하려는
층위 중 가장 미끄러운 방향일 것이다. 탈재현적 지도학은 인간 중
심의 공간 문제에 전념한다. 분명히, 지도는 인간이 만들어 낸 인공
물이기 때문에 인간과 거리를 두는 접근 방식을 지도학 분야에 적
용하는 것은 어색하거나 어리석지는 않더라도 모험적이다. 샤비로
(Shaviro 2014, p. 48)는 '도구란 아마도 우리가 비인간 행위자, 생명 물질,
객체 독립 같은 역설에 전적으로 직면하는 것과 관련된 객체일 것'
이라고 말한 바 있다.

이어지는 장에서 설명하겠지만, 지도학 영역과 미학적 성향에 대한 민주적 고려는 인간의 그러한 거리두기를 실험하고 지도학적 사물들의 예상하지 못한, 초과적이고, 고갈되지 않는 비축물들을 인정하는 데에 도움이 된다. 일상생활에서 우리는 지도와 (인지적 · 실천적 · 정서적 등) 관계를 맺으며, (활동적이면서도 활동을 중단한, 의미하면서도 의미하지 않는, 기능적이지만 예측 불가능한) 지도도 마찬가지로 우리의 경험 밖에 존재한다. 다음 장에서는 간혹 지도학에 현상학적 접근 방식을 적용해 지도 객체와 관련하여 주체의 역할을 평가한다. 다른 경우에는 주체의 거리두기, 그리고 '에일리언 현상학'(Bogost 2012) 또는 객체 자체에 고유한 현상학에 대한 사변적 설명을 실험할 것이다. 따라서, 나의 객체지향 지도학은 (포스트)현상학적이고, 따라서 관계적(주체와 관련된 객체)이기도 하고, 잠정적으로 비관계적(객체는 물러나지만 미학적 활동으로 파악할 수 있다. 객체는 그 관계가 다가 아니고 변화와 예측할 수 없는 새로운 관계의 발생을 위해서 내부 비축물을 가지고 있다)이다. 앞서 제안한 대로(Fowler and Harris 2015), 우리는 존재(사물)와 생성(관계와 과정)에 대한 사유를 방법론적으로 조절할 필요가 있고, 그래서 결과적으로 매핑 실천 계획에서 지도학적 객체들을 특수화하는 순간으로 또는 그 반대로 전환할 수 있어야 한다. 새로운 연구 관점이 개시되었을 때처럼 말이다.

객체지향 존재론이 자주 '인간 주체 모델 자리를 허용하지 않는다고 공격당해도 …'(Harman 2018, pp. 7-8), 객체지향 존재론의 더 이론적이고 더 응용적인 형성물들은 객체를 보는 사람의 미학적 경험과 사변적 실재론자/생동하는 유물론자(Shaviro 2014 참조)의 창조적 능력에 결정적인 역할을 한다. 보고스트(Bogost 2012, p.132)가 제안했듯이, 비인간 객체를 전면에 내세우는 것은 '죄 많은 비인간주의'로 간주될 수 있으나, '역설적이게도 객체지향 존재론은 정반대의 기회를 제공한다'. 말하자면, 인간의 우월성에서 자유롭고 객체들의 민주주의에 개방된 창의적이고 새로운 사색을 실천하는 것이다. '인간 삭제라는 혐의'에 맞서, 보고스트(Bogost 2012, p. 132)는 객체지향 존재론이 사물의 문화적 측면을 **사유하고** 문화 연구가 무시하는 경향이 있는 다른 모든 실제 사물에 **주의를 기울인다**고 주장함으로써 '사물의 "문화적 측면"에 대한 "'무시", "융합", "축소" 또는 폭력 행사에 대한 두려움과 분노'에 대응했다. 대중문화 연구(Malinowska and Lebek 2017) 내에서도 객체지향 존재론이 사용된다는 사실은 이런 의미에서 시사하는 바가 크다. 지도의 에일리언 현상학을 탐구함으로써, 그러므로 모든 지적 수행의 피할 수 없는 인간중심주의를 부정하지는 않더라도 탈중심화함으로써, '모든 비인간 객체는 또한 "나"라고 부를 수 있다'라는 사유에 따라 지도를 '직접in person' 파악하는 것이 나의 목표이다 (Harman 2018, p. 70). 그에 따른 중요한 결과로서, 객체지향 존재론에서 영향을 받은 지도학에 대한 나의 진술은 지도학을 통합된 실천(지도 또는 매핑)으로 다루지 않는다. 그것은 오히려 수많은 독특한 지도학적 사물들이 이 책의 페이지들에 거주할 수 있게 해 준다.

# 지도학적 표면에 머무르기

《주권적 지도》에서 역사학자 자코브(Jacob 2006)는 지도학에 내재하는 위에서 내려다보는 관점이 인간 신체의 폭력적 추방을 전제로 하는 가시적 공간을 확립했다고 주장한다. 분명히, 인간의 이러한 추방은 사변적 실재론의 입장에 가깝다. 지도가 객체 자체로 나타나게 하려면, 인간은 어느 정도 떨어져 있어야 한다고 생각할 수 있다. 그러나 자코브가 설명하듯, 일반적으로 지도학에 기인하는 이 폭력적인 신체 추방은 역설적이게도 보는 이의 시선이 지도의 표면 위로 자유롭게 미끄러질 때마다 지도가 그 시선에 몽상을 제시한다는 사실과 공존한다. 따라서 지도는 근본적으로 거리두기를 기반으로 한 장치이면서, 동시에 인간 행위자와 비인간 행위자 모두와의 예측 불가능하면서도 **친밀한** 마주침에 열려 있는 물질적 표면이다. 우리가 더 이상 지도의 표면적 실존에 초점을 맞추지 않는다면 어떤 일이 일어날까?

디지털 시대의 지도를 사유할 때, **인터페이스**는 **표면** 개념보다 더 빈번하게 사용되는 개념이다. 실제로 인터페이스는 디지털 기술을 통해 '문화적 객체'의 지리학을 재사유하는 데에 매우 유익하다. 로즈(Rose 2015)는 문화지리학자들이 전통적으로 필름 릴이나 건물, 소설 또는 지도와 같은 비활성적이고 안정적이며 독해 가능한 문화적 인공물을 분석한 반면, 오늘날 많은 문화적 객체는 디지털로 매개되어 있고, 그래서 상호작용하고, 변경 가능하며, 탐색 가능함을 지적한다. 특정 장치를 통해 문화적 인공물을 공간적으로 물질화된 사회적 실천에 착근시키는 것으로서 문화적 객체라는 중심 관념을 대체하는 것처럼 보인다. 로즈(Rose 2015, p. 340)가 주장하듯, '표면에 새겨진 기호를 주의 깊게 읽을 수 있게 해 주는 인쇄된 종이 대신에, 우리는 구글 지도를 통해 지도에서 인공위성의 시야로 옮겨 가고, 확대하고, 축소하며 거리 사진을 보고 돌아온다. … 디지털 이미지는 종종 사색이 아닌 행동을 요청한다'.

인터페이스 이론에 기대어, 더건(Duggan 2017a)은 최근 사회기술적 맥락에서 일상적 매핑 실천을 이해할 이론적인 틀로서 '매핑 인터페이스'를 개발했다. 이제 인터페이스가 일반적으로 인체와 디지털 객체의 표면 사이의 상호작용 지점으로 받아들여진다는 사실을 인지한 후(그림 4.1), 더건은 디지털 매핑과 비디지털 매핑을 포함하는 방식으로 **매핑 인터페이스** 개념을 **매핑 표면** 개념과 구분 지으려고 한다.

'디지털 객체의 표면을 고려하는 것은 중요하지만, 그 자체가 인터페이스는 아니다. 그것은 단순히 상호inter(마주하는facing) 접촉에서 개물의 외부와 마주하는 외면일 뿐'이라고 더건은 말한다(Duggan 2017a, p.68). 그렇기에 표면은 주로 사물을 가리키지만, 인터페이스는 관계, 상호작용, 과정, 수행의 측면에서 훨씬 더 잘 설명할 수 있다. **매핑 인터페이스**는 사용자와 지도 간의 역동적이고 맥락의존적인 만남이 발생하는 가능성의 지역이자 한계 지역을 가리킨다. **매핑 표면**은 지도의 서로 다른 아날로그 또는 디지털 재료 표면들이 어떤 방식으로 묶여 있는지, 그리고 그것들이 매핑 인터페이스의 전개에 어떤 유도성affordance과 영향력을 발휘하는지를 나타낸다. 예를 들어 더건은 민족지학 작업을 통해 종이 표면은 장기간의 사용, 애정, 기

| **그림 4.1** | 일상적 디지털 매핑 실천의 표면/인터페이스, 2018 (출처: 지아다 페테를레(Gidada Peterle)의 사진)

록의 느린 축적, 고정된 공간적 지식 등의 미학과 연관될 수 있는 반면에, 스마트폰 터치스크린 같은 디지털 표면은 미끄러짐, 역동성, 촉각, 동작의 다중화와 연관될 수 있다고 말한다(Duggan 2017b). 이론적 관점에서 특히 흥미로운 지점은, 더건(Duggan 2017a, p. 72)이 **관계(인터페이스)**와 **사물(표면)**, 수행과 재료, 매핑 실천과 지도학적 이미지-객체 모두에 대한 초점을 유지하고자 행위자-네트워크 이론, 아상블라주 이론, 실천 이론과 같은 관계적 존재론을 끌어오지 않고 의도적으로 인터페이스 이론을 채택했다는 점이다. 3장에서 살펴본 것처럼, 이 관점은 객체지향 존재론적 접근 방식을 배제하지 않고도, 항상 매핑이 수행되는 것 같은 지도에 대한 새로운 개체발생적 접근 방식을 보여 준다. 그러나 더건의 작업이 내비게이션에 의한 공간상 매핑 실천에 대한 민족지학적 연구를 기반으로 하는 반면에, 지도 객체의

표면에 대한 나의 접근 방식은 훨씬 더 관조적이며 상상 행위를 통해 지도학적 표면에서 쉬거나 머무른다는 생각에 기반한다는 점이 중요하다.

방법론적인 관점에서, 나는 이 '지도 표면에서 쉬는 것'이 매핑 실천의 관계적이고 상호작용적인 전개 계획과 함께 부상하는 가능한 **특수화의 순간**이라고 상상한다. 파울러와 해리스(Fowler and Harris 2015, p. 144)가 고고학적 연구에서 객체지향 존재론과 신유물론에 모두 참여함으로써 제안했던 것처럼, '물질적 사물을 연구하는 것은 … 관계[창발적 아상블라주로서의 사물]의 흐름을 추적하는 것뿐만 아니라, 특정 순간 사물들의 특수화라는 실재성[사물 그 자체]을 인식하는 것'이기도 하다면, **존재와 생성**becoming 사이, 사물 그 자체와 관계 속 사물 사이에서 방법론적 조정을 하는 것이 적절하다(3장 참조). 이런 방법론적인 제안으로, 그들은 관계성에 대한 논쟁을 종결짓고자 했다. 일반적으로 볼 때, 그 논쟁은 객체지향 존재론과 관련된 사물의 내향적 특질과 관계들의 묶음으로서 사물의 창발적 특질 사이 대립을 보는 경향이 있었기 때문이다(Shaviro 2011; Harman 2011 참조). '새로운 질문들이 제기되고 새로운 연구가 실행됨에 따라', 파울러와 해리스(Fowler and Harris 2015, p. 135)는 '개물의 특수성에 대한 연구에서 개물이 어떻게 전개되는가에 대한 연구로 전환할 수 있음'을 시사했다.

무수히 많은 시간 동안 그냥 지나쳤던 지도 앞에 처음으로 멈춰서서 그것을 도시 방문객들이 관심을 가질 만한 '도구'로서 거리를 두고 응시했을 때 내게 깨달음의 순간이 왔다(그림 4.2).

| **그림 4.2** | 당신은-여기에-있어요 지도의 마모 흔적들. 파도바, 2014 (출처: 저자 사진)

파도바 기차역으로 가는 주요 노선을 따라 배치된 '당신은—여기에—있어요' 지도였다. 지도를 관찰하면서, 나는 처음으로 그것이 표면을 **지니고** 있다는 것을 알아차렸다. 지도에서, 도시의 주요 거리는 사용자들의 손가락 마찰로 닳은 흔적으로 표시가 되어 있었다. 나는 스마트폰 카메라로 사진을 몇 장 찍었다. 내 카메라는 지도

객체들에게 묻고 있었다. 지도 사용자들과의 관계, 사용자들의 인지적 필요, 그들의 불안감(예를 들자면, 제시간에 역에 도착해야 한다는), 서로 다른 공간 경험, 지도의 물질적 공간에서 중첩되는 그들의 주관적 경로들. 나는 다양한 사람들 사이의 '접촉 공간touch space', 도시의 질감을 공유하는 방문객들의 쉼터로서의 지도에 질문을 던지고 있었다. 그러나, 나는 그 지도가 누구를 **위한** 것인지 사진으로만 질문을 던진 것이 아니다. 사용자의 경험과 실천에만 의문을 제기한 것도 아니다. 오히려, 지도 고유의 경험이 무엇인지 물었다. 지도는 내부 중심과 주변, 전경과 후경, 살고 있는 지역과 버림 받은 지역을 보여 주었다. 이 사진을 찍은 이후로, 나는 마모된 흔적이 있는 다른 지도를 많이 보았다. 사진은 이 지도가 접촉하는 행위자와 무생물적 표면 간 관계를 특징짓는 비대칭적 상호성을 어떻게 전복하는지 잘 보여 준다. 카메라를 통해, 지도 표면은 접촉됨이라는 자신의 경험을 돌려준다.

　지도 표면은 지도 사용자에 의해서만 접촉되는 것이 아니다. 그것은 비인간 행위자들에 의해서도 접촉된다. 축축한 가을 아침, 버스 정류장에 걸린 '당신은-여기에-있어요' 지도에서 나는 습기로 인해 지도에 달라붙어 있는 나뭇잎들을 발견했다[그림 4.3]. 이 이파리들은 내게 **모든** 지도가 3차원적 물체임을 상기시켰다. 지도의 습기를 보여 줌으로써, 사진의 지표적 특성은 지도학상 '시각적인 것의 실제 질감'(Bruno 2014, p.3)을 강조한다. 지도 표면을 촬영하는 매우 물질적인 행위는 점차 '촉각적 공감'의 형태로 지도를 본다는 생각으로 나를

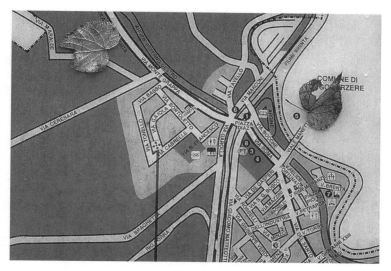

| **그림 4.3** | 당신은-여기에-있어요 지도 위 나뭇잎. 리메나, 2013 (출처: 저자 사진)

이끌었다(Rossetto 2019).

사실 물질적 표면으로서의 지도 관념은 지도학의 역사 분야를 제외하고는 과거에 무시되었다. 이 하위 분과학문의 경우 지도를 위한 아주 다양한 역사적 매체들(벽화, 돌 각인, 도자기 타일, 모자이크, 문신, 점토판, 유리, 파피루스, 양피지, 종이, 직물, 나무, 금속)을 고려하기 때문에 지도 역사학자들은 보통 지도의 원료에 민감했다.

지금까지 고대 지도의 표면에 대한 정확한 경험적 분석은 그 지도들의 연대 추정, 제작 맥락에 대한 정보 획득, 제작 기술 연구 등을 위해서 이루어졌다. 예를 들자면, 최근에는 3D 스캐닝 기술을 사용하여 영국 헤어포드 대성당에 보존되어 있는 현존하는 세계 최대의 중세 세계지도인 헤어포드 〈마파 문디mappa mundi〉의 표면을 분석하기도 했다. 약 1300년경 하나의 커다란 양피지에 그려진 이 지도는 **오에큐메네**oecumene, 즉 중세 후기 세계(유럽, 아프리카, 아시아)에 알려진 세 대륙을 재현하는 것으로서 원형 틀 안에 얇은 바다 띠로 둘러싸여 있다. 헤어포드 지도(Mappa Mundi 2018) 전용 웹사이트에서는 지도의 표면을 촉각으로 탐색하고, 양피지의 혈관 시스템, 나침반 같은 도구로 만든 구멍, 양각 잉크, 조각을 댄 수리 흔적 같은 지도의 물질적인 측면을 가상으로 감지할 수 있다. 지도의 표면 역시 지워진 어떤 이야기를 되돌려 준다.

헤어포드의 이미지와 텍스트는 완전히 평평해져 3D 스캔에 거의 나타나지 않지만 잉크와 안료의 흔적은 여전히 보인다. 아마도 지도에 유리가 덧씌워지기 전에 수세기 동안 지도를 가리킨 수만 명의 방문객들 때문일 것이다.(Mappa Mundi 2018)

또한, 지도는 인간으로부터 겪은 더 폭력적인 개입의 이야기도 들려준다.

지도 역사의 어느 단계에 많은 선들이 파리시 전역에 걸쳐 화난 듯이 그어졌는데, 아마도 반프랑스 감정 때문이었을 것이다. 이전에는 이 선들이 점수 표시이거나 지도 위에 놓인 날카로운 물체로 인한 우연한 손상일 거라고 생각했지만, 3D 스캔은 이 선들이 다른 잉크들로 명확하게 그려진 것이라는 걸 분명하게 보여 주었다. 그 선들은 우연적인 게 아니다.(Mappa Mundi 2018)

골동품 수집가, 지도학자, 고생물학자 그리고 미술사학자들이 300년 이상 주로 도상학적 내용에 초점을 맞춰 헤어포드의 〈마파 문디〉에 대해 저술해 왔지만, 헤어포드 대성당에 있는 지도 객체의 정확한 원래 위치와 설치 방식에 대해 학자들이 질문하기 시작한 것은 최근 들어서이다. 이제 학자들은 이 지도의 텍스트 내용이 대성당의 공간과 표면 안에서 지도가 배치되는 구체적인 방식과 분리될 수 없다고 주장한다. 이 인공물에 대한 자세한 분석(예를 들면, 고문서학, 연대기적 분석)과 그 변천사에 대한 기록(예를 들어, 16세기 후반 목재실에 버려졌다가 후에 유리등 더미 뒤에서 쌓인 채로 발견된 일; 제2차 세계대전 중 탄광에 숨겨져 있던 일; 원래의 틀에서 양피지를 분리하여 복원을 위해 대영박물관에 인도된 일; 1948년 폐품실에 버려졌다가 1989년에 다시 발견된 지도를 관리하는 판)은 대성당 내 원래 위치와 지도의 본래 운반 설비(세 폭짜리)에 대한 정밀한 연구로 보완되었다. 이런 조사의 마지막 과정을 수행한 웨슬로우de Wesselow(2013, p. 199)에 따르면, '헤어포드 마파 문디는 시각적 백과사전으로서는 철저하게 탐구되었지만, 개별적인 예술 작품으로서는 거의 발견되지 않은 세계로 남아 있다'.

정확한 지도 설치 방식은 이런 세계지도의 그림 및 텍스트 내용과 그 진열 간의 필수적이면서도 독특한 관계를 이해하는 데에 매우 중요하다. 이때 그 관계는 지도가 독창적이게 읽히고 이해되는 방식을 조건짓는 것이었다. 이와 같은 분석이 없다면 이러한 지도의 사용과 의미에 대한 현재의 해석은 불완전하거나 잘못될 것이다. 웨슬로우에 따르면, 지도 표면의 배치와 배열은 지도를 보고 해석하는 방식과 적당한 지도 제작 환경 모두에 중요한 함의를 갖는다.

여기서 지도의 객체성과 물질적(재료적) 일관성은 지도학적 텍스트, 무엇보다도 지도학적 실천을 더 잘 해석할 목적으로 다루어진다. 여기서, '물질은 의미를 형성한다'(Lehman 2015, p. 27). 그 목적은 객체에 대한 인간중심적 해석으로 남아 있다. '상관주의자'의 몸짓 말이다. 그러나 텍스트 해석에서 객체성을 사유하는 것은 이 게임에 다른 개물의 행위주체성과 유도성을 포함하는 데에 분명히 도움이 된다. 헤어포드 지도의 경우, '이미지'뿐만 아니라 세 폭짜리 지도, 패널의 목재 표면, 대성당의 남쪽 성가대석, 교각, 판자, 쇠걸쇠 등도 그에 해당한다. 보고스트(Bogost 2012)가 주장했듯, 객체지향 태도를 채택하는 것은 사물의 문화적 측면을 배제하는 것이 아니다. 오히려 문화 연구가 무시하는 경향이 있는 실제 사물들에 주의를 기울이는 것이다. 그럼에도 불구하고, 헤어포드 지도의 물질적 차원은 이 지도와 그 실천에 대한 '올바른 해석'을 찾아낸다는 목적으로 인해 분명하게 연구된다. 과거 환경을 연구 대상으로 삼는다는 점 때문에 지도 역사학자들은 물질적/문화적 맥락이 사물을 완벽하게 정의할 수 있다고 생각해 온 듯하다. 그러나 그레이엄 하먼이 말했듯이,

만약 모든 객체들이 그들이 거주하는 구조나 맥락에 의해 완벽하게 규정된다면, 어떤 사물은 현재의 맥락에 지나지 않을 것이기 때문에 어떤 것도 변해야 할 이유가 없어진다. 어떤 변화가 가능하려면, 객체는 반드시 현재 관계들의 범위 외부의 초과 또는 잉여야만 한다. 이는 그런 관계들 가운데 몇몇에는 취약하지만 다른 관계들에는 무감각하다.(Harman 2012a, p.191)

아마도 과거를 연구할 때 어려운 점은, 지도(혹은 다른 텍스트)의 다사다난함을 강조하는 일, 따라서 객체가 맥락과 예상되는 기능을 초과하거나 그에 미달할 수 있음(그렇기에 그 해석을 초과하거나 그에 미달할 수 있음)을 인정하는 일일 것이다. 과거 속에 존재하는 지도들의 열린 결말의 수행성이라는 생각이 혼지Hornsey(2012)에 의해서 제시된 바 있다. 그는 과거에 인간 행위자들과 지도학적 인공물들 사이의 분산된 우발적 조우들을 어떻게 조사할 것인지에 대한 물음을 던졌다. 과거의 '창발적 지도'와 그 열린 존재 맥락들을 어떻게 조사할 수 있을까? 지도를 악보와 비교하며, 혼지는 마치 지도학적 수행이 음악적 수행인 양 과거의 지도 사용을 '듣거나' 지금은 망각된 지도 사용의 역학을 조사할 것을 제안했다. 이러한 형태의 '지도학적 음악학'은 '특정 지도가 어떻게 생겼는지를 조사하는 것을 넘어 그 것이 도시 표면을 가로질러 연주되었을 때 어떻게 들렸을지 탐구하는 것으로 나아가는 비판적 공감각의 잠정적 형태'이다(Hornsey 2012, p. 681). 이 역사학은 지상과 도시 표면에서 사건이 전개됨에 따라 지도학적 규정이 어떻게 지속적으로 불안정해졌는지를 과거 속에서 탐색하는 데에 그 목표가 있다. 혼지는 해리 벡Harry Beck의 유명한 런던 지하철 지도를 연구하고 그것을 양차 대전 사이 런던의 리드미컬한 역동성 내에 위치시키면서, 지도가 갈수록 더 중복되고 있음을 발견했다. 혼지의 결론에 의하면, 지도는 반복과 루틴 때문에 불필요한 시각적 자극으로 바뀌었지만, 경로를 따라 연이어 표면적으로 마주칠 수밖에 없는 것이었고, 그래서 런던 시민들에게 점진적으로 지도를 무시하라고 요청했다.

지도학적 수행과 지도의 실존은 **살아 있는** 지도를 관찰하는 데에서, 다시 말해 동시대 안에서 더 잘 파악될 수 있다. 그럼에도 불구하고, 앞서 언급한 더건의 저작과 같은 드문 예외를 제외하고는, 지도 역사가들이 전통적으로 보여 주었던 지도의 물질성에 대한 특유의 감성은 오늘날의 지도에 대한 사유에서는 거의 추적할 수 없다. 1980년대와 1990년대에 '비판적 지도학'과 지도에 대한 문화적 해석이 등장하면서, 지도는 강력한 의미가 담긴 정적이고 고정된, 닫힌 텍스트로 더 강조되었다. 3장에서 살펴본 것처럼, 비판적 지도학은 지도학적 텍스트가 지닌 정치적·이데올로기적 내용을 해체하고자 담론 분석 방식을 채택하였다. 지도에 대한 이런 접근법은 지도에 피상적 질문을 던지는 것에 불과하다. 실제로 해체주의 지도학의 접근 방식에 따르면, 지도의 표면은 지도학적 재현의 심오하고 숨겨진 의미와 이데올로기적 토대에 가 닿기 위해 반드시 읽어 내야 하는 무언가로 보아야 한다.

그런데 최근 문화지리학 분야에서는 '표면적 사유surficial thought'가 주목받고 있다. 표면은 '반드시 문제적이거나, 현혹적이거나, 불투명한 것이 아니다. 표면은 생산적이고 활기찬 매혹적 공간, 즉 다양한 물질들이 만나 물리적이면서도 미학적인 혼합, 유동성, 난기류 운동 등을 만들어 내는 공간일 수 있다'(Forsyth et al. 2013, p. 1017). 이러한 표면적 사유의 최근 경향은 현상학의 회복, 물질적 존재론에 대한 관심, 오늘날 문화지리학 분야의 일부를 특징짓는 소위 비재현적 이론의 발전과 밀접한 관련이 있다. 마르크스주의 지리학자에게 표면(경관 표면과 같은)은 해체되어야 하는 것인데 반해, 1970년대의 휴머니즘/현상학 지리학자들과 오늘날의 비재현적 지도학자들에게 표면은 '풍부한 질감을 지니고 정서적으로 미묘한 차이를 보이는 삶들이 살았던 장소'이다(Hawkins and Straughan 2015, p. 215). 휴머니즘 현상학에서 영감을 받은 지리학자 이 푸 투안Yi-Fu Tuan은 다음과 같이 썼다.

삶의 많은 부분이 표면에서 일어나기 때문에, 인간계의 학생으로서 우리가 해 왔던 것보다 더 많은 관심을 그 특성(미묘함, 다양성, 밀도)에 기울여야 한다. 학자들이 표면 현상을 무시하고 의심한 것은 표면과 깊이, 감각적 이해와 지적 이해를 나누는 서양 사상의 이분법, 두 용어 중 첫 번째 것에 대한 편견이 낳은 결과이다.(Tuan 1989, p. 233)

투안이 보기에, 더 깊은 의미를 위해 표면을 폄하하게 되면 표면적 삶의 풍요로움은 덜 중요한 것처럼 보이게 된다. 그렇기에,

이 풍부함을 파악하기 위해서는 표면에 대한 감각적 이해와 현상 appearance에 대한 재평가가 필요하다. 미학적-감각적 접근을 통해 표면의 질감과 물질성을 느끼고 그에 머문다는 이 생각은 최근 비재현적 지리학에서 되살아나고 있다. 이는 곧 지도 연구에 대한 표면적 사유의 적용을 고려하도록 해 준다.

이 작업에서, 나는 '표면적' 태도가 '물질 개념에 대한 정치적 관여를 고려하지 않는' **표면 지리학**, 혹은 기껏해야 '사물, 장소, 표면, 재현 등으로 이루어진 표면 콜라주와 우아한 서술'을 생산해 낼 위험이 있다는 이유로 강하게 비판받아 왔음을 강조하고 싶다(Tolia-Kelly 2013, pp. 157, 153). 현재, 지도학적 재현의 경우, 중립적 표면 아래에 숨겨져 있는 유죄의 권력을 드러내고자 지도 표면을 '늘리려는' 충동이 너무나 격렬하고, 너무나 대중화되어 있고, 너무나 오래 지속된 까닭에 지도를 다루는 과정에서 권력과 정치 문제를 시야에서 놓칠 위험은 없다. 객체지향 연구가 지지하는 인간의 탈중심화라는 '위험'은 지적을 받게 되면 답변도 종종 이루어지곤 했는데, 표면적 접근법은 적어도 만연한 사회구성주의적, 비판적, 문화주의적 접근법을 완화하는 것으로서 가치를 지닌다. 다시 말해, 표면에 대한 과잉 강조는 지난 수십 년간 지도 내부의 권력을 해부하기 위해 지도를 찢어 낼 때의 그 격렬함을 상쇄하려는 목적으로 정당화된다. 베넷(Bennett 22010, P. 15)이 탈신비화에 대한 고집과 관련해서 논평한 것처럼, '적어도 잠시 동안은 의심을 멈추고 좀 더 열린 결말의 태도를 채택할 필요가 있다'. 우리는 어쩌면 (사소하고 온화한) 정치적 변화를 만들어 내기 위해서 '비판과 긍정적 대안 형성 모두'를 필요로 하기 때문이다.

내게 지도 표면에 머무는 일은, 지도 이론 내의 그 어떤 '탈비판적' 이론적 혁신에도 불구하고 여전히 매우 어려운 어떤 태도를 함양하는 데에 착수하는 방식이다. 지도에 대한 의심을 잠시 중단하는 것 말이다. 표면에 남는 것은 객체의 사생활 속에서, 그 비밀스러운 존재 속에서, 그 수수께끼 같은 비축물 속에서 우리가 '우발성과 놀라움의 원천으로 작용할 수 있는 경험 세계의 주머니들'을, 더 나아가 '새로운 정치적 전략들과 커먼즈들commons'을 찾아낼 수 있다는 것을 인정하는 방식이다(Shaw and Meehan 2013, pp. 218, 221). 그렇다고 해서 지도의 표면에 '머무는 것'(Bennett 2010, p.17)이 지도학적 재현들에 대한 우아한 서술 이상을 생산해 내지 못할 위험이 있다는 사실이 바뀌지는 않는다. 그럼에도 불구하고, 이것은 시작이다. 지도 폄훼의 숨 막히는 분위기 속에서 숨을 쉴 수 있는 한 방법이다.

객체의 표면은 가로막는 무언가, 생명을 담으려고 헛되이 시도하지만 그럼에도 불구하고 물질과 생명의 교환에서 건너뛰어야 할 것으로 냉혹하게 운명지어진 무언가로 생각할 수 있다(Ingold 2010, p.9). 반대로, 표면 개념은 객체지향 철학에서 매우 매혹적인 것으로 여겨진다. 객체의 접근성과 접근 불가능성의 동시성이라는 역설(접촉 불가능한 접촉 가능자an untouchable touchable로서의 객체)을 드러내는 형상을 다루며, 하먼(Harman 2012b, p. 98)은 '접촉하는 것은 다른 무언가에 속한 표면을 어루만지는 것이지, 그 무언가를 완전히 터득하거나 소비하는 것이 아니다'라고 말한다. 표면은 우리가 객체와 만나거나 상호작용하는 공간이지, 그것과 융합하거나 그것을 소진하는 공간이 아닌 것이다. 이 공간은 무언가가 비축되어 있음을 인식할 수 있는 공간이고, 다소간의 놀라움이 있고 객체로부터 약간의 '저항'이 있는 공간이다.

실제로 표면에 머무는 것은 텍스트가 해석에 저항하는 방식에 집중한다는 하먼의 생각과 어느 정도 유사하다. 객체지향 문학비평을 논하면서, 하먼(Harman 2012a, p. 195)은 '모든 문학적 객체와 비문학적 객체는 부분적으로 그 맥락이 불투명하며, **절대로 완전히 뚫릴 수 없는 방패와 막** 뒤에서 서로에게 타격을 가한다'고 주장한다(필자 강조). 표면에 머무는 것은 텍스트 객체에 대한 접근의 어려움을 확인하는 것을 의미한다. 이는 또한 모든 설명의 불완전함에 대한 인정을 의미하며, 따라서 의미를 찾는 과정에서 발생하는 과잉단순화를 막아 준다. 하먼이 말했듯이, 텍스트는 '어떤 일관된 의미보다 깊게 작동하고 작가와 독자의 의도를 모두 능가'(Harman 2012a, p. 200)하기 때문에, 표면에 머무는 것은 유효한 '대응 방식'으로 보인다. 그는 객체지향 철학이 방법을 제공하는 것이 아니라 대응 방법으로서 의미가 있다고 말한다. '텍스트를 그에 대한 독해로 상향해서 용해하거나 그 문화적 요소들로 하향해서 용해하는 대신에, 우리는 텍스트가 어떻게 그런 용해에 저항하는지에 특히 초점을 맞추어야 한다'(Harman 2012a, p. 200). 지도 객체의 표면에 초점을 맞추는 것은 하먼이 설명한 상향식 용해와 하향식 용해를 피하는 방식이다. 우리는 아래(텍스트 아래)

에서 작동하는 구조를 찾기 위해 지도의 표면을 부술 필요가 없으며, 문맥적 읽기(텍스트 위)를 발견하기 위해 외부적 관계 사슬 안에 지도를 자리잡게 할 필요도 없다. 지도 표면에 머무는 것은 '경험, 의도성, 권력, 언어, 규범성, 기호, 사건, 관계 또는 과정의 산성$_{acid}$'으로 지도를 녹이기 전에 잠시 멈추려는 시도이다(Bryant 2011, p. 35). 이제 지도 자체에 머물도록 하자. 잠시 동안만 지도 표면에 머물자.

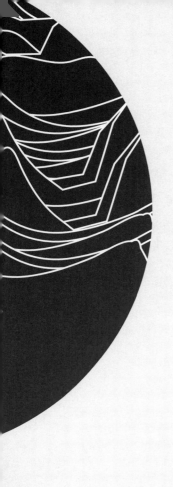

# 지도제품에서 배우기,
# 지도경관에서 표류하기

오늘날 지도로 여겨지는 것은 무엇인가? 2007년 뉴욕 지도협회 New York Map Society 웹사이트에서 지도 사서 제레미아 벤자민 포스트Jeremiah Benjamin Post는 '지도학의 경계지대에 대한 고찰Ruminations on the Borderlands of Cartography'이라는 제목으로 지금은 찾아볼 수 없는 작업을 한 바 있다. 여기서 포스트는 장난스럽게 지도 가족 소풍 Map Family Picnic을 상상했는데, 이는 지도학의 역사적 개인에 대한 공통 혈통을 주장하고 그 무리에 대한 가입 신청을 마친, 지도와 유사한 것으로 추정되는 개인들의 모임이다. 포스트는 지도 가족 소풍에서 가상의 문지기가 되어 누가 들어가고 누가 나갈지를 결정함으로써 독자들이 함께 이 농담에 빠져들 수 있도록 했다. 상상 속 장소들의 지도, 통계 지도, 지구본, 태양계, 조감도, 하이브리드 지형/풍경 인쇄물, 댄스 지도, 사이버 지도, 심지어 지도와 같은 얼룩이 있는 동물에 이르기까지 지도와 유사한 여러 종류의 객체들을 의인화함으로써 이 농담은 다소 신뢰할 만한 지도학의 동류들을 온화하게 환영하면서—거의 거절하는 일 없이—진행된다. (지도 모양의 얼룩이 있는 동물들이 마침내 들어왔다, 가족이 아닌 연예인으로서 말이다!) 이 농담은 실질적으로 지도학의 포괄적 우주에 대한 지지와 이 우주의 '가장자리에'(Post 2007, np) 머물 필요에 대한 성찰을 제공해 준다.

10년 후, 최근 미디어 컨버전스의 강화와 디지털 매핑의 점증하는 편재성에 비추어 볼 때, 우리는 지도학의 경계가 훨씬 더 구멍이 많고 어쩌면 정의할 수 없는 것임을 인정해야 한다. 다른 형태의 디지털 공간 미디어 내에서 이루어지는 지도들의 통합, 모바일 및 위치 미디어를 통한 대화형 매핑 실천들과 지도 제작의 융합, 공간 데이터의 시각적 디스플레이에서 진행된 혁신들, 창의적인 (지도) 그래픽디자인 생산품들은 지도학의 테두리를 점점 더 흐릿하게 만들고 있다(Dodge 2018). '지리시각화geovisualisation'라는 용어가 현재 처한 운명은 매우 흥미로운 사실을 보여 주는데, 그 용어는 '인간 세계의 사물, 개념, 조건, 절차 또는 사건에 대한 공간적 이해를 용이하게 하기 위해 설계된 모든 그래픽의 적용'을 폭넓게 가리키기 때문이다(Dodge, McDerby and Turner 2008). 전통적인 종이 지도는 규범적 평면도와 일관된 축척으로 제작된 고정된 장치로서 지리시각화의 원형적 형태일 뿐이다. 오늘날 지리시각화는 지도와 유사한 대화형의 역동적이고 분산적인 공간 이미지, 그리고 다양한 시각적 어휘를 사용하여 공간에 대한 시각적 이해를 제공하는 것을 목표로 하는 디지털 미디어를 모두 포함한다. 그렇기에 주로 기술 영역에서 채택되는 **지리시각화**라는 용어는 이제 **지도학적인 것**과 **시각적인 것**을 융합하는 일련의 다양한 기술과 실천을 나타낸다.

그러나 이 용어는 우리가 몰두하고 있는 **지리시각적 문화**(Rossetto 2016)와 과거 매체 속 그 문화의 고고학(Casey 2002 참조)을 특징지으려면 사회문화적, 인문학적 또는 역사적 관점에서도 고려되어야 한다. 우리의 신체가 경관과 밀접하게 접촉하는 가운데 지도 뷰, 3D 또는 거리 뷰에서 전환할 때, 몰입형 방식으로 멀티미디어 지도학에 참여할 때, 스마트폰 또는 차량 내 위성항법장치 시스템 같은 모바일 장치로 지도를 읽을 때, 지도학적인 것과 시각적인 것 간의 경계는 우리의 일상 경험에서 기하급수적으로 도전을 받는다. 이렇게 고착화된 지도/뷰의 분할을 극복하는 것은 기술적인 도구의 문제일 뿐만 아니라 문화적 틀, 지적 분석, 사회적 경험, 미적 가치, 습관 및 실천의 문제이기도 하다. 이런 '시각문화, 매핑, 지도학의 컨버전스가 말하자면 우리가 "이미지"와 구분해서 "지도"로 여기는 것에 대한 이해를 규제하는 인식론적 경계를 흐릿하게 만들었다는 사실'(Roberts 2012, p. 4)은 인문학과 사회과학 모두 여분의 지도학 분야에서 점점 더 인정받고 있다. '지도와 다른 이미지 간의 전통적인 경계가 점점 더 흐릿해지고 있다'는 생각(McKinnon 2011, p. 254)은 최근 시각 연구 방법론 실무자들에게도 영향을 미치고 있다. 이제 지도를 미디어로 취급하기 시작한 미디어 연구(Mattern 2018) 그리고 미디어 지도학도 포함시키기 시작한 미디어 지리학(Mains, Cupples and Lukinbeal 2015)도 마찬가지다. 이러한 경향은 현대미술에서 더 일찍 더 뚜렷하게 나타났다. 로 프레스티(Lo Presti 2018b)가 '매핑 외전'이라 일컬은 것은 사실 예술가와 큐레이터들 사이에 잘 알려져 있으며, 특히 디지털과 관련하여(Kurgan 2013) 예술 및 시각문화 학자들의 연구에서 점점 더 인지되고 있다. 지도학의 외향적 사용은 새로운 미학적(Kent 2012)·감정적(Griffin and Caquard 2018, Craine and Aitken 2009)·매개적(Kitchin, Lauriault and Wilson 2017) 탐구를 통해 최근 '내향적' 지도학 영역(Lo Presti 2018a)에 도전장을 내밀고 있다.

실제로, **정보 이미지** 범주(Elkins 1999) 내에서 사유되는 지도학은 전통적으로 시각 연구와 이미지 이론의 가장자리에 위치하는 것으로 여겨져 왔으며, 에른스트 곰브리치Ernst Gombrich, 에르빈 파노프스키Erwin Panofsky, 루돌프 아른하임Rudolf Arnheim과 같은 저명한 과거 대표자들의 저술에서도 거의 드러나지 않음을 알 수 있다. 마린(Marin 2001, p. 216)은 1994년 유명한 저서 《재현에 대하여On Representation》에서 '지도는 그림과 관련하여 타율적'이라고 징후적으로 저술한 바 있다. 그렇다면 주로 코스그로브가 수행한 유명한 역사적 분석(Cosgrove 2005) 같은 예외를 제외하고, 1980년대 이후로 브라이언 할리에게 영감을 받은 비판적 전환과 해체주의적 유행 이후, 지리학 내에서 지도에 대한 문화적 이해의 대부분이 **이미지보다는 텍스트로서의 지도** 개념에 따라 형성되었다는 것은 주목할 가치가 있다. 토스(Thoss 2016, p. 67)가 적확하게 지적했듯, 비판적 지도학을 추구하면서 '학자들은 지도의 (언어적) 은유를 텍스트로서 선호하였고', 그 결과 '지도를 읽어 낸다는 것은 "단순히" 지도를 바라보는 행위보다 더 적절하고 중요한, 새로운 의미를 갖는 것으로 여겨졌다'. 반면 로 프레스티(Lo Presti 2017, p. 275)가 말하였듯, 지도를 '현대 아이콘층iconosphere의 변조'로 다루는 시간이 무르익어 가는 동안 '지도를 단지 풀어내고 분해해야 할 텍스트로만 이해하는 것은 부적절하다'. 이러한 주장은 탈재현적 지도학의 현재 패러다임(Dodge, Kitchin and Perkins 2009, pp. 224, 225)에서도 나오는데, 그 주요 지지자들은 '시각적 연구에 대한 새롭고 비판적인 참여가 매핑 연구에 유용한 정보를 제공해 줄 수 있음'을 보여 준다. '시각 연구와 지도학의 대화는 확실히 매핑의 성질에 대한 더욱 풍부하고 복합적인 통찰을 산출해 낸다'는 게 그 이유다.

이런 추론 과정에 따르면, 이미지 이론의 범주에서 지도를 '제거'할 경우 일반적으로—다른 것들 가운데서도—미학적인 것과 수행적인 것, 체화된 것과 물질적인 것, 현상적인 것과 포스트휴먼적인 것을 포함해 이미지 이론 내에 존재하는 훨씬 더 다양한 접근법에 의해 지도 연구가 풍요로워지는 것은 불가능하다. 이는 또한, 예를 들어 예술 작품의 내용과 의미보다 **물질적 존재**에 더 관심이 있는 객체지향 미학을 제안할 때(Bryant 2012) 확실히 지도를 고려하지 않는 이유, 또는 지도학이 시각물질적 지리학 안에서 거의 자리를 잡지 못한 이유를 설명해 준다(Tolia-Kelly and Rose 2012).

더 중요하게는, 이미지 연구 분야에서 지도를 제외할 경우 지도에 대한 주류적 이해는 거의 지도학 텍스트로서 읽을 수도 없고 또는 지도학적 이성의 필터를 통해 읽을 수도 없는 지도와 유사한 객체들의 전체 평행 우주를 사유할 수 없다. 의미심장하게도, 브뤼크너(Brückner 2015, 2017)가 지도의 그림과 유사한 특질에서 물질적 전시의 역할, '지도 예술'의 역사적이고 현재적인 실존, 디지털의 영향을 받은 지도적 전환을 고려해서 시각문화와 지도 연구가 대화를 나눌 수 있는 기회 등을 새롭게 강조하게 된 것은 바로 **물질문화** 접근법 때문이다. 브뤼크너는 1853년 뉴욕 크리스탈 팰리스에서 열린 전시회를 다음과 같이 묘사했다. '멀리서 보면, 160×80인치 크기로 광택이 나는 거대한 지도들은 … 벽지나 태피스트리와 같은 다른 거대한 벽걸이들과 경쟁했다. 더 자세히 관찰해 보면, 지도의 복잡한 요판 인쇄선은 메조틴트 및 다른 판화술과 경쟁했다'(Brückner 2015, p. 2). 그 외에도, 역사적 지도학 물품과 상품 지도를 고려하며, 브뤼크너(Brückner 2011, p. 147)는 '지도를 사물로 지정하는 것은 … 오늘날 확립된 지도/텍스트 변증법 너머로 나아가는' 일임을 분명히 보여 준다. 그가 말하듯, 어떤 지도는 지도학 정보보다 패션, 취향, 사교성 등으로 정의되는 비지도학적 사용과 더 많이 관련되어 있다. 어쩌면 지도는 '개념상 표면적 의미를 지닌 물품'일 수 있다(Brückner 2011, p. 160). 분명히 비텍스트적, 비기호학적—덧붙이자면—비비판적 방식으로 더 사유해야 할 것 같은 지도학적 객체들이 존재한다. 우리가 그 객체들로부터 배울 수 있는 것은, 어쩌면 이제 지도를 다른 이미지들에 둘러싸인 이미지, 다른 시각적 객체들에 둘러싸인 시각적 객체, 무엇보다 다른 사물들에 둘러싸인 사물로 바라볼 때라는 점이다.

사실, 내가 아직 언급하지 않은 포스트(Post 2007)의 지도 가족 소풍에 적용되는 지도학의 또 다른 동류들이 있다. 이 개물들entities은 스미츠(Smits 2009)가 가정한 것처럼, 포스트가 만든 신조어 **지도제품**Cartifacts으로 불린다.

지금 한 무리의 지도제품들이 다가온다. 이 지도제품들은 지도를 디자인으로서 겸비한 사물들이고, 그래서 지도 부분은 안으로 들어간다. 그런데 전체 객체는 어떤가? 나는 '그렇다'고 말할 것이다. 지도 부분이 객체에 붙어 있기 때문에, 말하자면 지도 부분이 객체에 결합해 있기 때문이다. UPS 트럭을 들여보내는 것은 정말로 짜증나는 일이다. 잠깐, 우리는 트럭이 들어오지 못하게 할 수 있다. 지도가 그려진 와인 라벨은 지도제품이고, (지도가 병에 새겨지지 않은 경우) 라벨을 병에 그대로 두고 보관하고 전시하는 것이 편리하더라도 와

인 제품은 병이 아니라 라벨이다. 그렇기에, UPS 트럭의 금속판만이 지구본 일부의 렌더링을 겸비한 지도제품이다.(Post 2007, np)

포스트의 용어를 끌어와서, 스미츠는 이 독창적인 용어가 그 순간까지 시시한 지도학적 호기심에 지나지 않는 것의 중요성을 어느 정도 부풀렸다고 지적했다. 그에 의하면, 이 용어가 도입된 후 '지역적이거나 지구적인 지리적 시각 제품과 기념품에 대한 인간의 필요를 보여 주는 너무나도 흔한 표식들을 수집하는 데에 이해당사자들을 보내는 게 더 쉬워진 듯했다'(Smits 2009, p. 177). 스미츠는 또한 지도제품을 '지도학과 직접적 관련이 없는 수단 또는 객체(매개체) 위에 그려진 지도, 또는 그 주된 기능이 지도학적인 데에 있지 않은 지도'로 효과적으로 정의했다.

지도제품들은 주로 실용적인 성질의 객체들로서 오랜 역사를 가지고 있으며(Dilon 2007), 역사적·문화적 관점에서 이미 다루어져 왔다(1장 참조). 그러나 '역사상 지도학적으로 가장 풍요로운 문화'(Cosgrove 2008, p. 171)에서 살고 있다는 사실은 또한 우리가 전례 없는 **지도제품적 환경**에서 살고 있음을 암시한다. 사실, 지도에서 영감을 받은 디자인 취향의 확산은 우리의 시각 환경에 지도의 현존을 확산시켰을 뿐만 아니라, 지도제품 형태로 지도 제작의 상품화를 확대시켰다. 내가 주장하는 바는, 디지털 변화가 스마트한 지리시각 환경을 널리 퍼뜨리는 반면, 그에 상응하는 현상으로서 우리는 (추정상) 지도와 유사한 흔해빠진 객체들로 채워진 유희적이고, 유행을 따르며, 주로 비디지털적인 환경의 출현을 목격해 왔다는 것이다. 여기서 나는 디지털/물질 분할을 재생산하려는 것이 아니다. 한편으로는 디지털 매핑이 고유한 물질성을 갖고 있고, 다른 한편으로는 장난기 넘치는 수많은 제도제품이 디지털 형식으로 존재하기 때문이다. 그럼에도 불구하고, 우리는 디지털 지도의 보급이 믿을 수 없을 정도로 다양한 물질적 매개체에서 볼 수 있는 대중적 지도의 보급에 상응하는 것임을 인정해야 한다. 파포티(Papotti 2012)가 주장하듯, 디지털 전환을 통해 위조된 지도에 대한 오늘날의 감수성은 지도학 분야에서 **대안 지도**의 역할을 증폭시키는 부수적인 결과를 낳았다. 유희적이고 매력적인 그 지도들은 현대의 지도학적 문해력을 형성하는 데에 중대한 역할을 하고 있다. 예측 불가능하고 매혹적인 그 지도들은 지도-독자반응 비평을 요구한다. 불경스럽고 기이한 그 지도들은 지적 다원주의를 요구한다. 유희성이라는 중요한 면모는 디지털 매핑(Playful Mapping Collective 2016)을 사례로 잘 분석되어 온 것으로서 우리 시대 지도학의 영역을 디지털 바깥에서 특징짓는 듯하다.

매핑 실천의 새로운 편재성, 오늘날 지도학의 외향성, 지도(혹은 지도학적 객체들)와 이미지(혹은 시각적 객체)의 구체적인 융합과 문화적 컨버전스 등은 모두 지도제품에 대한 사유를 최신화하는 데에 기여한다. 분명, 탈재현적 지도 사상가들이 감명받은 이 '움직임'은 이런 맥락에서 근본적인 것이다. 한나와 델 카지노Hanna and Del Casino(2013)의 연구 같은, 비판 이상의 지도 읽기와 탈재현적 지도학에 영감을 준 몇몇 연구들이 많은 경우 도외시되는 '저급한' 관광 지도 장르에 몰두했다는 사실은 매우 의미심장하다. 이런 이론의 선상에서, 객체지향 존재론의 연구 관점은 객체지향 지도학을 실험하는 데에 적합한 지형을 보여 주는 지도제품들에 힘입어 추가적인 신호를 준다. 지도제품은 객체지향 존재론의 주요 주장, 즉 '모든 것에 대해 말하려는─열망─'에 분명하게 응답한다(Harman 2018, p. 256). 지도제품은 **지도 객체들의 민주주의**를 실현하는 데에 중요한 역할을 한다. 다시 말해, 지도 객체들은 지도의 평평한 존재론에 필수적이다.

이 장의 다음 부분에서는 사진 에세이 기법을 사용해 지도의 객체성에 대해 사유하고 또 구체적으로 연구한다. 여기서 지도제품은 내 탐험의 주인공이자 동반자이다. 미첼(Mitchell 1994, p. 285)은 사진 에세이를 사진의 하위 장르 혹은 보통 다큐멘터리를 목적으로 사진과 텍스트가 결합된 혼합 매체로 정의하였다. 사진 에세이는 저자에 의해 선별되고 계획된 사진들의 모음인데, 여기서 사진들은 의도적으로 텍스트와 함께 배열·배치·조합됨으로써 어떤 주장을 뒷받침한다. 사진은 현상의 완벽한 증명을 목표로 하지 않는다. 대신에, 텍스트들과 이미지들은 '의사소통 혹은 표현적 잠재력을 극대화'하는 방식으로 배치된다(Banks 2007, p. 98). 사진 에세이에서, 연속적인 사진들은 보통 한 묶음의 메시지를 강조하고자 간략한 내러티브 단락으로 봉합된다(Bignante 2011, pp. 94-99).

라이언(Ryan 2003, p. 236)은 지리학자들에게 그들 고유의 이미지 만들기를 창의적인 방식으로 재고해 볼 것을 요청했다. 라이언이 볼 때, 이상적인 사진 에세이는 '시각 이미지를 한낱 삽화나 텍스트 이론의 포장지가 아니라 논쟁 및 창조적 수행 양식으로' 사용하는 사진과 텍스트의 결합물이다. 나의 사진 에세이는 정물 사진과 거리 사진이라는 두 가지 사진 장르를 포함한다. 특히, 나는 지도제품을 특징으로 하는 몇몇 **지도학적 정물화**와 내가 **지도경관**mapscapes(Rossetto 2013)이라 부르는 몇몇 거리 사진을 병합한다. 후자는 야외 환경에 흩어져 있는 지도학 기반 물질들로 이루어진 것으로서, 구체적인 거시 경관 또는 미시 경관의 일부로 지각 가능하고 표면의 시각적 조사로 포착된다. **지도경관**은 '경관 속의 지도'와 '경관으로서의 지도'이다. 이는 도시 경관**의** 이미지로 변형된 도시의 물질적 질감 **속**에 착근된 이미지들이다(Tormey 2013). 이 이미지들은 표면에 대한 반응, '순전히 표면에 국한된 실재와의 접촉 형태'로 특징지어지는 주목의 형태를 요구한다(Assman 2010). 이는 주목경제attention economy와 디지털 미디어 시대를 대표할 뿐만 아니라 거리 사진의 오랜 전통과 산책자flânerie 의 역사적 실천 또한 대표한다.

**실용적인** 사변적 실재론을 위한 사진의 잠재성은 이미 보고스트 (Bogost 2012)에 의해 다루어진 바 있다. 존재도학ontography 혹은 존재도 학적 방법론은 보고스트(Bogost 2012, p. 32)가 '주변 객체들의 배경 소음' 을 드러내고 증폭시키는 실천을 묘사하기 위해 사용한 용어이다. 특히, 그는 사진작가 스티븐 쇼어Stephen Shore의—정물과 경관 이미지를 포함하는—시각적 존재도학을 고찰한다. 이 사진들에서 '구도는 보이지 않는 사물들과 관계들을 강조'하고, 사물들을 '작고, 분리되어 있지만 인접한 우주'로 폭발시킨다(Bogost 2012, pp. 48, 49). 그렇기에,

사진의 존재도학은 잠재적으로 '보이지 않는 우리 세계를 흐트러뜨리는 무수히 많은 사물들에 주목을 할' 수 있고, 사물이 '**우리뿐만 아니라 그들 스스로를 위하여** 그리고 **서로를 위하여** 존재하고 있음을, 그것도 우리를 놀래키거나 경악하게 만드는 방식으로 그럴 수 있음'을 드러내 준다(Bogost 2012, pp. 50, 51). 따라서, 보고스트(Bogost 2012, p. 133)가 제안하듯, '밖으로 나가서 흙을 파헤치자'. '[에일리언은 존재한다] **어디에나.**'

## 지도학적 에일리언: 언어-시각적 인유

많은 이들이 공언하듯, 지도는 어디에나 있다. 오늘날 지도는 그 어느 때보다 외향적이다. 이는 로 프레스티(Lo Presti 2018b)의 주장처럼 지도가 종종 특정 유형의 퇴화에 직면한다는 것을 의미한다. 특히 지도 예술을 언급하며, 그녀는 지리학자들이 퇴화의 예술에서 얻을 수 있는 첫 번째 제안은 유연한 지도 감각, 즉 이미지의 구체적인 물질성과 진지하고 매혹적인 참여로의 회귀라고 언급했다. 실제로 일부 지도학자들은 지도학적 퇴화 과정에 흥미를 느낀다. 일례로, 유머의 기능이 현대 지도학의 과학적 · 기술적 기반을 불안하게 만들기에, 지도학자들은 '유머러스한 지도'라는 특정 형태의 대안 지도 제작을 진지하게 고려해야 한다고 주장했다(Caquard and Dormann 2008). 그러나 현재의 아이콘층과 물질적 시각 환경에 만연한 지도의 존재를 고려할 때, 지도는 생산적 퇴화의 주체만이 아니라 착취의 주체가 될 수도 있다. 1931년 해리 벡이 고안한 런던 지하철 지도를 생각해 보라(그림 5.1).

최근 몇 년간, 런던 지하철 지도Tube Map는 디지털 영역과 비디지털 영역 모두에서 수많은 방식으로 재사용되고 있다(Ashton-Smith 2011 참조). 이러한 '해리 벡풍Beck-esque 파생상품'의 확산은 최근 심각한 반발을 불러일으켰다. 통속적인 버전으로의 회귀 혹은 '벡스플로이테이션 Becksploitation'〔벡-착취〕이라 불리는 것에 맞서 싸우기 위해, 벡에게서 영감을 받은 200개 이상의 지도로 구성된 풍자적인 카탈로그-패스티시 〔카탈로그-혼성모방〕가 '런던 지하철 지도의 최종적 발언'을 규정할 목적으로 조합되었다(Field and Cartwright 2014, p. 357). 이는 새로운 종류의 지도공포증의 시작일까?(Wheeler 1998) 이번에 대중적인 지도와 수명이 짧은 지도학적 물건을 다루었을까? 이런 파생 지도에 반발하는 주요 논점 중하나는 벡의 디자인이 공간 탐색 이외의 목적으로 잘못 사용된다는 것이다. 그러나 객체지향 관점에서 볼 때 관심을 끄는 것은, 끊임없이 변화하기에 예측할 수 없는 유의미하거나 무의미한 관계들에 뒤얽힐 수 있는 지도학적 사물의 능력이다. 어쩌면, 벡스플로이테이션은 객체를 소비하는 현대적 방식을 특징짓는 사용가치의 유동성과 침식에 지도가 참여하고 있음을 단순히 입증하는 것일 수 있다(Maycroft 2004).

브라이언트(Bryant 2011, p. 23)에 따르면, '상당수의 문화 이론은 비인간 객체가 집단에 기여할 수 있는 비기호적 또는 비재현적 차이를 무시하고, 객체를 기호나 재현을 위한 수단으로만 언급한다'. 지도제품은 이렇게 예기치 않은 지도 존재 방식을 탐구하는 데에 도움이 된다. 사실, 지도제품 안에 끼워졌을 때, 지도는 비기호학적 행위자로 더 쉽게 파악된다(그림 5.2).

| **그림 5.1** | 런던 스탠스테드공항에 있는 지도 벽지. 런던, 2014 (출처: 저자 사진)

| **그림 5.2** | 상판에 지도가 그려진 탁자. 파도바, 2016 (출처: 저자 사진)

지도제품은 낯설게하기를 유발하고 지도를 한계점에 가져다 놓는다. 내 조카의 목에 달린 지구본 모양의 펜던트[그림 5.3]에는 적합한 지도적 기호가 표시되어 있지 않다. 여기서 우리는 지도본에 대한 인유引喩와 함께 남겨진다. 지도제품은 '이상해 보이기 시작할 때까지' 지도를 뒤틀린 형태로 보이게 만드는 것이라 할 수도 있다(Bennett 2010, p. 7). 이런 기묘한 탈맥락화 이후에 살아남는 지도학은 무엇인가? 이 지도학은 지도의 파악 불가능한 내부 존재에 대한 일종의 완곡한 접근을 제공할 수 있을 것이다(Harman 2012).

델라 도라(Della Dora 2009, p. 350)는 경관-객체란 객체와 동일하지 않다고 지적했다. 객체에 장면 뷰를 기입하면 객체의 기능과 의미가 달라지기 때문이다. 일례로, 그녀는 '파리 또는 로마의 "상징적 경관" 그림이 인쇄된 행주나 걸레의 경우 종종 본래의 목적을 달성하지 못하고 부엌 벽에 걸릴 운명'이라고 말한다. 그러나 인쇄된 이미지에서 부가적인 의미를 얻지 못한 채, 수건이 수건으로 남아 있는 경우도 일어날 수 있다[그림 5.4]. 지도제품에서 지도는 많은 경우 의미 생성에 참여하지 못한다.

델라 도라(Della Dora 2009, p. 350)가 다시 주장하듯, 객체성은 재현들의 인간 이상의 행위주체성을 강조하는데, 이는 그러한 객체들이 '자신들에 의해 그래픽으로 재현되는 이야기를 보완하거나 반박할지도 모르는 흥미로운 이야기를 우리에게 말할 수 있다'는 것을 암시한다.

따라서 지도 객체는 항상 "—어느 정도는—" "—무언가의 객체—"이다(Morton 2013, p. 61). 지도에 대한 우리의 설명은 언제나 한정적이다.

**| 그림 5.3 |** 지구본 목걸이. 리메나, 2018 (출처: 저자 사진)

**| 그림 5.4 |** 내 주방에 걸려 있는 지도 행주. 리메나, 2017 (출처: 저자 사진)

이러한 한계와 지도가 '(인간) 주체가 설정한 맥락으로 완전히 환원될 수 없는 개물'이라는 생각[Bennett 2010, p. 5]을 인정하는 것은 객체지향 지도학에 필수적이다.

지도제품은 신기한 것과 이상한 것 사이에 새겨져 있다. 그러나 호기심은 객체지향 태도에 소중하다. 보고스트가 말하듯[Bogost 2012, pp. 133, 124], '에일리언 앞에서 취하는 자세는 호기심의 자세'이고, 경탄하는 행위는 '에일리언 현상학의 방법론에 필수적이다'. (지도) 객체의 실재성은 '무한히 풍요로우면서도 휴의적이고, 매혹적이며, 지역적 계층 구조에도 불구하고 무질서하고, 짜증나고, 환각과 기이함으로 출렁인다'[Morton 2013, p. 55]. 지도제품은 특히 우스꽝스러운데, 모튼은 이것이 모든 객체에 속하는 특징이라고 했다[그림 5.5].

객체지향 사유를 통해 활성화되는 객체의 세계는 우리의 실내 및 실외 환경을 채우는 특정한 종류의 지도와 같은 사물들에게로 우리를 이끄는 것 같다. 나는 종종 동네에서, 길을 따라, 또는 내가 지나가는 다른 장소에서 지도를 촬영하는 나 자신을 발견한다. 거리 사진은 에일리언 지도학적 현상과 조율을 하는 몸짓이다[그림 5.6].

'객체의 폭발음에 우리의 마음을 조율하면, 증폭된 마음은 일종의 주체-지진subject-quake, 영혼-지진soul-quake을 일으킨다'[Morton 2013, p. 134]. 지도 경관을 사진으로 찍는 것은 내 안에서 그런 영혼-지진을 일으킨다. 이는 우리 도시의 혼잡한 시각적 환경 속에 도사리고 있는 지도의 블랙 노이즈와 표면적 실존을 증폭시키는 방식이다[그림 5.7].

브라이언트[Bryant 2014]가 말하듯이, 사진은 지도 경관을 표류하는

| **그림 5.5** | 지도를 들고 있는 인형. 리메나, 2018 (출처: 저자 사진)

| **그림 5.6** | 대중적 지도제품들이 있는 지도경관. 비에스테, 2018 (출처: 저자 사진)

| **그림 5.7** | 디지털 기상 지도가 띄워진 도시의 스크린. 취리히, 2014 (출처: 저자 사진)

| **그림 5.8** | 역광의 당신은-여기에-있어요 지도가 있는 야간의 지도경관. 레스터, 2014 (출처: 저자 사진)

동안 '밝은'[그림 5.8] 지도뿐만 아니라 '어두운' 지도, 심지어는 '휴면 중인' 지도의 실존을 인유할 수 있다. 우리에게 지도학적 에일리언의 기묘한 삶에 대한 간접적 접근 지점을 제공하면서 말이다.

# 문학 속 지도학 객체들의 생산적 실패
## : 아버지, 아들, 《로드》, 그리고 망가진 지도

지도학과 문학 사이에 존재하는 다양한 관계에 관한 연구는 최근 일종의 '지도적-(문학)비평'으로 가는 길을 닦으면서 대단한 열광의 시기로 접어들었다(Rossetto and Peterle 2017). 역사와 장르에 대한 탐색(Engberg-Pedersen 2017; Tally 2014)부터 여러 이론적 관점들에 대한 검토(Rossetto 2014)까지, 디지털 시대의 새로운 애플리케이션(Cooper, Donaldson and Murrieta-Flores 2016; Luchetta 2017)부터 새로운 주제들에 대한 탐구(Peterle 2017)까지, 문학지도학은 이제 강한 의미에서 다각화된 연구 영역으로 남아 있는 방대한 양의 작품을 이용할 수 있게 해 준다.

이 장에서 나의 관심은 이런 지도-문학적 은하계의 특정 측면, 말하자면 문학 **속** 지도에 대한 사유로 향한다. 뮤어케와 뮤어케(Muehrcke and Muehrcke 1974)의 중대한 논문에 담긴 지도학적 관점에 영향을 받아 시작된 이 접근법은 기본적으로 문학 텍스트 안에 있는 객체이자 실천으로서의 지도와 관련한 성찰, 묘사, 서술 등을 연구한다. 문학 연구자 굴리엘미와 이아콜리(Gugliemi and Iacoli 2012)가 제안했듯이, 문학 **속** 지도에 대한 연구는 지도가 문학적 상상력으로 폭발하는 예측할 수 없는 방식에 대한 파악을 의미한다. 문학 텍스트에서 우리는 지도 및 지도 사용의 문학적 재현들과 마주치고, 문학비평가, 지도학자 또는 일반 독자로서 각기 다른 방식으로 그 재현들을 읽어 낸다. 여기서 나의 목표는 소설을 단순히 실제 지도학적 객체 또는 실세계의 지도학적 실천에 대한 증거로 사용하자고 제안하는 데에 있지 않다. 문학적 재현은 부가가치를 위해서 연구해야 한다. 문학적 재현은 많은 경우 소리 없는 실천의 도출을 가능하게 하고,

물질적인 지도학적 인공물 및 행위의 등한시되는 측면을 강조하고, 다양한 뉘앙스로 지도학적 감정을 구체화하고, 매핑 실천의 과정성을 느끼도록 해 주고, 지도학적 이미지의 공간성을 옮겨 놓으며, 심지어 지도에 목소리를 부여해 준다. 문학 연구 영역 내에서 표현된 지도의 객체성에 대한 가장 명확한 진술은 브뤼크너(Brückner 2016, p. 58)에 의해서 이루어졌다. '지도들은 물질/들'이라고, 지도들은 또한 '인공물이라는 그들의 현존'에 의해서 정의된다고, 그리고 '지도들의 감각은 객체와 관련이 있다'고 그는 말했다.

'문학 속 지도' 연구 맥락에서, 토스(Thoss 2016)는 지도문학적 묘사를 **에크프라시스**ekphrases〔시각적 예술품을 언어로 생생하게 표현하는 방식〕의 특정 사례로 취급하자고 제안한다. 다른 종류의 텍스트, 특히 시각적 텍스트의 언어적 표현인 에크프라시스는 일반적으로 시각적 객체의 외연, 시각적 객체와 시선 모두의 역동화, 그리고 독자에 의해서 유발되는 (공감각적 · 해석적 · 연상적 · 전위적) 통합 형식들의 활성화를 통해 작동한다(Cometa 2012). 토스는 에크프라시스가 특히 지도에 적절함을 발견했다. 에크프라시스는 독자들이 지도 제작상 매개를 의식하게 해 주고, 그래서 지도 제작의 전형적 불투명성뿐만 아니라 영토에 직접적이면서도 중립적으로 접근하게 해 주겠다는 지도 제작의 유혹적 약속 또한 폭로한다. 따라서 지도학적 에크프라시스는 지도의 힘을 밝혀내는 비판적 · 해체적 지도학 장치로 간주된다.

나는 토스(Thoss 2016, p.67)가 지도에 적용되는 에크프라시스적 과정을 비판적 지도학 활동과 명시적으로 동일시한 데에 대해 동의하지 않는다. 그러나 특히 지도 그 자체를 언어적으로 묘사하게 되면 지도-영토 관계를 고려하지 않게 되면, 지도학적 에크프라시스는 지도에 대한 신선한 미학적 관점을 제공하게 된다는 그의 주장에는 동의한다. 엘리자베스 비숍Elizabeth Bishop이 1935년에 창작한 유명한 에크프라시스적 시 〈지도The Map〉를 분석하며, 토스는 지도학적 객체에 생기를 불어넣는 문학 언어의 잠재력을 효과적으로 강조했다. 그가 제안한 대로, 비숍은 지도를 그 자체의 우주로 묘사하며, 독자가 지도를 구체적인 공간적 목표물을 위한 것이 아닌 그 자체를 위해 추측하는 즐거움을 위한 것으로서 사유할 것을 요청했다. 토스(Thoss 2016, p. 70)에게, 시적 묘사를 통해 '지도의 무생물적 객체들'은 '살아 움직이게' 되고, '인격화'되며, '활기를 띠게' 된다. 그리고 지도는 '깊이, 움직임, 3차원성을 부여받아 그 자체의 세계가 된다'. 이런 심미화 과정은 '지도의 사용가치를 무시할 뿐만 아니라, 그것을 노골적으로 부정하기도 하는' 사변 형식으로 볼 수 있다(Thoss 2016, p. 71). 여기서 지도는 상상력이 자유롭게 거닐 수 있는 공간, 즉 영토와의 관계, 사용자, 정치적 함의 혹은 지식 담론으로 아직 정의되지 않은 열린 개물entity이다.

이 장에서 나는 문학 **속** 지도들을 조사하는 이런 양식과 객체지향 철학적 입장 사이의 어떤 실험적인 교류를 제안한다. 나는 문학 연구와 객체지향적 사고 사이의 최근 관계에 관한 더 일반적인 사유에서 출발할 것이다. 그 후에, 코맥 매카시Cormac McCarthy의 《로드The Road》에 대한 사례 연구에서는 이 소설에 등장하는 지도를 객체지향적 관점에서 다루고, 최종적으로는 문학 세계가 어떤 방식으로 지도의 객체성과 그 예측 불가능한 실존에 대한 완곡한 접촉 지점을 제공할 수 있는지 살펴볼 것이다.

스탠퍼드대학교에 기반을 둔 오픈 액세스 디지털 살롱인 '아케이드: 문학과 인문학 그리고 세계Arcade: Literature, The Humanities, & the World'는 2017년 '문학 연구에서의 사물 이론Thing Theory in Literary Studies'이라는 포럼을 개최하였다. 공동 큐레이터였던 와서먼(Wasserman 2017, np)은 '2001년 빌 브라운Bill Brown이 "사물 이론"에 대한 논문을 발표했을 때에는 학자들이 이 주제에 싫증을 내는 것처럼 보였'지만, '거의 20년이 지나서는 우리가 진짜 사물에 싫증을 느끼는지 의문스럽다'고 의미심장하게 기술하였다. 실제로 와서먼이 상기시켜 주는 것처럼, 행위자-네트워크 이론, 사변적 실재론, 생동하는 유물론, 객체지향 존재론과 같은 철학적 경향이 확대됨에 따라, 그리고 포스트휴머니즘, 디지털 유물론, 촉진觸診 가능한 환경 문제 등에 대한 관심이 높아지면서 사물, 객체, 물질성에 관한 관심은 좀처럼 식지 않고 있다.

와서먼은 다른 분야와 마찬가지로 문학 연구에서도 사물이 여전히 매혹적이고, 사물 이론이 여전히 중요하다고 말한다. 문학 연구가 책의 물질성과 더불어 재현의 문제들을 탐구하면서 오랫동안 사물의 문제에 관여해 왔다는 점을 상기시키며, 와서먼은 이질적 접근법이지만 공통점 또한 있는 사물 이론과 문학 연구 간의 **현재** 관계를 파악하려는 시도로서 '문학 연구에서의 사물 이론' 포럼을 소개하였다. 탈비판적 방법, 표면 읽기surface reading 그리고 문학적 방법으로서 사물에 대한 경청傾聽; 단어로 된 사물이 의미와 비판적 읽기에 대한 욕망에 저항할 수 있다는 관념; 문학이 사물의 수수께끼를 보존하면서 사물에 주의를 기울인다는 감각; 객체, 인간, 환경으로 이루어진 문학적 아상블라주로의 전환; 문학 영역에서 인간의 탈중심화라는 문제와 기회. 그 포럼에 등장하는 이런 몇몇 특질들은 이 책이 이행해 왔고 또 이행해야 할 지도학적 사유로 명확하게 울려퍼진다. 비록 지도와 문학작품이 텍스트/재현의 매우 다른 형태일지라도, 이론적이고 방법론적인 객체지향 논의는 유익하게 병행될 수 있다. 그러나 이 장의 마지막 부분에서 내가 제안하고자 하는 바는, 객체지향 관점에서 이루어지는 지도 해석과 문학작품 해석 간 유사성이 아니다. 오히려 나는 문학작품이 인간과 얽혀 있는 지도의 사물성에 대한 감각을 어떻게 제공해 줄 수 있는지, 뿐만 아니라 지도학적 객체가 감추고 있는 미개척 보존지에 대한 간접적 접근을 어떻게 가능하게 해 줄 수 있는지에 초점을 맞출 것이다.

문학 연구와 객체지향 존재론의 관계는 다면적이다. 물론 인간의 거리두기는 문학 학자들 사이에서 객체지향 철학의 가장 논쟁적인 측면 중 하나로 남아 있다. 2000년대 초반부터(Epp 2004) 인문학 내 물질로의 전환에서 주요 인물이었던 브라운(Brown 2015)은 최근 저서《다른 사물들 Other Things》에서 객체지향 사유의 쇄신을 언급했다. 여기서 그는 다른 분과학문 영역에서도 인간 주체들과 비인간 주체들 모두에 행위주체성을 분배하기 위해서, 즉 평평한 존재론 또는 사물로까지 확장된 민주주의를 제정하기 위해서 예술 작품, 소설, 영화 등에서 배워야 한다는 요청이 있었음을 강조했다. 그럼에도 불구하고, 브라운(Brown 2015, p. 7)은 어느 정도 주의를 당부한다.

문학은 실로 라투르의 말처럼 '행위주체의 자유'—인간을 초월한 행위주체성의 분배—가 '회복될 수 있는' 장소일 수도 있지만, 또한 그러한 자유가 상실될 수 있는 장소이기도 하다. 더 정확하게 말하면, 획득과 상실의 역학을 특히 읽어 낼 수 있는 장소이다. 다른 말로 하면, 문학은 또한 그 자유에 대한 저항과 그 여파를 그려 낸다. 그것이 현상학적인 것이든 존재론적인 것이든, 심리적인 것이든 문화적인 것이든 말이다.

브라운의 주장에 따르면, 비인간의 목소리가 수세기 동안 문학 텍스트에서 들려 왔던 반면에, '행위자actant'라는 서사학적 개념의 라투르식 사용은 **문학이론**이 분배된 행위주체성을 탐구하기 위해서 보유하고 있는 많은 자원들을 드러내 준다. 그럼에도 불구하고, 그는 최근의 사물 사유, 특히 하먼의 '풍부한' 객체지향 철학을 다소간 비판한다. 하먼은 사물들 사이의 관계보다 사물들 그 자체에 유별나게 주목하기 때문이다(Brown 2015, p. 165). 브라운이 볼 때, 하먼이 사물들의 물러남과 사물들의 관계 배후에 있는 사물들의 신비로운 잔여물에 관심을 갖는 것은 현상학 전통 안에서 그리고 그에 맞서서 작업을 하기 위해서다. 인간 의식을 향한 객체의 현현을 연구함으로써, 그리고 이를 (우리에게서 독립한) 객체들의 상호 현현에 대한 연구로 유력하게 확장함으로써, 하먼의 이론화는 객체 속으로 물러서게 되고, 그래서 비인간 객체가 어떻게 인간을 형성하고 변형시키는지에 대한 이해는 제공하지 못한다는 것이다. 라투르의 평평한 존재론, 반상관주의적 입장, 하먼의 객체지향 존재론 등을 별도로 특징짓는 객체로의 물러남에 반대하며, 브라운은 궁극적으로 '아직 주체를 그렇게 간단하고 신속하게 포기하지 말기를' 요청한다(Brown 2015, p. 167). 그는 객체의 접근불가능성을 어느 정도 인정한다는 점에서 하먼에 동의하지만, **주체-객체 관계**에서 더 두드러지는 특징을 읽어 낸다.

앞서 언급한 아케이드 포럼에 참여한《사물들의 문학적 삶The Literary Life of Things》의 저자 티슐레더(Tischleder 2017)는 객체지향 철학과 제인 베넷의 생동하는 유물론에 직접 참여하면서, 한편으로는 객체의 자율적 실재성에 대한 더 설득력 있는 초점화와, 다른 한편으로는 인류를 삭제함으로써 물질의 행위주체를 파악하고자 하는 그리 설득력 없는 경향 간의 차이를 표시한다. 우리는 세상에 대한 인간의 관점에서 벗어날 수 없다고 주장하면서, 티슐레더는 명백한 현상학적 접근 방법을 채택하고 문학이 구축한 세계를 통해 사물의 삶을 파악할 수 있음을 시사한다. 문학은 일반적으로 '관습적, 특히 예측할 수 없는 방식으로 비인간 행위주체들과 그들의 불순종을 연출함으로써 우리의 인식을 새롭게' 한다. 그런 다음, 문학 세계는 '우리 세계의 경험 범위와 상상 범위를 확장할 것을 우리에게 요청하고', '인간의 삶을 적극적으로 만들고, 그와 융합하고, 그에 참여하는 사물들을 상상할 것을 우리에게 요청한다'(Tischleder 2017, np). 그리하여 티슐레더가 제안하는 **물질적 상상계**는 특히 사람과 사물의 얽힘이 보이도록 해 준다. '문학은 단순히 물질적 세계를 재현하는 것이 아니라, 사물성의 "물질성 효과"를 등록할 수 있다. 이는 마음에 인상을 남기고, 감각을 건드리고, 우리 감정을 휘저어 놓고, 우리 상상력 속에서 공명하기 때문이다'(Tischleder 2017 np).

이렇게 단편적이고 부분적인 설명이 보여 주듯이, 객체지향 사유와 인간의 문제적 거리두기는 문학이론 내에서 여전히 중요한 논쟁거리로 남아 있다. 그에 반해 객체지향 존재론자, 사변적 실재론자, 생동하는 유물론자 등이 특히 문학적인 것, 비문자적인 것, 서사적인 것을 다루어 왔다는 점은 주목할 가치가 있다. 베넷(Bennett 2012, p. 232)에게 문학 텍스트는 '인간의 지각을 더 예민하게 만듦으로써 빛을 발할 수 있는 신체, 즉 식물, 동물, 풀잎, 가정용품, 쓰레기처럼 그 선호하는 정동 전달 수단들의 경우 거의 말이 없는 그런 신체다'. 하먼(Harman 2012)은 '객체지향 비평'을 구상함으로써 객체지향 존재론이 문학이론에 기여할 수 있는 방법을 제안하였다. 이러한 비평은 브라운(Brown 2001)의 사물 이론과 어느 정도 같은 태도를 취하지만, 인간 중심적 분석을 고수하는 데에는 거리를 둔다.

하먼은 문학작품이 문화적 구성 요소(텍스트 생산에 대한 사회적·정치적·문화적·전기적 영향)와 그에 대한 독해(텍스트의 해석 또는 수용)라는 견지에서 참여하게 되는 관계나 맥락에 대해 언제나 부분적으로 불투명하다고 본다. 객체지향 비평이 제공할 수 있는 것은 텍스트의 '저항'에 대한 초점화, 즉 방법이 아니라 반ﬁ방법counter method이다. 더 생산적이게도, 그는 문학작품의 맥락화가 아니라 문학작품의 기묘한 탈맥락화(플롯, 서술적 목소리, 배경 등의 상상적 변화)를 실험할 것을 제안한다. 그런 상상적 변형 이후에 어떤 문학 텍스트가 살아남는지 보기 위해서, 그럼으로써 문학 텍스트의 내적 존재에 대한 완곡한 접근법을 획득하기 위해서 말이다.

하먼의 사유를 문학에 연결시키는 또 다른 방식은, 그의 철학에서 미학적 경험과 예술이 차지하는 역할이다. 그는 시적 언어를 실제 객체에 대한 간접적 인유, 힌트 또는 풍자를 생산하는 수단으로 명시적으로 승인한다. 예술은 객체에 대한 지식을 생산하는 척하지 않고 객체에 완곡하게 접근하는 인식의 한 형태이다. 예술은 우리가 객체의 물러나 있는 사실성realness을 파악할 수 있는 유일한 방법이다. 모튼(Morton 2013)은 비인간 존재를 파악하는 데에 도움이 되는 문학의 역할을 강력하게 지지하는 또 다른 객체지향 사상가이다. 예를 들어, 그는 에크프라시스라는 문학적 장치가 객체지향 존재론에 얼마나 관심이 있는지 강조한다. '에크프라시스는 정확히 말하면 묘사적 산문에서 서서히 나타나는 객체와 유사한 개물', '독자를 향해 튀어나오는 초묘사적인hyper-descriptive 부분', '서사의 흐름을 방해하는, 독자를 그 또는 그녀의 자기만족 상태에서 확 끌어내는 강렬한 생생함', 그리고 '비밀스러운 객체를 불가피하게 놓치지만 그 과정에서 그 고유의 객체를 생성하는 번역'이다(Morton 2013, p. 133). 나중에 예를 들겠지만, 나는 에크프라시스적 장치와 별개로, 문학이 **지도학적**

객체의 깜짝 놀랄 만한 비축물뿐만 아니라 그 객체의 저항을 간접적으로 파악하는 데에 도움이 된다고 주장한다.

해밀턴(Hamilton 2016)은 저서 《고장 난 기계들의 세계: 사변적 실재론과 문학The World of Failing Machines: Speculative Realism and Literature》에서 사변적–실재론적 문학이론이 어떤 모습일지 의문을 품는다. 그의 관점에서 보면, 문학은 우리가 닿을 수 있는 범위 너머의 세계를 암시하는 일종의 사변이고, 문학 텍스트는 독자를 낯설게 만들고 세계를 탐색하는 인간의 습관적인 방식을 방해하는 세계 내 행위자이다. 문학비평가들이 일찍이 언급했듯이, 문학은 본질적으로 독자가 텍스트에 재현된 내용에 주의를 기울이도록 강요함으로써 소원함을 생산한다. '문학의 언어는 의도적으로 매일매일의 독자의 경험과 맞물리는 데에 실패하고, 바로 이런 실패는 독자가 새롭고 흥미로운 방식으로 세상을 보도록 해 준다'(Hamilton 2016, p.84). 해밀턴(Hamilton 2016, p. 85)은 파손되었을 때 사용자에게 영향을 미치는 하이데거의 유명한 고장 난 망치에 비교하면서 '우리의 충동은 고장 난 기계를 고치는 일일 수 있지만, 그렇게 하는 것은 새로울 것 없는 세계에 영원히 거주하는 일이 될 것'이라고 덧붙인다. 문학이 생산하는 낯설게하기 과정은 일종의 실패를 통해 사물을 다른 방식으로 볼 수 있게 한다. 문학 텍스트는 고장 난 기계이다.

코맥 매카시의 소설 《로드The Road》(2006)에서, 아버지와 어린 아들은 대재앙 이후의 황무지에서 살아남은 관계적 통합체로 투사된다. 길을 따라가는 그들과 함께 그리고 그들 사이에는, 그들이 갖고 있을 수 있는 몇 가지 사물들 가운데 지도가 있다. '길고 긴 날들. 길 위로 지나가는 재들로 가득한 드넓은 땅. … 그들은 점점 더 적게 먹었다. 그들에겐 거의 아무 것도 남지 않았다. 소년은 지도를 들고 길에 서 있었다'(McCarthy 2006, pp. 214-215). 소년이 쥐고 있는 지도는 1920년대 석유 회사들이 판촉 목적으로 무료 배포한 도로지도 중 하나이다. 미국 자동차문화의 아이콘인 석유 회사의 도로지도는 문화적·이데올로기적·소비주의적 의미들로 가득한 전형적인 지도학적 재현으로 읽어 낼 수 있다(Akerman 2002). 그러나 매카시의 디스토피아적 미래 미국이라는 맥락에서 보면, 이 상징적인 지도는 광고 내용, 수사적 전략, 문화적 영향을 상실했고, 그래서 그 지도의 문화적 약호들은 더 이상 의미가 없고, 그에 대한 지적·비판적 해체도 전혀 근거가 없는 부적절한 것이 된다. 지도는 벌거벗고 있고, '죽은 문화적 인공물'이다(Weiss 2010, p. 73). 지도는 은유적으로뿐만 아니라 물질적으로도 산산조각 난다.

제가 그것을 지도에서 찾아볼 수 있어요?

그럼. 나도 한번 보자.

너덜너덜해진 석유 회사의 도로지도는 한때 테이프로 붙여져 있었지만 이제는 낱장으로 나뉘어 합칠 때 쓸 번호가 각 장 모서리에 크레용으로 적혀 있었다. 그는 흐느적거리는 종이들을 분류해 그들이 있는 위치의 페이지를 펼쳤다.

… 여기가 우리가 있는 곳이야, 지도에 있는 까만 선들. 주립도로지.

왜 그것들을 주립도로라고 불러요?

왜냐하면 예전에 이 도로들은 주에 속해 있었거든. 주라고 불리던 것이 있었지.(McCarthy 2006, p. 42-43)

지도에서 아버지와 아들은 단순히 그들의 현 위치를 찾으려고 한다.《로드》에 그려진 가혹한 대재앙 환경에서, 지도는 문화적 아이콘이 아니라 오직 잔존하는 실용성에만 그 의미가 있는 어떤 본질적인 장치로 되돌아간다. 그러나 분간할 수 없는 디스토피아적 황무지를 향해 나 있는 길과 마찬가지로, 지도는 이데올로기적 도구로서 기능하는 데에도 실패하고 인지적 장치로서 기능하는 데에도 실패한다. 지도는 공간 지식과 관련하여 (분명한) 그 본질적인 기능을 상실한다. '저녁이 되자 지도는 어쨌든 말라 버렸다. 그들은 지도 조각들을 들여다보았지만 그들이 어디에 있는지 알 수 없었다. 남자는 도로의 높은 곳에 서서 해가 지는 쪽에서 방향을 잡아 보려고 했다'(McCarthy 2006, p. 126). 지도는 더 이상 영토와 관계가 없다. 그러나 이러한 지도의 비기능화는 지도학적 객체의 다른 차원, 그리고 그 객체와의 또 다른 관계가 드러나도록 해 준다.《로드》에서 지도의 파손과 실패는 독자들이 지도학적인 물질적 객체의 바로 그 실존을 인정하게 해 줄 뿐만 아니라, 지도학적 사물의 숨겨진 비축물을 완곡한 시선으로 바라보게 해 준다. 우리는 지도의 실체란 예측 불가능한 것일 수 있다는 감각, 또한 지도란 인간 개물 및 비인간 개물과의 섬뜩한 관계에 진입할 수 있다는 감각을 갖고 있다.

그는 주유소에서 전화번호부를 발견하고는 연필로 지도에 마을 이름을 적었다. 그들은 건물 앞 연석에 앉아 크래커를 먹고 마을을 찾았지만 찾을 수 없었다. 그는 구획들을 정리하고 다시 보았다. 마침내 그는 소년에게 보여 주었다. 그들은 그가 생각했던 곳에서 서쪽으로 약 50마일 떨어진 곳에 있었다. 그는 지도 위에 선을 그었다. 이게 우리야, 그가 말했다. 소년은 손가락으로 바다로 향하는 길을 따라갔다.

여기까지 가는 데에 얼마나 걸릴까요? 그가 말했다.

2주. 3주.

파란색인가요?

바다 말이니? 나도 모르겠다. 예전엔 그랬는데.(McCarthy 2006, pp. 181-182).

매카시가 그려 내는 지도 장면들은 아버지와 아들 그리고 지도 사이에 존재하는, 반쯤 소리가 없는 상호작용을 보여 주는 경향이 있다.

소년은 자고 있었고, 그는 카트가 있는 쪽으로 내려가서 작은 가게에서 지도와 물 한 병, 과일 통조림을 구해 가지고 돌아와 담요를 덮고 앉아서 지도를 연구했다.

넌 언제나 우리가 실제로 온 길보다 더 멀리 왔다고 생각하는구나.

그가 손가락을 옮겼다. 그럼 여기요.

좀 더.

여기요.

맞아.

그는 흐느적거리고 썩어 가는 종이를 접었다. 맞아, 그가 말했다.

그들은 길가의 나무 사이로 밖을 내다보며 앉아 있었다.(McCarthy 2006, pp. 195-196).

그들이 가는 정신없는 경로를 따라 주기적으로 관찰되는 지도학적 객체는 그들이 휴식을 취하는 동안 아버지와 아들의 손에서 친밀한 신체적 연결 고리로 나타난다. 지도는 아버지와 아들이 감정을 나누는 몇 안 되는 물질적 수단 중 하나가 된다. '소년은 고개를 끄덕였다. 앉아서 지도를 보고 있었다. 남자는 소년을 지켜보았다. 그는 그것이 무엇인지 안다고 생각했다. 그는 그가 살던 마을에 손가락 하나를 대고, 아이처럼 자세하게 지도를 들여다보았다'(McCarthy 2006, p. 182). 지도가 아버지와 아들을 함께 품을 것만 같은 벅찬 순간에, 지도는 그 규범적이고 확신에 찬 총체적 성격을 상실하고, 물질적이고 활력 넘치는 살아 있는 개물로서 새로운 삶을 살게 된 것처럼 보인다. 독자로서 우리는 지도학적 도구의 실패를 느끼지만, 지도가 존재하고 인간과 함께하는 부가적인 방식을 감지한다.

고장 난 지도에 초점을 맞추면, 《로드》는 카라치올로(Caracciolo 2019)가 말했던 '객체지향 플롯 짜기object-oriented plotting', 즉 비인간 객체가 무대 중심을 차지하고서 부분적으로 플롯의 역학을 형성하는 서술의 한 형태를 보여 준다고 할 수 있다. 카라치올로에 따르면, 이러한 객체지향 플롯은 인간중심적 서사 설정을 완벽히 폐지할 수는 없지만 인간과 비인간의 뒤얽힘이라는 감각을 환기시켜 줄 수 있다.

소설에서 객체는 일반적으로 인간의 의도에 종속되어 있고, 그래서 주로 목표 달성을 위한 수단으로 여겨진다. 그에 반해, 카라치올로에게 플롯은 인간 너머의 실재에 의한 인간 주체성 경계의 투과성을 드러낼 때 객체지향적이다. 객체는 그 자체의 사물성, 인간 의지로부터의 거리, 인간 의도성 너머의 실존 등을 드러내 준다. 결정적으로, 카라치올로는 물질적인 객체와의 물리적·신체적 상호작용이 이러한 플롯에서 결정적임을, 그리고 역설적이게도 인간의 체화라는 이런 강한 감각이 객체의 행위주체를 위한 인간의 행위주체에 대한 문제 제기와 공존하고 있음을 고찰한다. 지도가 투과적인 동시에 비투과적이고, 자율적이면서도 관계적이고, 끊어졌으나 연결되어 있고, 수수께끼 같지만 아버지와 아들에게 열려 있다는 점에서 《로드》는 정확히 이 사례에 해당한다.

잘 알려진 바와 같이, 하먼의 객체지향 철학은 하이데거의 도구 분석에 강한 영향을 받았다. 이 분석에 따르면, 우리는 보통 어떤 것을 마음 앞에 제시하는 것이 아니라, 무의식적으로 바로 사용할 준비가 되어 있는 장비처럼 사물에 의지하여 사물을 대한다. 앞서 언급한 하이데거의 유명한 예시처럼, 망치는 그것이 망가지기 전까지 당연한 것으로 여겨진다. 따라서 망치가 망가진다는 사실은 망치가 망치에 대한 나의 이해보다 더 심오한 것임을 보여 준다(Harman 2012, p. 186). 이 실패와 그에 뒤이은 가시화 이전에, 객체는 수수께끼 같은 배경 속으로 물러난다. 도구가 도구인 한, 그것은 보이지 않으며 그것이 제공하는 목적에 의해 소진된다. 따라서 객체의 현존을 약화시키는 것은 과정이나 실천이 아니라, 이전의 객체 사용이 그 도구의 존재를 소진하지 못한다는 감각이다.

하먼이 덧붙인 것은, 우리가 사물에 주의를 기울일 때조차도 이 의식을 벗어나는 측면이 항상 존재할 것이라는 점이다. 우리는 실천을 통해서도 이론적 주목을 통해서도 객체의 실재 전부를 파악하지 못한다. 그 결과, 더 놀라운 일들이 항상 우리를 기다리고 있을지도 모른다. 도구(가령 지도)는 '사용되지 않는다, **그것은 존재한다**. 그리고 그것이 존재하는 한, 도구는 인간 이론이나 인간 실천과의 관계로 다 해명되지 않는다'(Harman 2011, p. 44). 그러나 망가진 망치는 객체의 불가해한 실재성을 **인유**하고, 그에 대한 힌트를 주고, 그래서 그 저장소에 간접적으로 접근할 수 있게 해 준다. 하먼은 망가진 망치에 대한 물음과는 별도로, 이 인유의 **매력**이 문학을 포함한 심미적 행위와 예술에서 핵심적인 현상이라고 말한다(Harman 2012, p. 187). 마찬가지로, 《로드》의 디스토피아적 풍경에 등장하는 문학상의 망가진 지도는 특정한 지도학적 객체의 불가해한 실재와 예측할 수 없는 놀라움을 인유한다. '언제나 우리가 생각하는 것보다 더 많은 객체가 있다'(Morton 2013, p. 23). 문학은 심미적 경험을 활성화할 수 있는데, 이를 통해 우리는 그런 초과의 감각을 얻을 수 있다.

# 비인간 내레이션의 온화한 정치학

## : 유럽 지도의 자서전

지도가 말을 할 수 있다면, 우리에게 무슨 말을 할까? 건물이 말 그대로 1인칭으로 발화하는 매력적인 비인간 영화 내레이션 작품이 제작되면서, 최근 건물과 관련하여 동일한 질문이 제기되었다. 빔 벤더스Wim Wenders가 12분짜리 단편영화 〈만약 건물이 말을 한다면?If Buildings Could Talk〉 파일럿으로 먼저 만들어 보인, 6개 랜드마크 건물의 삶과 경험을 담은 영화 모음집인 '문화의 대성당Catherdrals of Culture' 프로젝트(2014)가 대표적인 사례이다(Nic Craith, Boser and Devasundaram 2016: Rossetto and Peterle 2018). 다른 인상적인 비인간 내레이션 작품들이 최근 개봉되는 가운데(Haralambidou 2015), 트위터에서 자신을 표현하는 말하는 아일랜드 국경speaking Irish Border(@BorderIrish)처럼, 이 특정한 내러티브 장치를 이용하는 전례 없는 실험이 퍼져 나가고 있다. 그 와중에, 문학 학자들과 서사학자들은 비인간 내레이션이 작동하는 방식에 주목하기 시작했다. 그것–내러티브It-narrative 혹은 객체 내러티브는 18세기 초반에 시작되어 18세기 후반기에 융성한 뒤 19세기에 시들해진 허구적 글쓰기 장르이다(Blackwell 2007; Lamb 2011). 이 일시적인 장르의 관습을 정의하면, '인간들의 긴 여정을 이야기하는 무생물 화자 또는 동물 화자의 사용'이었다(Maciulewicz 2017, p. 55).

한때 소비사회 초기에 유통되던 것들에 대한 관심이 커지면서 인기를 끌었던 이 장르는 최근까지도 비평가들에게 별다른 주목을 받지 못했다. 실제로 과거뿐만 아니라 현대의 소설 문학에도 비인간 화자의 사례는 많이 있으며, 최근에는 이러한 문학적 전략의 공통적인 특징들이 기술되기도 했다. 특히, 비인간 내레이션은 '공감과 낯설계하기, 인간 겸험과 비인간 경험의 **이중 변증법**의 결과'로 인식되어 왔다(Bernaerts et al, 2014, p. 69).

한편으로, 비인간 화자의 허구적인 삶의 이야기는 독자들이 인간의 감정을 사물에 투사하게 만든다. 다른 한편으로, 독자는 그/그녀의 가정들에 의문을 제기(낯설게하기)할 수 있는 비인간 화자의 타자성을 인정해야만 한다. 공감은 비인간 개물을 느낄 수 있고, 희망할 수 있고, 단언할 수 있고, 기억을 공유할 수 있고, 정서적 관계를 구축할 수 있는 지각 있는 존재로 제시함으로써 활성화된다. 1인칭으로 말하면, 이 개물은 의인화 과정을 거치는데, 이를 통해 관객이 비인간적인 삶의 설득력 있는 증명으로 받아들이는 현상학적 상태가 창조된다(Bernaerts er al. 2014, p. 70). 이 성격화 과정 덕분에, 사물-화자는 태도, 감정, 판단을 표현할 수 있다. 인간과 유사한 캐릭터로서, 비인간 캐릭터는 부패하기 쉬운 물질적 신체뿐만 아니라 사유 능력도 지니고 있다. 비인간 내레이션의 낯설게하기 측면은 우리(관찰자, 독자)가 객체를 우리 자신의 경험과 분리된 것으로 인식하여 객체와 거리를 둘 때 나타난다. 우리는 다른 신체와 관점에 포획되고, 그래서 이런 상황은 우리의 인간중심적 이데올로기를 뒤흔들고, 우리의 감각적 경험을 변화시키고, 우리가 그 객체 자체에 거주하게—심지어 객체 자체로 되게—만든다. 그것-화자들은 인간과 '동일하면서도 별개'이다. 그들은 '인간의 확장'이지만, 동시에 '자율적 의식과 인간과의 관계를 성찰하는 능력을 보유하고 있다'(Maciulewicz 2017, pp. 59-60). 그렇기에 비인간 내레이션은 일반적으로 말하는 주체와 객체의 경계선을 분명히 흐릿하게 만드는데, 이는 객체지향 존재론의 중요한 특징이다.

모튼(Morton 2013, p. 63)이 말하듯이,

여러 방면에서 주체로 불리는 것과 객체로 불리는 것은 크게 다르지 않다. 객체지향 존재론에서는 더욱 그렇다. … 객체지향 존재론이 우리에게 범신론적 관점을 적용하도록 만드는 것인지, 말하자면 나의 칫솔이 지각력이 있다고 받아들이도록 만드는 것인지; 혹은 객체지향 존재론이 나의 지각력이 칫솔과 비슷하다고 주장하는 것인지; 둘 다 지금 당장은 요점에서 약간 벗어났지만, 곧 이 선택을 다시 검토할 것이다.

베넷(Bennet 2010)은 인간이 만든 물건을 외적 목적을 위해서 사용되는 한낱 도구 또는 기호학에 의해서 다 해명되는 개물로 간주하는 것이 부적절함을 인정하는 방법으로 의인화를 지지하며, 말하는 주체와 말 없는 객체의 구분을 극복할 것을 제안한다. 그녀의 제안처럼, 비인간적 신체의 물질적 생명력(기술적인 인공물을 포함하여)에 심미적으로 열려 있으려면, 우리는 '비인간들과 더 면밀히 협의하거나 그들의 돌연한 출현, 반대, 증언, 제안에 더 귀를 기울이고 응답할 수 있는 새로운 지각 절차·기술·체제'를 고안해 내야 한다(Bennett 2010, p. 108). 살아 있는 (그리고 말하는) 객체의 문학적 극화에 주목하는 가운데, 베넷(Bennett 2010, p. 10)은 비인간 물질들을 사변적 **존재-**

이야기onto-stories 속 캐릭터들로 방법론적으로 묘사하는 데서 '물질의 생명력에 볼륨을 높일 수 있는' 기회를 본다.

샤비로(Shaviro, 2014)에 의하면, 그 모든 한계에도 불구하고, 심미적이고, 유희적이며, 심지어 우스꽝스럽기까지 한 이런 실험들은 사물들의 우주에 간접적으로 접근할 실용적인 방법을 제공하고, 결과적으로 '실증적인 사변적 명제'의 구체적인 실현을 가능하게 한다(Shaviro 2014, p. 68). 비인간적 전환과 사변적 실재론의 성장에 비추어 현대 범신론적 사유의 적절성을 논하면서, 샤비로는 우리가 사물이 된다는 것이 어떤 것인지 그야말로 결코 이해할 수 없을 것이라고 말한다. 우리가 할 수 있는 최선은 '심미적 가상aesthetic semblance'을 창조해 내는 것이다(Shaviro 2014, p. 91). 확실히 객체(이 책의 경우에는 지도)가 1인칭으로 말하게 한다고 해서 우리가 '0인칭 현실'(Harman 2009)에 접근할 수 있는 것은 결코 아니지만, 적어도 그것은 객체지향적 태도를 실천적으로 실험할 수 있는 방법을 제공해 주기는 한다. 또한, 지리학자들은 객체의 입장에 유의하기에 기반한 방법론적 자세를 제안하게 되었다. 특히, 앤더슨Anderson과 애쉬Ash(2015, p. 42)는 **입장 존재론**Standpoint Ontology이라 불리는 것을 발전시키려면 '연구자가 다양한 개물들—생명이 있는 것과 생명이 없는 것 모두—의 위치를 차지해야 할 것, 즉 객체 또는 힘이 다른 사물들과 어떻게 마주치는지 철저하게 숙고해야 할 것'이라고 제안한다. 우리는 이 입장 존재론을 어떻게 연출할 수 있을까?

다음으로 나는 지도가 말하는 주체가 되는 그것-내레이션 작품 또는 객체의 자서전을 제시할 것이다. 1998년 파도바(이탈리아)의 중심지, 라르고 유로파Largo Europa(유럽광장)에 모자이크 지도가 새겨진 기념비가 세워졌다. 지난 10년간 나는 주기적으로 그 지도의 기원을 궁금해했다. 몇 년 전, 나는 마침내 두 명의 정보원, 즉 파도바에 유럽 기념비를 세우자는 첫 아이디어를 낸 조르조 톨리아니 Giorgio Togliani와 유럽 지도를 디자인한 예술가 마테오 마사그란데 Matteo Massagrande와 접촉할 수 있었다. 2013년과 2018년 수행한 자료 조사와 심도 깊은 정보원 인터뷰는 이 기념비의 역사에 대한 지식을 심화시키고 시각적 기록물들을 수집하는 데에 도움을 주었다. 지도 현장에서의 현장 관찰도 정기적으로 수행했다.

기념비의 지도를 자기 이야기의 주인공으로 설정한 다음의 창의적 글쓰기는 내 연구 보고서를 허구적 스타일로 제시하는 기능을 한다. 이어지는 내러티브 텍스트에 포함된 이미지들은 2018년(첫 번째와 마지막 두 이미지) 내가 촬영한 기념비 사진, 인터뷰 중에 내가 촬영한 이미지(두 번째, 세 번째), 사진작가 마우로 다뇰로 발라노Mauro D'Agnolo Vallano(남은 이미지들)가 기록한 아카이브 이미지를 포함한다. 사진과 자서전이 만날 때 흔히 그러하듯, 이 형상들은 한낱 본문 삽화가 아니라 사실과 허구의 경계에서 언어적 내러티브와 상호작용한다(Adams 2000). 다음의 그것-이야기는 나의 민족지학적 작업과 기록물에서 도출된 정보에 기반한 것이자 공감과 낯설게하기 사이에 유예되어 있는 것으로서, 지도 자체의 경험에 대한 **사변적** 탐구이다. 방법론적으로는 '지도-소설carto-fiction'(Peterle 2018)이라 불리는 창작 방식과 어느 정도 친연성이 있다. 그것-내레이션에 대한 문학적 분석에 기반하여 도출된 이 객체 이야기는 사물-내러티브의 전형적인 모티프, 기능, 효과 등을 얼마간 창의적으로 보여 준다. 궁극적으로, 보고스트(Bogost 2012, p. 65)가 에일리언 현상학에 대한 사유와 관련하여 제안했듯, '인간으로서 우리는 다른 사람에게 그 설명을 전달하고자 할 때, 객체 지각의 단위 조작에 대한 의인화된 은유를 제공할 운명에 처해 있다. 우리의 의도가 흔히 다른 인간들에게 그런 설명을 전달하려는 데에 있을 때 특히 그렇다'. 그러나 이 피할 수 없는 인간중심주의와 의인화의 위험이 우리가 객체의 실존에 관해 무언가 말하는 것을 막지는 못한다. '타자에 대한 왜곡된 인상으로 그려진 캐리커처'로서, 나의 설명은 '그러한 왜곡을 **환영**하는 메커니즘'으로서 에일리언 (지도)현상학을 활용한다(Bogost 2012, pp. 65-66).

역사적 지도의 물질적 삶을 다룬 글에서 브뤼크너(Brückner 2011, p. 147)는 그것-내러티브 장르 문헌을 쉽게 참조할 수 있게 해 주었다. 우리는 지도학 이론 가운데 가장 저명한 글, 말하자면 할리(Harley 1989)의 중요한 논문《지도 해체하기Deconstructing the Map》가 말하는 지도로 시작된다는 점을 상기해야 한다. 1942년 베릴 마크햄Beryl Markham의 자서전《이 밤과 서쪽으로West with the Night》에서 따온 인용문으로 시작하는 이 글은, 후에 작가가 지도 스스로 말하도록 만든 모험 글쓰기의 고전으로 칭송받았다. '지도가 말한다, "나를 주의 깊게 읽어요, 나를 가까이 따라와요, 나를 의심하지 말아요". 그것은 말한다, "나는 당신 손바닥에 펼쳐져 있는 대지입니다. 내가 없으면, 당신은 혼자이고 길을 잃어요."[Markham 1988, p. 215].

　2장에서 말하였듯, 비판적 지도학은 때때로 부정적 측면에서 지도의 수사학적 물신화를 주관한다. 지도는 어떻게든 확고한 성격을 갖게 된다. 그것은 위협하고, 단언하고, 명령한다. 내 가상의 말하기 지도는 대신에 겸손한 어조로, 대개는 우울한 말투로, 1인칭으로 자신의 전기를 이야기한다. 그 분위기는 할리의 또 다른 (훨씬 덜 유명한) 글, 즉《자서전으로서의 지도The Map as Biography》에 표현되어 있는 것과 유사하다. 이 감동적인 글은 할리가 지니고 있던 육지 측량부Ordnance Survey 시트의 간략한 전기로 시작된다.

　　새것 같은 상태로 보아, 그것은 행위의 세계에서 뒤늦은 개발자였다. 1535년 최종 인쇄 이후 반세기의 대부분을 어떤 육지 측량부 창고에서 보내며, 그것은 다루어지고, 읽히고, 추적되고, 이해될 순간을 오래도록 기다려 왔을 것이다. 어쩌면 문서 더미 아래에 깔린 복제품이었을 수도 있다. … 이제 그것은 지도 상자의 철제 감옥에서 해방되어, 금박 틀이 둘러진 채 거실 벽을 장식한다. 그것은 밀워키에 살고 있는 찰스 클로즈 소사이어티Charles Close Society의 유일한 회원이 탄생 100주년을 기념하여 건배할 수 있도록 칵테일들 옆에 놓여 있다.[Harley 1987, p. 20]

　그 후, 이 짧은 이야기는 개인의 고통스러운 성찰과 슬픈 전기적 기억이 할리가 지도학적 **부적**이라고 밝힌 것들로부터 창발되고 또

그에 투영되는 것으로 끝을 맺는다. 특히, 전기적 등록부는 가장 엄격한 지도학 비평가가 '그렇기에 우리가 수집한 지도와 **교감**하는 것이 가능하다'고 쓰게 할 능력이 있다(Harley 1987, p. 20, 필자 강조).

앞서 언급한 것처럼, 나의 말하는 지도는 유럽 지도이다. 유럽과 유럽연합EU의 현대 지도학적 재현에 관한 기존의 문화적 성찰이 비판적 태도에 의해 특징지어져 있었다는 사실을 기억해야 한다. 그 예로 젠슨Jensen과 리처드슨Richardson(2003)은 유럽 공간의 담론적 프레이밍에서 이론의 여지가 있는 요소들로 간주되는 지도 기반 인포그래픽에 대한 할리식 비판적 · 해체적 초점화에 찬성론을 편다. 유럽연합의 지도학적 형상에 대한 가장 최근의 공격은, 유럽연합이 제작한 의심 없이 받아들여지는 지도를 유럽 시민에 대한 지도학적 폭격으로 묘사한 포스터(Foster 2013)의 비판이다. 포스터에 따르면, 유럽연합은 이른바 **지도제국주의**cartoimperialism, 즉 유럽연합의 '합법성, 우월성, 주권, 의무, 운명에 대한 제국적 담론'을 반영하는 강력한 상상력과 미묘한 정치적 메시지로 가득 찬 지도학적 텍스트의 생산과 보급으로 제국주의적 정체성을 고취시킨다(Foster 2015, p. 6). 그 상상력이 의도적인 것이든 아니든, 포스터에 따르면, 전체로서의 지도는 불가피하게 유럽의 정치적 야심을 표현한다. 이러한 지도제국주의의 정점은 바로 유로 통화다. 여기서 유로존이나 유럽연합과 무관하게 각국의 위상과 유럽 전체를 묘사하는 행위는 유럽 대륙 전 지역으로 확장하고자 하는 유럽연합의 욕망에 대한 명백한 지도학적 표현으로 볼 수 있다. 하지만 여기서 더 주목할 점은, 유럽 통화의 지도학적/비지도학적 상징에 대한 더 미묘하고 다의적인 독해가 이루어진다는 것이다. 그에 따르면 수사학은 그 이미지들의 가능성뿐만 아니라 그 이미지들이 잠재적으로 다루고 있는 정체성의 복잡한 역학을 다 해명하지 못한다(Scafi 2009; Sassatelli 2017a 참조).

이어지는 자전적 내레이션에서, 파도바(이탈리아)의 중심 지역에 놓인 지도학적 객체 폰테우로파Fonteuropa는 그 자신의 이야기의 주인공이자 시간의 흐름에 따라 변화하는 유럽에 대한 인간의 열정을 목격하는 존재이다. 자기 창조자들의 성격을 일부 부여받은 교양 있고 선량한 여성인 폰테우로파는 자신을 바라보며 잠시 휴식을 취하는 도시 거주자에게 말을 건넨다. 이 이야기는 실천적이고 일상적인 형태의 유럽화에 관한 것이다. 이는 '브뤼셀과 스트라스부르를 넘어 유럽의 내러티브가 말하고자 하는' 다성적 이야기[들] 가운데 하나이다(Sassatelli 2017b, p. 8). 또한, 지도의 '온화한 정치학'을 탐구하는 잠정적인 방식이기도 하다(Crouch 2011).

## 폰테우로파의 삶: 지도 이야기

내 이름은 폰테우로파입니다. 맞아요, 잘 이해하셨어요. 폰테우로파. 사실, 내 이름을 아는 사람은 아무도 없어요. 그 어디에도 드러나 있지 않거든요. 오늘은 아무도 내 존재의 이유를 모르거나 기억하지 못한다고 말해야겠어요. 나는 1997년에서 1998년 사이에 유럽과 평화에 대한 기념물로 태어났어요. 나는 유럽의 지도입니다. 맞

| 그림 7.1 |

아요, 알아요, 내 얼굴에서도, 내 등에서도 당신은 내가 유럽의 지도
라는 사실을 알아내지 못했을 거예요… [그림 7.1] 그리고 네, 알아요. 당
신은 내 주변이 라르고 유로파Largo Europa라고 불린다는 것만 알겠
죠. 그게 전형적인 반응이죠! 사실, 나는 바로 그 이유로 이곳에 살
게 되었어요. 이 광장의 이름은 우리 인생의 유럽적인 차원을 상기
시켰죠. 유럽, 그래요. 그 시절에는 꽤나 다른 감정을 불러일으킨 존
재… 하지만 내가 구상한 이야기를 적절한 순서로 시작하자면, 훨씬
더 먼 과거에서부터 시작해야 해요. 제2차 세계대전부터 말이죠. 폭
격기의 소음이 들리면 즉시 들판을 따라 배수로로 뛰어내리도록 배
운 한 소년의 이야기도. '제2차 세계대전을 겪은 사람만이 유럽 통합

과정이 의미하는 바를 완전히 이해할 수 있다'고 그는 언제나 말해요. 그 과정은 무엇보다도 유럽 땅에서 다른 전쟁을 막으려는 것이었어요. 궁극적으로, 유럽 통합의 주요 성과는 평화였어요. 그래요, 알아요, 이건 사실의 아주 이상적인 버전이라는 것을. 나는 요즘 이런 회의적인 논쟁에 익숙해지고 있어요. 확실히, 이걸 완전히 평화로운 이야기로 보는 건 요즘 문제가 있죠….

그렇지만 계속 할게요, 나는 스스로 유럽 경제 공간의 성장에 기여하겠다는 야망을 가지고 성장하여 인사관리 전문가가 된 소년에 대해 말하고 있으니까요. 그 당시에 유럽은 한낱 경제적 시도에 불과했지만, 시작부터 국가 간 경제적 유대 이상의 것을 만들어 내겠다는 생각을 품고 있었어요. 그는 소규모 농장, 노동계약 그리고 노동조건 등의 분야에서 유럽 국가 간 역량과 모범 사례 교환 을 강화하고자 더블린과 브뤼셀에서 열린 여러 회의에 참석했지만, 정치적 역할에 착수하는 데에 필요한 전문적인 활동을 한 번도 떠난 적은 없었어요. 그는 유럽 경제공동체가 지닌 사회경제적 잠재력뿐만 아니라 그것의 한계, 모순, 힘의 비대칭성 역시 완벽하게 알고 있었죠.

그럼에도 불구하고, 알티에로 스피넬리Altiero Spinelli 같은 인물의 사상에 영향을 받아, 유럽 프로젝트를 향한 진정한 열정에 사로잡혀 있었어요. 박애주의에 헌신하는 전문가 협회의 회장으로서 대학을 떠나 파도바시 기관과 대화할 기회가 생겼을 때, 그는 유럽의 꿈을 기념할 무언가를 만들어야겠다고 결심했어요. 그는 이 아이디어를 도시의 시장이자 헝가리와 정서적으로 연결되어 있고 유럽의 미래에 대해 영감 어린 대화를 나누곤 했던 파도바의 예술가 친구와 공유했어요. 이 예술가는 마침내 라르고 유로파에 놓일 유럽과 평화에 대한 기념비를 설계하는 일을 맡았어요.

1997년, 우리는 유고슬라비아전쟁과 시공간적으로 아주 가까이 있었어요. … 사람들은 유럽 땅의 평화가 너무도 쉽게 당연시된다는 것을 알게 되었어요. 이 확장 과정은 오스트리아, 스웨덴, 핀란드가 회원국이 된 1995년에 주요한 단계를 거쳤어요. 2004년의 거대한 동부 통합은 아직 오진 않았지만 이미 그런 분위기가 가득했죠. 괜찮은 시기였어요. 그 시절에 '유럽-지중해Euro-Mediterranean'라는 단어를 말하는 것은—1995년에 유럽-지중해 파트너십이 만들어졌다는 걸 기억하세요—지중해를 북부와 남부의 가장자리 지역이 협력하고 시너지효과를 내는 전략적 공간으로 여기는 미래지향적이고 긍정적인 사유를 가능하게 했어요. 오늘날, 대부분의 사람들에게 배척, 불안의 공간 그리고 고통과 죽음의 공간이 된 곳을 이런 관점에서 생각하는 것이 꽤 이상하게 들리겠죠. … 그렇지만 내가 생각할 때, 일반적인 감각은 유럽연합(더 이상 단순한 경제적 공동체가 아닌)에 새로운 시대가 기다리고 것이었어요.

이런 기대를 나는 헝가리 도시 하요스Hajós의 밤에 내가 생명을 얻게 되었을 때 너무도 뚜렷하게 느꼈어요. 나의 디자이너는 유럽 전역에서 온 예술가, 시인, 지성인 등의 연례 모임인 창작예술캠프Képzőművészeti Alkotótábor에 참여하기 위해 그 자리에 있었어요. 그날 밤 모닥불 주변에서 느긋한 순간을 보내며, 파도바 예술가는 대부분 옛

동구권 출신인, 유럽에 영감을 받은 이들에게 조언을 구했어요. '유럽 기념비 건립을 위한 새로운 프로젝트를 시작하려고 해요. 기념비는 유럽이 균열을 잠재우고 포용적이고 개방된 생각을 지니고 있다는 걸 기억해야 해요. 기념비에 어떤 상징적 요소를 넣어야 유럽인들과 공유할 수 있을까요?' 그가 물었어요. 모두가 고민하던 와중에 핵심어 두 개가 떠올랐어요. 평화와 소통, 특히 서유럽과 동유럽의. 이렇게 지금 내 몸의 일부인 비둘기 상징과 인공위성 안테나 형상이 헝가리 도시 하요스에서 탄생했어요. 그러나 지도라는 나의 친밀한 정체성은 내 디자이너의 생각과 숙련된 솜씨에서 나왔어요[그림 7.2].

| 그림 7.2 |

그는 유럽을 나타내는 아이콘으로 〈에우로파의 납치Rape of Europa〉 같은 아이디어를 거부하고 마침내 지도를 선택했어요. '좀 더 간단하고, 접근 가능하고, 직접적인 것이 필요해. 나에겐 지도가 필요해', 그는 생각했어요. 그가 만들어 내려고 했던 지도는 쉽게 정의되지 않는 유럽의 공간을 다루는 지도였어요. 내 모양은 분명 유럽연합의 그것이 아니었죠. 예를 들어, 당신이 나를 주의 깊게 본다면, 당신은 곧 기념비에 지중해의 남부 가장자리가 포함되어 있다는 것을 알아차릴 거예요.

  … 사실, 나의 지도학적 형상은 그 어떤 지리적 실체와도 일치하지 않아요. 기존에 존재하던 지도에서 찾을 수 있는 것이 아무것도 없다는 것 역시 독특합니다. 나는 내 창조자의 손으로 자유롭게 그려졌어요. 나는 그의 눈, 그의 기억, 그의 마음 안에 살아 있는 유럽입니다. 그리고 모자이크 타일로 나를 엮어 내자는 생각이 떠올랐죠. 모자이크 공간으로서의 유럽 … 서쪽에서 왔을 뿐만 아니라 서로 다른 방향을 따라가는 비둘기들이 날아다니는 다양한 조각으로 만들어진 다면체의 공간. 비둘기들은 나를 가로지르고, 움직임과 같은 무언가를 만들어 냅니다. 때때로 나는 비둘기들이 날 간지럽히는 걸 느낄 수 있어요!

  나의 주변에 있는 물의 존재는 가까이 있는 새로운 분수들과의 조화를 창조하고, 도로 아래로 여전히 흐르고 있는 역사적 수로의 존재를 환기시키며 유동성을 상징해요[그림 7.3]. 나의 물질적 조합은 유명한 이탈리아의 모자이크 연구실에서 이루어졌어요. 자만하는 것

| 그림 7.3 |

처럼 보이고 싶지는 않지만, 그 사람들이 이 특별한 예술 프로젝트
에 합류하여 그들의 작품을 가지고 왔다고 말해야겠어요. 모자이크
를 선택한 이유는 모자이크로 장식된 라르고 유로파의 다양한 건물
들과 기념물을 조화시키기 위함이었어요. 사실, 나를 만든 사람 역
시 광장의 무계획적인 공간 속에 내 몸을 섬세하게 담아내려고 했답
니다[그림 7.4].

　공공예술이 기술적인 제약을 겪고 제한에 직면했을 때 항상 그러
하듯이, 모든 것이 그가 그려낸 것처럼 나온 것은 아니었어요. … 하
지만 그는 도시의 혼란 속에서 내게 시적인 삶을 보장해 주고자 모
든 노력을 기울였답니다.

| 그림 7.4 |

아마 그는 나보다도 그의 멋진 그림들을 더욱 사랑하겠지만, 나는 언제나 우리 둘을 잇는 특별한 유대가 있다는 걸 알아요. ··· 그는 그 토록 온화한 영혼을 지녔어요. 나의 비밀스런 바람은 그와 같아지 길 바라는 것이라고 고백해야겠어요. 아주 조금이라도 말이죠.

그리고 마침내 완공식 날이 되었어요. 그들이 나를 질식시키는 하얀 천을 벗겨 낸 건 1998년 9월 26일이었어요. 나의 발명가는 그 순간 정말로 감동했어요. 그의 연설은 고무되어 있었고, 표정은 너 무도 강렬했어요.[그림 7.5]. 모든 도시 관계자들이 그곳에 있었고, 심지 어 브뤼셀 대표자까지 참석했어요. 생각해 봐요, 그들도 나를 축복 한 거예요! 이 모든 것은 내가 유럽의 지도가 되었다는 사실을 매우 자랑스럽게 느끼도록 했어요. ···

| 그림 7.5 |

사실, 이 감각은 꽤 오랜 시간 내게 남아 있었어요. 사람들은 나를
주목했죠. 도시 거주자들만 그런 게 아니예요. 지나가는 사람들에
게 나와 사진을 찍어 달라고 요청하는 여행객들도 있었죠. 네, 셀피
는 아직 없었어요. … 그곳에는 나에 관한 정보가 전혀 전시되어 있
지 않아서, 방문객들은 자주 내 앞에 있는 오래된 빵집에 들어가 주
인이 견디지 못할 정도로 질문을 던졌어요! 아 아… 다른 때에도 그

랬어요. 저는 광장의 중심 지점, 매우 매력적인 장소였어요(그림 7.6).

시 당국은 제게 정기적으로 꽃을 선물하였고—저는 여전히 제가 오렌지색 꽃으로 완전하게 둘러싸였던 때를 기억해요—밤에 나의 인공 안테나 불빛 아래에서 연인들은 앉아서 키스를 했어요. 어쩌다 나의 꽃통은 비어 버리고, 꽃 대신 잡초가 가득하게 된 걸까요? 정확한 날짜를 말할 순 없지만, 점차 제 주변에 변화가 생기기 시작했어요.

어쩐지 유럽 지도 주변, 그러니까, 나를 둘러싼 분위기가 변한 것 같아요. 더 이상 어떤 관광객도, 사진도, 나를 바라보는 시선도, 내가 유럽의 지도라는 걸 아는 사람도 없어요. 몇몇 파도바 사람들은 나의 탄생에 대한 희미한 기억을 지니고 있어서 누군가가 내가 유로 통화를 기리는 기념비라고 설명하는 일도 있었죠. 농담이죠?

제2차 세계대전 당시 폭격을 경험했던 사람, 제 창조자인 그가 시민들의 눈 속에 다시 제 매력을 되살리려던 순간이 있었어요. 유럽이 노벨상을 수상하던 2012년이었죠. 당시 이탈리아 신문에서는 다음과 같은 제목의 기사를 내보냈어요. '평화가 위기를 이겼다.' 이 사건에 감동받은 그는 **유럽**과 **평화**의 연결을 상기시키는 다중언어 구절들이 새겨진 판금을 내 위에 설치하기로 했어요. 이번에는, 성공적이지 않았죠. 유감이에요.

가끔씩 나는 물어봐요. 내가 감각을 잃어 가는 중인가? 내가 확실히 알고 있는 건, 말 그대로 내가 내 조각들을 잃어 가고 있다는 거예요(그림 7.7).

| 그림 7.6 |

| 그림 7.7 |

　아주 최근에, 타일 몇 개가 부서졌어요. 그래서 열상을 좀 입었어요. 조각들이 내 수반 바닥에 떨어졌어요.[그림 7.8]. 여기서 보면 ―그 조각들 중 많은 부분이 내 지중해에서 떨어졌다는 사실과 관련이 있는지는 모르겠지만― 그것들은 **'그들의'** 유러피언 드림에 닿아 보고자 목숨을 잃은 이민자들의 몸을 닮았어요. …

　나는 늙어 가고 있나요? 조각들을 잃어 가는 게 나의 유일한 운명인가요? 내 건강 상태는 돌이킬 수 없는 건가요? 아뇨, 그냥 내겐 보살핌이 필요하다고 말하고 싶어요. 아마도 이 모든 건 날씨 때문일 거예요. 실제로 파도바의 이곳 날씨는 극단적인 온도 차를 보여요. 때로 겨울에 제가 얼어붙을 때도 있다고 말하면 믿겠지요.

| 그림 7.8 |

··· 아마도 유럽 역시 극단주의로 고통받고 있을 거예요. ··· 하지만 나는 누군가가, 역사를 아는 이에게 유럽이 더 낙관적인 단계와 더 비관적인 단계를 번갈아 가며 거치는 것은 매우 정상적인 일이라고 말하는 걸 들었어요. 유럽이 길을 잃었는지는 모르겠지만, 나는 유럽이 상상력의 단계에서 무언가를 잃었다고 말할 수 있어요. 맞아요, 유럽은 있고, 나도 있어요. 그리고 우리가 할 수 있는 최선의 방법은 일이 되도록 하는 거예요. 어쩌면 최소한의 자각을 하며 그 것의 미덕과 악덕, 허구와 현실로 우리만의 이야기를 들려주는 것도 하나의 방법일 거예요. 그리고 책임감을 키우도록 노력해 봐요. 작으나마, 바로 이곳에서, 내가 노력할게요.

한 객체에 대한 이 삶의 글쓰기가 겨냥하는 것처럼, 무생물적 사유와 그것-내레이션의 사용은 지도에 대한, 그리고 지도**로부터의** 특별한 관점을 제공해 줄 수 있다. 이 자의식적인 창의적 전략은 지도학적 신체의 바로 그 물질성에 초점을 맞추는 데에뿐 아니라, 새로운 견해들이 제시됨에 따라 지도의 권력에 대한 당연시되는 독해를 침식하는 데에도 도움이 된다. 역설적이게도, 독자들은 비인간 화자의 허구적인 삶의 이야기를 읽을 때 인간 삶의 양상을 성찰하도록 요청받는다는 주장도 있다. 그것-이야기는 실재, 정체성, 실존 등에 대한 친숙한 생각들을 재고하도록 도발하는 잠재력을 갖고 있다는 게 그 이유다(Bernaerts et al. 2014, pp. 68, 75). 우리는 비인간적 관점을 상상적으로 탐구하는 동안, 말하자면 낯설게하기를 경험하는 동안, 우리 자신의 인간적 관점을 포기하지 않는다. 코플란(Coplan 2004)이 공감에 대해 언급한 것처럼 자아-타자, 따라서 인간-객체의 분화는 언제나 유지되기 때문이다. 이 지속적인 차별화는 공감하는 이는 '그 또는 그녀 각자의 고유한 사유, 감정, 욕망을 동시에 경험할 수 있는 능력을 상실하지 않은 채' 타자의 경험을 시뮬레이션할 수 있게 한다. '그 차별화는 공감하는 이가 타자의 경계뿐만 아니라 그 또는 그녀의 경계 또한 관찰할 수 있게 해 주고, 타자의 경험의 단수성뿐만 아니라 그 또는 그녀 자신의 경험의 단수성 또한 존중할 수 있게 해준다'(Coplan 2004, p. 144). 지도의 낯설게 하는 눈으로 세상을 바라보는 실험을 함으로써, 그리고 공감을 연습함으로써, 인간적 경험과 비인간적 경험 양자는 생산적 변증법에 휘말리게 될 수 있다.

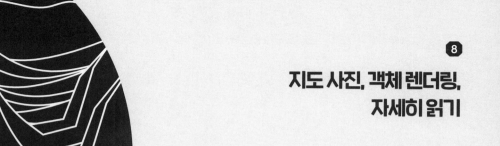

# 지도 사진, 객체 렌더링, 자세히 읽기

앞서 6장과 7장에서 문학과 내레이션에 초점을 맞춘 것처럼, 지도학의 객체성은 지도를 다룬 **언어적** 암시로 강조될 수 있다. 기존 문학적 렌더링rendering<sup>✦</sup>을 자세히 읽어 내는 것과 내러티브 장치의 창의적인 실험은 지도의 객체성에 대한 감각을 개발하는 도구를 제공한다고 주장되어 왔다. 우리가 자세히 살펴보았듯이, 지도적 에크프라시스〔시각적 예술품을 언어로 생생하게 표현하는 방식〕나 지도 자서전과 같은 장치는 지도의 사물성을 정의하는 데에 도움이 된다. 베넷의 말을 빌리자면(Bennett 2010, p. 10), 이 전략은 '비인간 [지도학적] 신체에 집중함으로써 [지도학적] 물질성 자체의 생명력에 대한 볼륨을 높이는 것'을 목표로 한다고 말할 수 있다. 이전 장에서는 지도의 **시각적** 렌더링도 하나의 방법으로 고려하고 구체적으로 적용했다. 연구 활동과 지적 논의 모두의 필수적인 부분으로서 지도학적 객체의 사진을 찍는 행위는, 포토 에세이 방법론과 에세이 스타일 또는 내러티브 스타일 모두에서 연구 커뮤니케이션의 다른 언어시각적 형식에 근간을 두고 있다.

이 장에서는 회화, 사진, 영화를 포함하여 지도의 시각적 재현에 더 자세히 초점을 맞추어 지도학적 객체의 시각적 렌더링을 탐구한다. 이 탐구는 '메타사진', 혹은 사진에 관한 사진에 대한 것이다 (Mitchell 1994, p. 35). 사실 여기서 지도는 회화, 사진 혹은 "영화라는 액자

---

✦ 평면적으로 보이는 2차원 물체에 그림자나 농도 변화 등을 주어 입체감이 들게 함으로써 실감 나는 3차원 화상을 만드는 컴퓨터그래픽상의 과정.

안의" 시각적 객체로 여겨진다. 지금까지 살펴본 바와 같이, 미학과 예술은 객체지향 존재론에서 중요한 역할을 한다. 하먼(Harman 2018)은 특히 예술을 현실에 대한 완곡한 접근 수단으로, 객체의 내면에 대한 간접적인 암시로 내세운다. '사물 그 자체가 바로 예술에 결정적인 것'(Harman 2018, p. 69)이라며, 하먼은 예술이 우리에게 모든 객체를 '나'(거기 **존재하는** 무언가)로 제시하는 잠재력이 있으며, 스스로를 실행하는 바로 그 행위에서 사물과의 미학적 접촉을 제공한다고 말한다. 시각예술은 어떻게 우리에게 지도학적 사물과의 미학적 접촉을 제공하는 것일까? 특히 지도학적 객체를 '나'로 부여할 수 있는 시각예술이라는 게 있을까? 미학적 틀 안에서 지도학의 객체성은 어떤 방식으로 강조되어 왔는가?

회화에서 얀 베르메르Jan Vermeer의 유명한 지도학적 렌더링은 본질적인 사례로, 회화에 등장하는 지도의 고대 회화적 전통의 정점으로 여겨진다(Hedinger 1986). '회화 속의 회화'라는 특정 주제로 스토이치타Stoichita는 '회화 속의 지도'라는 모티프를 연구했다(Hedinger 1996). 그는 16~17세기의 유럽 예술을 중심으로 지도 모티프에 대한 주요 해석을 다음과 같이 정리했다. **프라우 벨트**Frau Welt (세계 여인), 즉 세속성을 상징하는 알레고리적 인물의 상징으로서의 지도. "풍경화 장르의" 특정 장소와 시간을 표시하는 데에 사용되는 지도. 어떤 사회에서는 벽에 거는 다른 종류의 그림들과 더불어 지도도 일반적인 실내장식 장치로 쓰이는데, 이런 사회에서 묘사적 목적의 단순한 결과물로서의 지도. 그러나 스토이치타에게 회화 속 지도는 주로 '상호텍스트성의 실행'으로 여겨진다. 그는 지도를 그림과는 전혀 다른 기호들의 특정한 아상블라주로 다뤘다. 그 결과, 회화 속에 지도를 삽입하는 것은 다양한 재현 방식의 위상에 대한 예술적 자기-성찰을 의미한다. 그리하여 실제 모티프는 지도와 회화적 관점 사이의 형식적 불연속성이다. 다른 말로, 지도가 들어간 회화는 재현에서의 다양한 추상 수준에 대한 메타-회화적 성찰인 것이다. 특히 베르메르의 지도학적 묘사를 연구한 미술사학자 웰루(Welu 1975)에 따르면, 회화 속 지도의 의미는 그 회화의 특정한 지리적 내용에서 파생되거나 회화 속 인물과 외부 세계 간의 연관성을 제안하려는 욕망에서 파생될 수 있다. 또한 그는 바니타스Vanitas〔삶의 덧없음을 상징적으로 표현한 예술〕그림에 지도학적 소재가 포함되는 것을 세속성을 상징하고자 함이라고 제안한다.

지도학적 객체의 묘사와 그 관계적 의미에 대한 다른 성찰은, 지금까지 덜 연구된 18~19세기 '지도 예술cartoral art'의 지도 프레임을 다룬 브뤼크너(Brückner 2015, pp. 3-4)의 논의로 발전했다. 이 논의에서 앨퍼스(Alpers 1983)의 목소리는 중요하다. 그는 네덜란드 사회에서 지도 제작에 쓰이는 평범한 존재에 초점을 맞추고—얀 베르메르의《회화의 기술Art of Painting》에 담긴 지도를 참고하며—17세기 네덜란드 미술의 맥락에서 지도가 회화의 기술과 유사한 지점에서 다루어질 수 있다고 말한다. 더 최근에, 미술사학자 테데스키(Tedeschi 2011)는 17세기 네덜란드 미술에서 앨퍼스가 관찰한 예술가와 지도 제작자 간의 유비가 1960년대와 1970년대에 어떻게 다른 용어로 재등장했는지를 보여 준다[Casey 2005 참조]. 테데스키는 몇몇 이탈리아 예술가를 포함한 많은 개념예술가[어떤 완성된 상태를 의도하지 않고 창작 이념이나 과정을 중시하는 예술가]의 작품이 지리적 사유가 겪고 있던 위기, 특히 지도학적 객체성의 점진적인 불안정화와 유사하다고 말한다. 예술 실천이 무언가를 재현하는 것이 아니라 예술 그 자체의 재현적 코드를 반성한다고 보는 개념예술가들은 지도에서 이런 코드를 불안정하게 만드는, 그들이 가장 좋아하는 유형의 언어를 찾는 것처럼 보였고, 그리하여 지도 제작자가 아닌 비판적 지도 이론가의 역할을 가정했다.

특히 1980년대 이후 지도학 이론은 지도학적 언어의 기호학적 해체가 이 언어의 정치적·이데올로기적 내용에 대한 비난으로 강화되면서, 매핑이 본성상 그릇되었다는 생각을 널리 보급시켰다. 이런 점에서 브라이언 할리가 '비판적 지도학'을 발전시키는 동시에 회화 속에 그려진 지도에 대한 비판에 몰두한 것은 그다지 놀랍지 않다. 그의 유명한 저작 중 하나인 《지도, 지식 그리고 권력Maps, Knowledge and Power》에서, 할리[Harley 1988]는 예술가들이 고전 시대부터 지구본이나 구체를 주권의 상징으로 사용한 것과, 특히 르네상스 이후에는 영토 권력, 권위, 지식 및 특권의 상징으로 지도를 묘사한 것을 언급하였다. 할리에게 지도란 회화라는 정치적 시각적 담론에 내재된, 수사적이며 설득력 있는 장치를 의미한다.

그리하여 비평적 지도학의 부상과 이와 관련된 과거 회화 속에 그려진 지도의 해체에 병행하여 예술 공동체에서는 여러 실험이 이루어졌다. 이런 실험에서 예술가들은 지도가 얼마나 정치적인지 그리고 매핑이 얼마나 정치적 예술이 될 수 있는지를 탐구한다. '지도 예술' 현상의 초기 관찰자 중 한 명인 지도학자 우드(Wood 2006, p. 5)는 '예술가들에게 '예술가들에게 가해지는 지도의 거부할 수 없는 이끌림은 중립적 객관성이란 지도의 가면에서 비롯된다'고 말한다. 예술가들은 '지도가 쓴 가면을 가리킨다'. 1960년대 이후 예술가들의 작업에서 지도학적 모티프가 증가해 왔지만, 지도와 예술의 관계는 특히 지난 20년 동안 크게 변화하여 회화 이외의 시각예술 행위에서도 지도 이미지가 폭발적으로 증가했다.

예술 속 지도에 대한 섬세한 리뷰가 드러내듯이(2009; D'Ignazio 2009), 현대 예술에서 지도를 논평이나 개입을 위한 정치적 도구로 사용하는 일이 늘어나면서, 예술가들도 지도의 권력관계를 해설하는 개인적 탐구를 기록화하기 위해 지도학에 관여하기도 한다. 그에 따라 모티프의 비판적이고 정치적인 사용뿐 아니라, 지도와 매핑 실천에 접근하기 위한 더 '열려 있고', 다원적이며, 탈비판적인 방식이 점차 더 많이 채택되고 있는 듯하다. 이와 더불어 지도 예술의 물질적 객체, 그리고 지도의 영향을 받은 디지털 예술품이 담당하는 새로운 역할도 중요해졌다(5장 참조). 지도 예술, 더 일반적으로는 지도의 시각적 이미지에서 드러나는 이러한 경향은 지도학 이론의 새로운 발전과 지도와 매핑의 현상학, 구체화 및 물질성에 대한 관심의 증가와 결합되었다. 예술가와 지도 사상가 모두 지도의 본질적인 정치적 모티프에 다양한 미묘한 사고 방식과 창조적인 예술적 탐구를 더하는 것처럼 보인다. 이런 광경 안에서 지도의 객체성을 선호하는 감성은 창조적 측면뿐 아니라 해석적 측면에서도 배양될 수 있다(Lo Presti 2018 에 나타난 것처럼).

　지도를 회화라는 틀에 넣어 온 역사를 면밀히 읽을 때에도 지도의 객체성과 사물성에 대한 감성을 발견할 수 있다는 점은 주목할 가치가 있다. 베르메르의 지도에 대한 앞선 분석에서 실제로 웰루는 다음과 같이 덧붙였다. 베르메르가 의도한 상징적 의미가 무엇이든 간에, 지도학에 관한 예술가의 관심은 지도학적 상징에만 국한되지 않고 '지도학적 **물질**의 사용'에도 있다(Welu 1975, p. 543; 필자 강조). 〈지리학자 The Geographer〉로 알려진 유명한 그림에 대해, 웰루는 그림에서 옷장[실제 그림 참조] 위에 있는 거대한 지구본과 벽에 걸린 해도 외에도, 지리학자 뒤편 바닥에 있는 두 장의 말린 종이와 앞 탁자 위에 큰 종이가 묘사되어 있다고 말한다. 이 마지막 지도들과 그것들이 묘사된 방식은 다른 지도학적 장치들의 묘사보다 훨씬 더 많은 지도학적 물리적 조작감을 전달한다. 이 지도들은 분리된 상징적 특징으로 그려지지 않고 **객체로** 묘사된다. 거의 틀림없이, 객체지향 태도는 지도의 역사적 시각적 틀을 다시 읽어 내는 데에 특히 유용할 수 있을 뿐만 아니라, 덜 연구되어 온 회화 속 지도의 비수사적이고 비상징적인 렌더링의 레퍼토리를 제대로 다루는 데에도 유용할 수 있다(그 예로, Rossetto 2015, 2019 참조).

　앞서 언급한 작업에서, 할리(Harley 1988, p. 296)는 '매체가 물감에서 사진이나 영화로 바뀌어도 지도의 강력한 상징성은 남는다'고 썼다. 내가 보기에 상징으로서 지도의 시각적 렌더링에 대한 비판적 읽기는 지나치게 단순화되었다. 이것을 탈비평적 맥락에서 극복하고 자 이제 사진으로 눈을 돌려, 이탈리아의 사진작가 루이지 기리Luigi Ghirri와 그의 지도 객체에 관한 묘사를 살펴보고자 한다. 그의 사진 활동이 시작된 1970년대부터 그가 요절한 1992년까지, 루이지 기리 는 당대에 매우 흔했던 매핑 주제의 정치적인 사용과는 거리가 먼 지도 사진을 찍고 글을 썼다. 기리의 사진 속에 나타난 지도들은 지 도학의 물질성과 객체성에 대한 섬세한 인식과 명백한 지도애호적 인 태도를 특징으로 한다. 이탈리아 작가 잔니 셀라티Gianni Celati가 워커 에반스Walker Evans의 사진을 다루면서 했던 표현이자 기리가 전 유한 표현인, 말하자면 사진은 세계를 어루만지는 애무라는 표현 을 빌리자면 기리가 **지도를 애무했다**고 할 수 있다. 그는 지도를 촬 영하면서, 1973년에 한 유명한 지도학적 작업이자 첫 사진집 프로 젝트인《지도첩Atlante》에서 언급했던 것처럼, '의미의 문제에서 상 상의 문제로의 전환'(Ghirri 1999, 저자 번역)을 꾀했다.《지도첩》과 함께, 기 리는 문자 그대로 지도 객체에 진입하였다. 확대 사진을 찍을 수 있 는 35mm 리플렉스 카메라, 삼각대, 그리고 자연광을 사용하여 그 는 학습용 지도첩의 몇 페이지의 특정 세부를 점진적으로 확대 촬영 했다. 인화를 하고 나면, 시퀀스를 만들어 사진들을 마분지에 붙였 다. 이 사진들은 지도학적 묘사의 언어적 관습을 나타내지 않는다. 오히려, 자연광에 비추어진 지도 객체의 촉각적 물질성을 보여 준 다. 이 '기호 자체 안에서'(Ghirri 1999, 저자 번역)의 여행은 기호학적 성찰이 나 비평적 몸짓이 아니다. 많은 해석가들은 그렇게 주장하지만, 그것은 지도의 기하학적 공간으로부터 탈출하여 지도를 완전히 초월하는 환상적이고 신비한 차원으로의 단순한 도피도 아니다. 지도학적 이미지의 더 작은 영역을 촬영함으로써, 기리는 지도 표면에 점진적으로 접근하여 '언제나 가능한 무한한 읽기'(Ghirri 1999, 저자 번역)를 인정하며, 지도 표면을 휴식처로 변모시키는 효과를 냈다. 사진의 지표성indexicality을 통해 지도의 미시적 그래픽 질감을 렌더링하는 것은 시각적인 것을 순수한 문화주의와 의미 형성에 내재된 것이 아니라 물질로 재개념화한다. 기리의 《지도첩》은 소위 지도학적 이성이 그 규범과 규칙을 통해 어떻게 널리 작용하는지를 드러내는 것을 목표로 하는 지도의 정치적/분석적 해체가 아니다. 오히려, 보니 레싱(Bonnie Lessing, 2014, pp. 26-27)이 적확하게 지적한 바와 같이, 그 이성의 '분해, 붕괴, 점진적인 해소 과정'이다. 남겨진 것은 지도학적 사물 자체, 어떤 개물, 어떤 나인데, 이것은 이전과는 완전히 다른 관계, 실천, 경험에 진입할 수 있는 잠재성이 있다.

기리가 선언하였듯, '침묵, 가벼움, 엄격함'은 '사물, 객체 그리고 장소와의 관계를 설정'하려는 그의 시도(Ghirri 1997, p. 78, 저자 번역)의 영구적 특징이었다. 사진가 자신은 그의 '재현의 재현'(지도의 사진과 같은)이 준엄한 비판 행위가 아니라고 기록했다. 단순한 미학적 깨달음도 아니다. 그것은 지도를 향하도록 시선을 풀어놓는 것이다. 기리는 이데올로기적으로 지도의 **텍스트**text에 초점을 맞추는 것을 넘어서, 지도의 **질감 있는**textural 현현을 강조함으로써 지도의 현상학적 차원을 통합한다. 이는 지도의 감각적 공간성을 포착하는 기리의

| **그림 8.1** | 루이지 기리, 모데나, 1978 (출처: 에레디 루이지 기리)

몇몇 사진에서 명백하게 드러난다. 빛, 그림자, 지도가 위치한 실제
공간에 대한 암시를 포함함으로써, 그는 소외되고 탈맥락화된 버전
의 지도학을 생성하지 않고(지도 예술가들이 흔히 그러듯이), 오히려
지도학적 이미지를 존재의 물질적이고 일상적인 맥락으로 회귀시
키며 지도를 **장소화한다**[그림 8.1].

　기리는 몇몇 후기 작품에서 독자적으로 살아가는 개물인 장소화
된 지도를 탐구하는데, 이때 종종 인간 주체는 지도의 생생한 공간
성을 보여 줌으로써 암묵적으로 환기되는 데에 그친다. 여기서 미
첼(Mitchell 2005, p. 352)이 《그림은 무엇을 원하는가: 이미지의 삶과 사랑
What Do Pictures Want: The Lives and Loves of Images》에서 언급한 '이미지의

| 그림 8.2 | 루이지 기리, 산 마우리치오의 학교(Reggio Emilia 1985) (출처: 에레디 루이지 기리)

삶과 사랑' 역시 지도의 것일 수 있다. 실제로 '이미지에는 "그들만의 삶"이 있으며 단순히 수사적이고 의사소통적인 도구로 설명될 수 없다'는 미첼의 주장을 지도에 적용하면, 기리의 지도학적 초상화의 일면을 해석하고 지도를 다시 사유할 미묘한 단서를 얻을 수 있다. 또한 지도는 다른 비인간 개물과 인간 개물 사이에서 비인간 행위자로서 그것의 내용과 기능, 이데올로기 범주 너머의 공간에서 살아간다[그림 8.2].

나아가, 기리는 실제로 **지도 객체들의 민주주의**를 제정했다고도 말할 수 있을 것이다. 실제로 그는 마치 돌보고 싶은 것처럼 여기저기 흩어진 수많은 흔해빠진 '대중 지도'와 지도제품들을 사진에 담았다. 이 지도들은 키치적 객체들이지만, 기리가 그의 시학에서 이 용어에 부여한 특정한 의미로만 그러하다. 기리에게 키치적 객체들은 단순하게 배제되고 '보잘것없는 것들의 게토'(Ghirri 1997, p. 40)로 좌천되어 누군가가 봐 주기를 기다리는 것들이다. 5장에서 살펴보았듯이, 주변부 객체들에게 관심을 기울이는 **실용주의적** 사변적 실재론을 표방하는 사진의 가능성은 이미 객체지향 존재론 내에서 인정된 바 있다. 보고스트(Bogost 2012, p. 50)가 특히 스티븐 쇼어의 정물화 이미지를 언급하며 사용한 '시각적 존재학'은 '우리 세계에 보이지 않는 상태로 흩어져 있는 무사한 것들'을 포착하는 실천을 가리킨다. 의미심장하게도 스티븐 쇼어와 루이지 기리의 1970년대 작업들에서 중요한 관련성을 많이 발견할 수 있는데, 그중에는 평범한 것과 진부한 것에 대한 관심, 표면적이고 비위계적인 관람 행위에 대한 정당한 평가, 흑백 숭고 시대의 혁신적인 색채 시학(Taramelli 2013) 같은 것들이 있다. 이를 바탕으로, 우리는 기리의 작품에서, **지도학적으로** 보이지 않는 주변적인 사물을 포함하는 시각적 존재학의 형태를 찾을 수 있다.

기리의 작업이 증명하듯이, 사진적 지표성으로 파악되는 지도 객체의 물질성 자체가 사진적 지도 묘사의 결정적 특징이다. 그러나 예술 제작과 인터넷 세계wwWorld(Quaranta et al. 2011) 간의 격렬한 대화가 이루어지는 시대에, 우리는 이제 인터넷 디지털 매핑과 지리시각적

| **그림 8.3** | 클레멘트 발라 (출처: 구글 어스에서 온 엽서 프로젝트(2010~), 스냅사진)

도구를 다루는 사진 작품의 급증을 경험하고 있다. 지구와 거리 뷰 사진의 사례들을 살펴보며, 기우스티(Giusti 2016)는 이러한 지도에서 사진들이 표류할 뿐 아니라 다양한 사진 전략이 채택됨으로써 디지털 객체의 기본 코드를 드러내는 방식에 주목하였다. 뉴욕을 기반으로 활동하는 클레멘트 발라Clement Valla가 2011년부터 수행한 '구글 어스에서 온 엽서Postcards from Google Earth' 프로젝트는 예술가가 구글 어스로 직접 찍은 스크린 샷으로 이루어져 있다[그림 8.3].

다음에서 발라의 프로젝트를 설명하면서, 우리는 이 사진들이 어떤 방식으로 사물의 네트워크와 디지털 매핑의 물질적 기반을 드러내는 것을 목표로 하는지 알 수 있다.

나는 구글 어스 이미지를 수집한다. 나는 지구 표면의 이음매 없는 재현의 환상이 무너지는 것처럼 보이는 이상한 순간을 포착했다. 처음에는 알고리즘의 결함이나 오류인 줄 알았지만, 자세히 들여다보니 더 흥미로운 상황이라는 걸 알게 되었다. 이 이미지들은 결함이 아니다. 이 이미지들은 완벽하게 논리적인 시스템의 결과이다. 이것들은 가장자리 조건이다. 시스템 내의 이상, 비표준, 이상치, 우수리지만, 오류는 아니다. 이 혼란스러운 순간들은 우리의 관심을 소프트웨어로 집중시키며 구글 어스의 작동 방식을 드러낸다. 이 이미지들은 새로운 재현 모델을 드러낸다. 색인적인 사진이 아니라, 끊임없이 업데이트되고 끝없이 결합되어 완벽한 착시를 만들어 내는 무수히 많은 다양한 출처의 자동 데이터 수집을 통해. 구글 어스는 사진 재현으로 위장한 데이터베이스이다. 이 섬뜩한 이미지들은 우리의 관심을 그 과정 자체와 이를 생성하는 알고리즘, 컴퓨터, 저장 시스템, 자동 카메라, 지도, 조종사, 엔지니어, 사진가, 측량사 및 지도 제작자의 네트워크에 집중시킨다.(www.postcards-from-google-earth.com에서 인용)

우리는 이 예술 작업에서 지도학적 디지털 기술의 물질적 토대를 강조해야 한다고 말한 레슈친스키(Leszczynski 2009)의 주장과의 유사성을 떠올릴 수 있다. 1장에서 보았듯이, 그녀는 지리정보시스템의 존재론에 대한 철학적 질문 안에 존재적 요소들을 포함시켜야 한다고 주장했는데, 이 요소들은 기술의 본질을 가리키는 것이 아니라, 기술적 **객체들**에 있는 그 본질의 물질적 기반과 구체적 사물화를 가리키는 것이다. 알다시피 발라의 스냅사진들은 끊임없이 변화하고 지속적으로 수정되는 구글 어스 지도에서 **물질적인** 일시적 순간들을 포착하기 때문에, 사진으로서 적절하게 기능한다. 다시 말해, 지도 고유의 삶의 이력 중 하나의 상태에 대한 기억으로, 즉 '지도의 연속성 내의 구멍[들]'(Guisti 2016, p. 77, 필자 번역)로 기능한다.

그리하여 회화, 사진, 영화는 객체들이 그 기능과 지식을 언제나 초과하는 의미를 되찾는 대안적 공간으로 이동하는 영역으로 볼 수 있다. 보데이(Bodei 2009)에 따르면, 사물은 의미의 어떤 잉여를 보유하고 있는데, 사물은 의미의 잠재적이고 수수께끼 같은 핵심은 보존하면서 이 잉여를 점진적으로 방출한다. 그리고 예술은 우리의 관심을 무궁무진하고 초과하며 파악하기 어려운 깊은 핵심으로 인도하는 가장 유망한 방법이다. **영화 속 사물의 의미**(Costa 2014)와 관련하여 논하였듯이, 회화 속 객체를 이해하려는 연구는 많이 이루어진 반면에 영화 속 객체의 삶에 대한 연구는 적은 편이다. 코스타(Costa 2014, pp. 13-19)는 회화를 명확히 언급하는 특정 사례들은 차치하더라도, 미술사 문헌이나 정물화 장르 연구에서 파생된 해석 모델을 영화 연구 분야에 채택하는 것은 위험하고 오해의 소지가 있을 수 있다고 조언한다. 그 대신, 코스타는 영화의 서사와 형식적 구조 모두에 객체를 삽입함으로써, 영화가 사물을 타자의 공간으로 이동시키는 방식에 직접 초점을 맞추는 것이 더 생산적일 것이라고 제안한다. 그러기 위해서는, 코스타(Costa 2014, p. 33)의 뛰어난 영화적 '사물 읽기readings of a thing'에서 나타난 것처럼, 영화 속 객체를 자세히 읽는 일과 배경에 놓인 것들을 향하는 특수한 태도를 취하는 일이 요구된다.

콘리(Conley 2006)는 저서 《지도학적 영화》에서 영화 속 **지도학적** 객체를 완벽하게 읽어 내는 방법을 제안한 것으로 유명하다. 영화와 지도의 연결에 전념하는 특수한 연구 분야는 다양한 방향으로 발전해 왔다(Bruno 2002; Roberts 2012; Caquard and Fraser 2009; Avezzu 2015 등등 참조). 문학과 지도학(6장 참조)의 관계와 유사하게, 영화의 위치에 대한 구체적인 매핑에서 영화 경험 내에서 나타나는 인지적 매핑의 해석에 이르기까지, 영화 비평을 통한 지도학적 이론화에서부터 매핑 기술의 발전과 영화의 발전이 맺는 관계에 이르기까지, 영화와 지도학의 관계는 복잡하고 다양하다. 여기서 나는 '영화 속 지도' 연구, 즉 영화에 등장하는 공간에서 지도의 출현을 다루는 연구에 초점을 맞추려 한다. 영화 속 지도에 관한 멋진 영화 스틸 수집품을 만든 롤랑 프랑수아 랙Roland-François Lack의 영화 속 지도에 대한 방대한 실증 작업은 모두 온라인에서 이용할 수 있다.(씨네-투어리스트Cine-Tourist 2018; 씨네-투어리스트 2018에 포함된 〈영화 속 지도, 지도를 통한 영화, 지도로서의 영화maps in films or films through maps or films as maps〉 서지 사항 참조). 의미심장하게도, 대중문화에 대한 객체지향 접근법을 다룬 최근 저작에는 라노 리나레스Llano Linares(2007)가 웨스 앤더슨 감독의 영화인 '영화지도cinemap'를 다룬 장이 포함되어 있는데, 여기서 환기적 객체라는 터클(Turkle 2001)의 개념을 가지고 등장인물과 영화지도들의 관계를 연구한다.

다음으로 나는 톰 콘리Tom Conley와 영화지도에 관한 그의 글이 객체지향적 감성을 드러내는 방식에 집중할 것이다. 따라서 이 장에서는 콘리의 지도학적 시네마에 등장한 영화지도들을 읽어 볼 것이다. 이 (시각적) 객체의 언어적 표현은 다른 종류의 텍스트, 특히 시각적 텍스트의 언어적 표현인 에크프라시스 형태로 볼 수 있다. 실제로, 미술사는 단지 '에크프라시스에 기반하여 논의를 확장한 것'(Elsner 2010, p.11)일 뿐이라고 이야기되어 왔다. 형식적 분석에서부터 환기적인 묘사, 깊은 의미 분석 등에 이르기까지, 미술사는 객체에 대한 에크프라시스적이고 편향적인 언어적 설명을 제공하는데, 이러한 설명 자체도 필연적으로 예술의 형식을 띤다. 이 에크프라시스적 감성을 적용하며, 나는 영화 속 지도를 면밀하게 읽어 낸 콘리의 읽기가 **지도학적** 객체를 렌더링하는 예술의 훌륭한 사례라고 주장한다. 엘스너가 논한 미술사적 에크프라시스에서처럼, 객체의 중요성을 부각시키는 콘리의 작업은 객체에게 말을 시키도록 시도하고, 수사학적 선택을 하고, 객체의 형태와 재료를 언어화하고, 허구와 유희를 사용한다. 엘스너(Elsner 2010, p. 26)는 다음과 같이 말한다.

이것은 우리를 객체에 대항하게 한다. 완전히 언어화되는 것에 대한 장엄한 저항, 동등하게 타당하고 때로는 상호배타적인 무수한 방법으로 언어화되는 섬뜩한 능력. 묘사가 객체의 객체-성에 부딪힐 때, 중요한 것은 시각적인 것과 우리의 언어적 수사 전통 사이의 창조적 간극에서 그것을 새롭게 볼 수 있는 기회가 제공된다는 것이다.

전형적으로, 콘리의 영화 분석은 지도가 영화에 새겨진 바로 그 지점에서 실행된다. 다음 구절에서 그는 영화〈익사에서 구조된 부뒤Boudu sauvé des eaux〉(1932, Jean Renoir)의 주인공이 역사적 지도들이 진열된 창문이 있는 서점 앞을 활보하는 프레임을 묘사한다.

갑자기 여덟 개의 바로크 지도가 시야 안으로 등장한다. 모두 제라트 메르카토르Gerad Mercator, 조도쿠스 혼디우스Jodocus Hondius, 니콜라스 산손Nicolas Sanson, 기욤과 요하네스 블라우Guillaume and Johannes Blaeu의 전통에서 식별할 수 있는 2절판 지도책에서 발췌한 것들이다. 건물 전면은 배경 속 창문의 어두운 공간에 있는 포토그램을 닮은 기호들과 지도들의 콜라주 또는 연속된 전시로 보인다. … 그것들은 갇힌 공간에서 다른 공간의 존재를 불러일으키는 축소된 세계이다. 그러나 역설적으로 **평평한 깊이**를 지니며, 그것들의 부동성은 액자화된 가로지르는 차량들과 함께 작동한다. … 지도는 주변 환경을 공간적으로 읽어 내기를 유도한다. 이 이미지 영역의 모든 것은 다른 모든 것과 관련하여 동등한 가치를 가진다. … 이 지도들은 읽을 수 있다. 그것들은 먼 공간과 과거 세계에 대한 환상을 불러일으킬 수 있지만, 장식적인 표면으로서 그것들은 그들 너머의 장소 혹은 다른 곳으로 이어지지 않는다.(Tom Conley, 'Jean Renoir: Cartographies in Deep Focus', chapter in Conely 2006, pp. 41-42)

액자화된 지도에 대한 '표면적'(4장 참조) 읽기를 실행하면서, 여기서 콘리는 지도학적 객체 자체를 높이 평가한다. 이러한 자세한 읽기는 멀리서 이 지도들을 건드리는 반면, 지도들의 문화적 의미에 대한 탐구는 거절하진 않더라도 망설인다. 마찬가지로 지도의 공간적 맥락(파리, 거리, 서점)은 의미 형성 과정에 아무것도 더하지 않는다. 오히려, 그 의미는 액자 속에 들어가는 객체들의 민주적인 평등 속에서 해체된다.

동일한 장식적 '평평함'이 영화〈델마와 루이스Thelma and Louise〉 (1991, Ridley Scott)의 두 주인공이 안식을 찾는 모텔 방에 걸려 있는 세 개의 바로크 양식 벽지도에 기인한다. 다음 구절에서, 지도학적 객체는 객체와 형상 간의 유희적 병치에 관여되어 있다. 콘리는 방이라는 이 아상블라주를 렌더링하는데, 거기에는 그 어떤 상호작용 형태도 존재하지 않으며, 오직 다른 객체와 이상하게 공존하는 살아 있는 객체와 살아 있지 않은 객체만 있다.

전등갓과 걸려 있는 그물 모양 디자인의 팬던트형 원통 모양 램프 뒷쪽의 벽에는 구세계와 신세계의 거대한 평면 구형도가 걸려 있다. 각각의 원형 지도에는 거대한 두루마리꼴 장식이 새겨져 있다. …

루이스는 친구와 전화 통화를 하고 있다. 그녀는 커다란 램프와 (라벨이 전부 보이는) 밀러 라이트 병이 올려진 텔레비전 사이에 앉아 있다. 그녀는 벽에 등을 기대고 있다. … 루이스는 둘로 쪼개진 것처럼 보인다. 그녀의 머리와 어깨 그림자는 넓은 흑단 프레임으로 보아 네덜란드에서 만든 거울의 아래 모서리를 가로지른다. 그녀의 어두운 실루엣의 머리(일부는 거울에 반사되고 일부는 프레임과 벽에 비친 그림자), 어깨, 그리고 그녀 뒤쪽 오른팔은 그녀의 인간적 형태의 샴쌍둥이처럼 보인다. 그러나 동시에 카메라는 거대한 벽지도의 왼쪽 경계를 포착한다.

카메라는 이 지도를 더 강조하여 고정한다. … 우리는 이제 바로크 시대의 독특한 세계지도인 클래스 얀츠 비서Claes Jansz Visscher의 〈양반구의 세계World in Two Hemishperes〉(1617)를 명확하게 볼 수 있다. 평면 구형도 앞에 걸린 램프의 아래쪽 구는 남아메리카의 전망을 가린다. 말 그대로, 펜던트는 비서 지도의 두 구球 사이의 중앙 삼각 공간을 두 배로 늘리는 **퀴 드 랑프**cul-de-lampe◆이다.

두 장면이 지나간 후 카메라는 구도를 다시 설정하고자 뒤로 물러난다. 초기 근대 유럽의 일상 속 계절 장면으로 구성된 비서의 두 구는 배경에 있다. 펜던트 램프는 텔레비전 세트 위, 그 병목과 끝부분이 루이스의 입 근처에 있는 맥주병과 대조를 이룬다. 시퀀스 숏, 장면은 (배경에서 컨트리 음악 소리가 들려오고) 루이스가 흐느끼며 수화기에 대고 중얼거리는 것으로 끝난다. "날 사랑해?"(Tom Conley, 'A Roadmap for a Road Movie: Thelma and Louise' chapter in Conely 2006, pp. 162-165)

콘리(Conley 2006, p. 1)는 '말과 글로 뒤덮인 영화적 이미지는 지도처럼 다양한 방식으로 해독될 수 있다'고 말한다. 그는 영화에 배치된 지

---

◆ 가두 장식을 일컫는 건축 용어. 돌출된 창문이나 작은 탑 기둥을 받치는 역피라미드 혹은 역원추 모양의 독립된 작은 밑단.

도들이 영화의 시각적 내러티브에 완전히 동화될 수 없다고 말한다. 그 지도들은 영화에 나오지만 타자이다. 나아가, 그는 영화에서 지도의 발생이 유일무이하다고 말한다. 그렇기에, 우리는 그 지도들을 개체라고 말할 수 있다. 일단 객체지향적 감성으로 읽어 내기 시작하면, 지도의 시각적 렌더링은 잠재적으로 모든 지도를 어떤 초과하는 '나'로 제시함으로써, 사물성과의 미학적 접촉을 제공할 수 있다.

# 살아 움직이는 지도학 혹은
# 지도와의 대화 속으로 진입하기

유비쿼터스 디지털 매핑, 만연하는 공간 미디어, 다양한 지리시각적 수행의 시대에, 지도는 이동하고 **생명을 얻으며** 사용자들은 역동적으로 지도를 수행하고 실행한다. 지도를 이렇게 이해한다면, '살아 움직이는 지도animated map'라는 말을 내비게이션 및 상호작용과 같은 현상에 직관적으로 귀속시킬 수 있다.

한편 '살아 움직이는 지도'는 움직이는 지도를 의미할 수도 있다(Wilson 2017, pp. 69-94; Harrower 2004). 이 맥락에서 살아 움직이는 지도는 지도학적 애니메이션 기법으로 생산된 움직이는 지도이다. 1960년대부터 개발된 이런 기법은 최근에는 기술적으로 향상되어 공간의 역동적인 삶과 공간적 (빅)데이터를 포착할 수 있게 되었다. 최근에는 비디오게임과도 비교되는 살아 움직이는 지도는 영화의 움직이는 이미지와 자주 연결되었다. 1910년대 다큐드라마에서 애니메이션 지도가 처음으로 등장했기 때문이다. 카카드(Caquard 2009)가 논하였듯이, 전문적인 지도 제작자들이 초기의 살아 움직이는 지도를 만들었을 때 현대 디지털 지도 제작 기능의 대부분은 움직이는 영화지도로 구현되었다. 영화의 움직이는 이미지와의 연관성은 지도의 정서적 **삶**에 초점을 맞출 때에도 잘 드러난다(Craine and Aitken 2009 참조). 이렇게 움직이는 지도는 기술적으로 개발되고 인지적으로 분석되었으며, 최근에는 '생동감을 위한 개입'의 일환으로 역사화, 비평화 및 이론화되었다(Wilson 2017, p. 93).

그렇다면, '살아 움직이는 지도'를 일종의 살아 있는 개물로 보면 어떨까? 이는 아마도 **소마토피아**somatopias의 오랜 전통을 떠올리게 할 것이다(Lewes 1996; Magani 2004). 사실 고대부터, 예술 작품뿐만 아니라 많은 지도에서, 예를 들어 사람의 형태를 취하는 땅 형상처럼 살아 있는 신체 형상이 지도와 융합되었다. 우리는 또한 문신으로 새겨지는 지도의 사례처럼, 말 그대로 살아 있는 신체의 일부가 되는 살아 움직이는 지도 역시 참고할 수 있다(Lewis 2008). 이와 달리 비인간 매핑 주체라는 '종들species', 즉 인공적으로 지능과 감각을 갖춘 지도적 기계들도 살아 움직인다고 할 수 있다(Mattern 2018). 살아 움직이는 지도는 TV 시리즈 〈왕좌의 게임Game of Thrones〉의 첫머리에 등장하는 지도처럼, 기계화된 움직임이 부여된 어떤 지도 인공물, 일종의 지도적 자동화로도 여겨질 수 있다(Boni and Re 2017).

시각적 객체가 살아 움직이는 현상은 전통적으로 유아 발달의 전형적인 통과 단계로 간주되어 왔다. 유명한 사례로, 크리스 기포드와 발레리 월시, 에릭 위너가 만들어 2000년대에 정규 시리즈가 된 미국 애니메이션 시리즈 〈탐험가 도라Dora the Explorer〉에 등장하는 생명과 인격을 부여받은 지도가 있다. 여기서 마크 위너가 목소리 연기를 맡은 맵Map은 도라 사가의 모든 에피소드에 등장하는 남성 캐릭터이다. 그는 도라(라틴 소녀)와 소녀의 원숭이 친구 부츠의 안내자로, 그들이 목적지에 가는 방법을 알아내도록 돕는다. 도라가 맵에게 목적지를 주면, 맵은 주제곡인 〈나는 지도다I'm the Map〉를 부른다. 몇 가지 버전이 있는 가사는 이렇다. '어딘가로 당신이 가고자 한다면 나는 당신이 필요로 하는 바로 그것이에요. 나는 지도입니다! 나는 지도예요, 나는 지도예요!' 그리고 나서 맵은 도라에게 세 단계로 나눌 수 있는 간단한 시각적 방향을 제공하는데, 그중 하나가 목적지이다.

맵에게는 '리틀 맵Little Map'이라는 조카와 쌍둥이 누이 '걸 맵Girl Map'이라는 친척이 있다. 한 에피소드에서 맵은 망토를 입은 슈퍼히어로 '슈퍼 맵Super Map'이 된다. 도라의 배낭에서 둘둘 말린 종이 지도로 처음 등장한 이후, 맵도 기술적인 진화를 거친다. 이 프로그램의 HD 버전 에피소드에서는 맵이 컴퓨터로 만들어진 캐릭터로 등장하는 반면에, 스핀오프 프로그램인 〈도라와 친구들: 도시로!Dora & Friends: Into the City!〉에서는 맵이 지도 앱이 된다. 도라는 이제 종이 지도에 의존하지 않고 기기 안에서 활동하는 캐릭터와 함께 스마트폰의 지도앱을 이용해 도시를 탐색한다. 한 SF 작가 역시 도라의 종이 지도가 실제 컴퓨터 시스템으로 변환될 기술적 가능성을 궁금해했다(Friesen 2013).

나아가, 지도를 '살아 움직이게 함'을 의도하는 덜 공상적이고 덜 기발한 방법은 지도학의 행위주체와 연관이 있다. 3장에서 보았듯이, 지도가 자율적인 존재처럼 그 힘을 주장하는 지도공포중적 물신주의의 순간을 포함하여, 지도학적 이미지에 내재된 행위성agency 개념(Lo Presti 2017, pp. 81-82)은 지도 이론, 특히 비판적 지도학에 깊이 배어 있다. 그런 점에서 **지도의 힘**에 대한 강력한 비판의 부상이 예술작품의 시각적 행위성과 살아 움직임이라는 주제를 다룬 가장 영향력 있는 책 중 하나인 프리드버그(Freedberg 1989)의 《이미지의 힘The Power of Image》과 함께 시작되었다는 것은 주목할 만하다. 실제로, 지도를 살아 움직이는 이미지로 생각하는 것은 지도 연구와 이미지 이론 간의 교류를 발전시키는 데에, 특히 이미지의 행위성을 연구하는 사유 방식의 발전에 도움이 되었다. 이 문헌 전반을 통해, 우리는 행위성과 지도의 힘에 대한 초기의 비판적 지도학적 해체를 넘어서서 지도의 살아 움직임을 연구할 수 있는 다양한 방법과 양식을 발견할 수 있다. 이미지 이론에서 파생된 이런 방식과 양식은 실천을 통해 삶으로 들어오는 지도에 대한 현재의 탈재현적 개념과 유사성이 많지만, 지도학의 객체지향 접근법을 풍부하게 할 수도 있다.

최근작 《이미지 행위: 시각적 행위성에 관한 시스템적 접근Image Acts: A Systemic Approach to Visual Agency》에서, 브레데캄프(Bredekamp 2018, p. XII)는 예술사와 체화embodiment 철학의 교류를 통하여 '인간의 연구를 기다리는 수동적 개물로서의 이미지가 아니라 그 자체로 활성하는 힘으로서의 이미지 감상'의 다양한 방향을 보여 주는 이미지 행위의 현상학을 발전시킨다. 브레데캄프(Bredekamp 2018, p. 7)가 주장하듯, 고전 수사학의 행위하는 이미지imagines agentes*가 환기시키는 '살아 있고 활동하는 이미지라는 관념은 계몽주의 이후 미술사 담론에서 사실상 금지되었고, 시간이 지나면서 인류학과 민족학 영역에서 연구 대상이 되었다'. 그러나 이 개념은 재고되어야 했다. 예술 작품에 기이한 1인칭으로 말하고 움직이고 명령하는 능력, 이미지의 자율성과 독립성, 시각적 물질 개물의 활기, 그 자신의 생명이 주입된 능동적인 이미지 개념, 인공물의 잠재 능력과 생경한 힘, 자신 안으로 후퇴하여 멀리서 자신의 존재를 우리에게 말하는 것으로서의 예술 작품. 예술 객체 고유의 신체와 예술 객체의 체화, 인간에 상응하는 것

---

* 고전 수사학의 한 분야인 기억술에서 여러 이미지들의 계열을 기억나게 하는 이미지.

으로서의 이미지에의 조현attunement, 예술 작품 자체에 대한 응시와 공감, 예술 작품들 간의 대화, 객체와 관찰자 사이의 응시의 교차. 이러한 것들이 지금까지 관찰된 이미지의 살아 움직임 형식이다. 브레데캄프(Bredekamp 2018, p. 74)가 말하였듯, 이 살아 움직임은 '역설의 형태로만 설명될 수 있는 것에 대한 공식을 고안해야 하는 이론가들의 강박을 완화시키기라도 하듯 현상 그 자체의 깊이에서 나온다'. 반면, 브레데캄프(Bredekamp 2018, p. 75)에 따르면 과거에는 살아 움직이는 이미지 현상을 이론화하는 것을 꺼려 이 문제를 문학의 허구적인 영역에 맡겼지만(7장 사물-내레이션 참조), 오늘날에는 현상과 그 이론화 사이의 간극이 점차 채워지고 있다고 말할 수 있다.

실제로 예술 작품에 대해 마치 그것이 살아 있는 것처럼 반응하는 것은 풍부한 기록으로 전해지고 시대적으로나 지리적으로 널리 퍼진 현상으로서 이미지 이론 분야 내에서 심도 깊게 연구되어 왔으며, 최근 학제 간 교류와 이론적 혼성화에 대한 관심이 높아지고 있다.《예술, 행위성 그리고 살아 있는 현전: 살아 움직이는 이미지에서 초과적 객체로Art, Agency and Living Presence: From the Animated Image to the Excessive Object》에서 반 에크는 '예술 작품에 생명을 부여하는 것은 무생물적 객체와 생물적 존재 간의 경계를 초월하기에', 그리고 '이것은 인간이 이미지와 상호작용하는 방식의 보편적인 특징이기에', '이미지를 다루는 분야 간의 전통적인 경계를 넘어서는 새로운 이해를 요구한다'고 말한다(van Eck 2015, p. 13). 겔(Gell 1988)이 저서《예술과 행위성Art and Agency》에서 제안한 객체 행위성의 인류학으로 계획된 예술의 인류학을 시작으로, 반 에크는 이 연구 영역의 이전 발전과 후속 발전에 대해 논한다. 고전 수사학에서 19세기 공감의 미학에 이르기까지, 물신주의의 이론화에서 우상숭배와 우상파괴까지, 예술의 생명에 대한 아비 바르부르크Aby Warburg의 사유에서 도널드 위니콧Donald Winnicott의 이행적 대상에 관한 심리학 이론까지,* 데이비드 프리드버그의《이미지의 힘》에서 한스 벨팅Hans Belting 및 윌리엄 미첼William J. T. Mitchell과 같은 시각 학자들의 작업까지 말이다. 반 에크의 저서는 널리 퍼진 (예술)역사적 차원에 놓여 있지만, 예술 객체의 살아 움직임, 초과성, 유사생명성 또는 인격성 같은 문제에 관한 탐구는 그녀로 하여금 살아 있는 이미지 연구에서 **인류학적 전환**을 꾀하도록 이끌었다. 이는 반 에크(van Eck 2015, p. 183)의 말을 빌리자면, 이미지 학자들이 '인간 사회의 보편적인 특징으로서 객체의 초과성을 이해하기 위해 인류학자들과 협력할 필요가 있다'라는 것을 의미한다. 나아가, 나는 반 에크의 연구에서 (원)민족지학적 설명을 집중적으로 사용하는 것과 같이, 방법론적 관점에서도 민족지학이 그러한 현상을 조사하는 중요한 수단이라는 점을 덧붙이고 싶다.

본 장에서 나중에 자세히 기술하겠지만, 나는 방법론적인 관점에서 주체의 자기-내레이션self-narration, 자문화기술지autoethnography 그

---

* 이행적 대상transitional object은 대상관계 이론object relations theory 학파의 발달심리학에서 사용하는 용어로서, 가령 인형이나 담요 등과 같이 유아들이 특별한 가치를 부여함으로써 어머니로부터 분리되는 단계로 이행하게 하는 대상이다. 원문에는 데이비드 위니콧 David Winnicott으로 되어 있으나, 이는 오기로 보인다.

리고 개인 생활 글쓰기를 바탕으로 한 민족지학적인 접근법을 취하려고 한다. 어떤 식으로든, 이 방법론적인 입장은 객체지향 사상가들이 제시한 암시적 혹은 명시적인 방법론적 제안과 유사성을 보인다. 예를 들어, 모튼(Morton 2013)은 《실재론 마술》에서 특히 그림과 같은 객체에의 조현의 순간에 관한 몇 가지 자기-서술self-accounts을 제시한다. 그는 개인적 경험을 성찰하며, '어떤 종류의 정신의 혼합이 발생한다. 객체와 나 사이에 일종의 연결 고리 말이다'라고 기술한다(Morton 2013, p. 90). 방법으로서의 개인적 경험/내레이션에 대한 언급은 다음 구절에서 이해할 수 있다. '내가 알고 있는 나에 대해 예를 들어 보자. 나는 이것이 적법한 기술이라고 생각한다. … 다른 객체들 사이에 있는 하나의 객체인 나는 이 객체들의 객체성과 관련한 상당히 유용한 실마리를 바로 나의 사물 경험에서 찾을 수 있기 때문이다'(Morton 2013, p. 64). 실제로, 객체지향 철학은 브라이언트(Bryant 2011)가 객체의 행위와 힘에 대한 이론화를 수행한 파란 커피 머그잔 혹은 파랑을 하는 머그잔the mug that blues**의 생생한 사례처럼, 객체에 대한 개인적인 명상과 자기-서술을 자주 생산한다. 더 분명하게, 《생동하는 물질》에서 베넷(Bennett 2010)은 객체가 캐릭터로 등장하는 사변적인 **존재-이야기**onto-stories나 **존재-동화**onto-tales 글쓰기 같은 방법론적인 제안을 제시한다. 베넷이 말하듯, 이상하게 활력이 넘치

---

** 머그잔이라는 객체의 행위성을 강조하기 위하여 'blue'라는 단어를 동사로 사용하고 있으므로, '파랑을 하는 머그잔'으로 옮긴다.

는 사물에 대한 이런 개인적인 설명은 애니미즘이나 생기론vitalism 같은 태도를 감행할 수 있는 '전술'인 '순진함을 위한 능력'을 필요로 한다. 여기서 의미심장하게, 베넷(Bennett 2010, p. 2)은 '객체가 타자가 되는 순간'을 다루면서 미첼의 《그림은 무엇을 원하는가》를 언급함으로써, 살아 있는 이미지에 대한 앞서 언급한 시각적 연구 맥락과 중요한 연결 고리를 확립한다.

　사실 이미지 이론에서 나온 두 가지 출처, 즉 방금 언급한 미첼의 작업과 벨팅(Belting 2014)의 《이미지의 인류학: 사진, 매개, 몸An Anthropology of Images: Picture, Medium, Body》은 '살아 움직이는 지도'에 대한 나의 관심을 불러일으켰다. 비록 후자의 책은 지도를 고려하지 않았음에도 불구하고, 나는 지도 연구의 관점에서 이 책을 읽어 내려고 했다(Rossetto 2015). 신체-이미지의 관계를 이론화하며 벨팅이 이 표현을 사용하는 것과 같은 의미로 지도를 '살아 움직이게' 한다는 것은 무엇을 의미할까? 벨팅에 따르면, 고대에 이미지는 죽은 사람의 잃어버린 신체를 대체하는 동시에 (단순한 기억 수단이 아닌) 체화의 그릇 역할을 했다고 한다. 죽은 사람의 신체의 자리를 대신하는 자리표시자placeholder인 이미지는 살아 움직이게 하는 행위를 통해 삶으로 불려 와야 했다. 그 후 (고전 그리스의 이미지 개념 내에서) 이미지는 생명을 구현할 수 없게 되었다. 이미지 자체는 죽은 것이 되었고, 보는 사람과 물리적 이미지 사이에 거리가 생겼다. 벨팅은 이미지가 생명력을 품는, 이론적 세계관에 선행하는 '조형적' 세계관의 회복 가능성을 묻는다. 벨팅의 관점에 따르면, 이는 이미지(이 경우에는 지도)를 위한 살아 있는 기관으로서 우리 자신의 신체를 고려하는 것뿐만 아니라, 이미지에 일종의 물성을 부여하는 것을 의미한다. 뿐만 아니라 일종의 육체성으로 이미지를 귀속시키는 것을 의미한다. 벨팅에게 이미지 지각은 그림을 마치 생명체나 다른 종류의 신체인 것처럼 살아 움직이게 하는데, 이때 우리 몸 자체는 이미지(지도)가 거주하고 발생하며 살아 있는 감각을 획득하는 살아 있는 매체로 기능하는 것이다. 지도 사용자는 어떤 방식으로 지도에 삶을 불어넣는가? 지도를 살아 움직이게 하는 것은 살아 있는 자연을 지도에 투사하는 것과 비슷한가, 아니면 비인간의 생생한 능력에의 조현과 이해의 한 형태인가?

이어지는 내용에서 나는 지도 전문가들이 기록한 몇 가지 개인적인 서술을 간략하게 소개하고 재연하려 한다. 전문적인 활동을 하는 사람들이 지도와 대화하며 느꼈거나 느낀 사건이나 실천을 끌어내고자, 그들에게 간단한 1인칭 서술과 사진을 제공해 달라고 부탁했다. 나는 처음부터 그들의 서술이 책으로 출판될 것이라고 말했다. 리드 다나하이(Reed-Danahay 2012, pp. 147-148)는 전기적 방법론, 일기와 회고록의 민족지리학적 사용, 내러티브 민족지학을 포함하는 연구 관행을 다루면서 '어떤 매개를 거친 생애사보다는 연구 참여자 자신이 자전적이고 1인칭적 서술로 제시하는 텍스트'가 점점 더 선호되고 있다고 말한다. 그러나 나의 연구 참여자들이 만든 지도 이야기는 자서전 전체를 포함하지 않는 자기-내레이션의 한 형식이다. 실제로 이는 특정 주제 문제에 전념하는 자아의 민족지학의 발전에서 점점 더 많은 역할을 하는 짧은 내레이션 유형이다. 그 외에도, 나의

'연구 참여자의 자기-내레이션'은 '내부자 연구'(Butz and Besio 2009, pp. 1668-1669)로 간주될 수 있는 자문화기술지 형태의 저작물이라는 점에 유의해야 한다. 즉, 대부분 내가 속한 직업적 공동체에 참여하는 사람들이 쓴 것이다. 이러한 표현적인 텍스트들은 개인의 직업적 경험에 대한 '성찰적인 글쓰기 기술'의 사례들인 것이다(Buck Sobiechowska and Winter 2013). 기록된 텍스트들은 참가자들이 전경에 배치한 지도학적 대화들을 평가하는 데에 중요한 부분을 구성하는 내러티브 형식과 글쓰기의 미학을 담고 있다. 이러한 내레이션들은 지도학적 글쓰기의 새로운 장르인 '지도학적 회고록'의 간략한 부분으로도 볼 수 있다(Monmonier 2014). 노먼트(Norment 2012, p. 3)는 《지도의 기억 속에서In the Memory of the Map》라는 지도학적 회고록을 소개하며, 이것을 '욕망과 내 삶의 지도들과의 대화, 그들의 즐거움, 공리주의적 목적, 혜택, 성격에 대한 탐구'라고 의미심장하게 묘사한다. 그가 암시하듯, '지도는 견고한 사물이다. 지도는 지리의 특정한 부분을 묘사하고, 여행할 곳을 제시하고, 우리를 공간에 위치시킨다. 그러나 지도는 또한 우리에게 더 많은 것을 말해 줄 수 있다. 때로 귀청이 터질 듯한 외침으로, 때로는 가장 부드러운 속삭임으로'(Norment 2012, p. 3).

## 프란체스코 페라레세, 〈기호의 명료함〉

프란체스코 페라레세Francesco Ferrarese는 파도바대학의 기술 직원으로, GIS 연구소에서 일하는 전문적인 지도 제작자이다. 그는 (이탈리아 동북부에 있는) 몬텔로 언덕에 대한 해박한 지식이 있고, 수년 동안 그곳의 지도를 제작했다. 다음에 나오는 그의 자기-내레이션은 그의 삶의 과정에서 지도와 맺은 관계에 대한 자전적 스케치와, 그가 1990년대 초에 어떻게 첫 번째 몬텔로 수치표고 모델을 만들었는지를 설명한다(Ferrarese, Sauro and Tonello 1998). 마지막 부분에서 그는 하루 종일 마주하는 모니터를 시적 형식으로 다룬다.

　나는 지도 제작이나 지도를 얻게 되는 공간적 데이터의 정교함에 대해서는 말하지 않겠다고 밝히며 글을 시작하려 한다. 이는 마치 내밀한 신중함에의 감각 때문에 내가 나의 영혼을 만족시키고 고요한 기쁨을 느끼며 나의 일부를 표현할 수 있게 하는 보물 상자를 열지 못하는 것과 같다.

　내가 처음으로 알게 된 지도는 학습용 지도들과 이탈리아 관광클럽의 초기 지도책에 담긴 거리지도들이었다. 여기서 나는 수송로가 있는 이탈리아를 발견할 수 있었고, 낯선 산들에 도달할 수 있었다. 그 거리는 지도 범례의 마지막 부분에 표시된 것처럼 노란색이나 흰색으로 연속선 또는 점선으로 경계가 둘러싸여 있었다. 마지막 고립되고 일부 탐험되지 않은 공간, 아직 오지 않은 어린 시절 나에게 열린 길…. 나는 언제나 그림 그리는 것을 사랑했다. 빈 페이지가 펜이나 연필로 추적한 지리적 공간으로 변형된 고등학교 시절의 책들이 이를 증명한다. 허구의 군사행동을 상상하면서 그린 첫 번째 지도를 기억한다. 복사가 불가능했던 시절, 나는 마분지 종이로 재현한 기본 지도의 언덕길 풍경을 렌더링하려고 등치선으로 지형 기반을 고안했다. 군 복무를 하던 시절, 나는 [이탈리아에서 지도의 권위 기관인] 군사지리연구소에서 첫 지도판을 보았다. 충족시킬 수 없는 호기심을 자극하는 접혀진 객체들…. 대학 인문학부에서 지리적 연구 계획을 선택했을 때 나는 그 지도를 다시 발견했고, 결코 잃어버린 적 없지만 내 삶에 의미를 부여하거나 적어도 방향을 제시하려고 노력하는 동안 잠시 내게서 분리되어 있던 언어를 찾았다.

그러고는 나는 내가 사랑하는 몬텔로 언덕, 내가 선택한 존재의 공간, 어린 시절을 보낸 방처럼 수수께끼로 가득 차 있으면서도 고요한 그곳에 도착했다. 나는 즉시 그것의 표면적 수수께끼, 카르스트 지형에 매료되어 탐구했다. 처음 받았던 1:5000과 1:10000 축척의 지역 지도가 미출간 상태였기에 투사지에 그려졌던 걸 기억한다. 마치 몬텔로 지역의 모든 백과사전 같은 보물을 얻은 것 같았다. 소수의 특권을 얻은 사람들 사이에서, 나는 그 기호, 공간, 각도, 기하학적 관계, 이름들—흐릿하거나 덧씌워진 이름들의 믿기지 않는 원천인 그 아름다움을 붙잡고 있었다. … 내가 현장에서 한 발자국씩 걸어다니고 미터마다 입체 사진을 들여다보았던 그 지도들에서, 나는 첫 번째 DEM(수치 표고 모델)을 추출했다. GIS 환경에서 8메가바이트의 램이 장착된 486 컴퓨터로. … 나는 수동으로 지도 원본에서 등치선을 투사지에 그려 넣었다. 그리고 나서 A3 포맷의 그래픽 태블릿으로 한 번에 4제곱킬로미터씩 그것을 디지털화했다. … 그래픽 재현의 직접적 해독에서 나오는 열정, 해석의 자유와 의무 덕분에 인내심을 가질 수 있었다. 그때 나는 '너는 절대로 똑같은 지도를 읽는 것을 끝낼 수 없을 거야, 왜냐하면 예술 작품처럼, 그들은 어떤 다시 읽기도 거부하기 때문이지'라는 말을 깨달았다. … 나는 GIS에 도입된 데이터를 기억한다(1990년대 초반이었다), 피로감, 시도들, 시험들, 시험에 거친 시험들… 그리고 아직 결과는 나오지 않았다. 싱크홀의 밀도를 담은 지도들은 너무나 뚜렷하고 간결하고 분석적이며, 내가 거기에서 기울인 노력을 거의 짧은 메아리로 외치듯이 그 자체로 말할 수 있는 것들이었다. 그 위에서 내가 수행한 노력들 말이다. 모든 것, 2천 개의 싱크홀이 있는 2천 개의 지역들, 단 하나의 이미지에 담긴 모든 것들[그림 9.1].

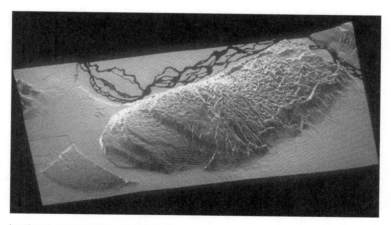

**| 그림 9.1 |** 이탈리아 몬텔로 언덕 DEM(수치 표고 모델)과 피아베강의 SE로부터의 3차원 뷰. 투시도는 E-W 방향(IDRISIGIS TM)의 등거리 측면도로 구현되었다. 그 당시(1995년) 어떤 프린터도 더 나은 방식으로 이미지를 구현할 수 없었기에 이 사진은 모니터 화면을 찍은 것이다. (출처: 프란세스코 페라레세)

모니터,

발사되는 색깔들 혹은,

같은 말이겠지만,

이 정교한 색깔들,

온화해지려는 메시지,

경건하기까지 하지,

채워지지 않는 지식들로

지속되는 그 모든 것의 망상으로

글로 남는다

아 존재하지 않는 공간, 거의 알아볼 수가 없다.

내 손을 들어 줘,

내 신호를 따라가

―그러니 여전히 작은 기하학―

설명을 하거나

더 낫게는,

나의 작은 우주를 소개하는.

그렇지만, 신의 무엇인가가 거기 있어

그 한 장의 이미지 속에.           [이탈리아어를 저자가 영어로 번역]


## 사라 루체타, 〈문학적 매핑 실습〉


문학지리학/지도학 박사논문을 쓴 사라 루체타*Sara Luchetta*는 2016

년 파도바대학교 현대문학 학사 과정에 등록한 학부생들을 대상으로 8시간에 걸친 문학적 매핑 실습을 진행했다(Luchetta 2018 참조). 그녀는 워크숍에서 문학 매핑 분야에 대해 소개하고 학생들이 구성해야 하는 짧은 이야기들을 들려주었다. 사라는 나에게 다음과 같은 자기소개를 제공했는데, 그 설명은 겉으로 보기엔 어울리지 않는 물질적 신체를 지닌, 손으로 만든 지도 객체들이 어떻게 문학적 지도로 설명될 수 있는지 그리고 그것들이 담고 있는 이야기를 들을 수 있는 대화를 열어 갈 어떤 방식의 힘을 지녔는지를 다룬다.

내가 처음으로 학생들이 만든 문학 지도를 마주했을 때 가장 먼저 든 생각은 '이런 뜻이 아니었어'이다. 문학 지도 제작 워크숍에서는 나는 학생들에게 창의적인 지도, 종이와 잉크의 지도학, 디지털 매핑 환경에 대해 말했다. 나는 그들에게 창의적인 매핑의 시선으로 문학적 텍스트를 다루어 보자고 했고, 텍스트의 내러티브 특성을 매핑하는 데에 어떤 도구를 사용하든 자유롭게 느끼라고 했다. 워크숍이 끝나고 한 달(학생들에게 지도 제작 결과물을 작업하게 한 기간)이 지난 후, 학생들이 만든 문학 지도들을 받아들고 깜짝 놀랐다. 첫째, 거의 모든 지도들이 거대했다. 간신히 팔에 안을 정도였다(보관할 곳도 없었다). 둘째, 거의 모든 지도가 가위, 연필, 마커, 접착제, 모델링 점토로 만들어졌다. 지도들은 다채롭고 입체적이었으며 —내가 잘못 생각한 것이지만—유치했다. 셋째, 대부분의 지도들이 지도가 아니라 회화, 콜라주 그리고 모든 종류의 그래픽 요소로 가득 찬 거대한 물건이었다. 첫인상은 일종의 거부였다. 학생들에게 그런 결과물을 만들도록 지도한 사실이 창피했다. 나는 학생들이 '학문적인' 결과물이 아닌 작업에 시간을 낭비했다고 느꼈다.

다행히도, 학생들은 지도와 함께 그래픽 구성을 설명하는 간단한 보고서를 제출했다. 그 논문들은 문학적 매핑 경험에 대한 나의 해석을 안내했지만, 무엇보다 내가 그 지도들을 수용하는 데에 도움이 되었다. 설명을 읽으면서, 나는 내 그릇된 예상을 넘어 그 지도들이 말하게 하겠다는 의지를 갖고 지도를 응시하기 시작했다. 점토로 만들어진 산, 작은 3차원 집, 표면에 흩어져 있는 나무 그림들을 응시했다[그림 9.2].

객체들의 물질성은 '지도학'적인 것으로 받아들이기 어려웠지만, 동시에 학생들의 매핑 경험을 드러낼 수 있었다. 나는 그 지도들이 지도인 것처럼 바라보기 시작했고, 지도가 만들어진 문학적인 단편

| 그림 9.2 | 오스테리아 디 콘파니(Mario Rigoni Stern의 단편 〈눈 내리는 길Sentieri sotto la neve〉 1998)의 문학 지도. 파도바대학 학부생들 제작, 2016 (출처: 사라 루체타의 사진)

소설뿐만 아니라 이야기를 할 수 있었다. 따라서 첫 번째 거부 이후에 그 별난 객체들이 지리학적 지식 생성에서 문학적이고 창조적인 매핑이 하는 역할에 대한 이론적 성찰에 있어 흥미로운 부분이라고 생각하기 시작했다. 그 순간부터 생각이 바뀌어, 학생들의 지도가 자랑스러워지기 시작했다. 그 지도들은 나중에 저널 논문(Luchetta 2018)으로 이어지는 구조화된 성찰을 탐구하는 물질적 출발점이 되었다. 그 지도들의 물질성(더불어 주목할 만한 크기)이 내 일상에 들어왔고, 지도 제작에서 창의성이 하는 역할을 매일 질문하게 되었다. 나아가, 그 지도들은 지도학에 대한 나의 사유를 되짚어 보게 했다(이 물음은 여전히 진행 중이다). 이제 나는 그 지도들에 대한 나의 첫인상과 거부에 대해 다소 죄책감을 느끼면서도, 이런 인상과 거부가 내가 그 지도들의 가치를 이해하는 데에 도움을 주었다고 고백해야겠다.(원문 영어)

## 실비아 E. 피오반, 〈셔먼 W.T.〉

실비아 피오반Silvia E. Piovan은 통합된 지리사적 관점에서 습윤 환경에 초점을 맞춘 지리그래픽정보 시스템을 연구하는 파도바대학의 지형학자이다. 최근 작업(Piovan, Hodgson and Luconi 2017)에서 그녀는 셔먼 장군이 지휘하는 북군이 남북전쟁 당시 사우스캐롤라이나 습지를 통과한 경로를 조사했다. 경로에 대한 설명은 셔먼의 회고록과 남북전쟁 시대의 지도에서 가져왔다. 1865년 당시 국립습지목록 데이터베이스의 역사적 기반 위에 습지와 하천을 대표하는 지리정보

시스템GIS의 데이터베이스가 구축되었다. 이어 사우스캐롤라이나의 군 경로와 습지의 교차점을 분석했다. 내가 지도와 GIS의 대화를 말해 달라고 청했을 때, 실비아 엘레나Slivia Elena는 여행 저널, 전문일지, 창의적인 책을 혼합한, 그녀가 항상 가지고 다닌 공책을 들고 사무실을 방문했다. 그녀의 자기–서술에서, 그녀가 연구 중에 마주친 역사적 지도는 '초대적인' 측면을 보여 주며, 그녀를 엄격한 전문적인 경계를 넘어서 신화적 인물, 환경 인식, 공상적인 대화들의 아상블라주—살아 움직이는 지도학적 콜라주로 물질화된 아상블라주 (그림 9.3)—로 이동시킨다.

| **그림 9.3** | 미국 남북전쟁 당시 셔먼 장군의 군대가 사우스캐롤라이나 습지를 지나며 행군하는 모습을 그린 환상적인 지도 콜라주 (출처: 저자 사진)

미국 남북전쟁에서 셔먼의 군대가 걸어온 길에 대한 내 연구는 지도에서 시작되었다. 몇 년 전 온라인에서 미국 남부의 역사 지도를 찾다가 에드워드 루거Edward Ruger의 1865년 군대 이동 경로 지도를 발견했다.

당시 나는 습지를 표시한 지도를 찾는 중이었는데, 더 많은 것을 발견했다. 셔먼의 군대가 미국 남동부를 관통하는 경로는 수많은 늪, 연못, 습지, 사우스캐롤라이나의 강을 건너며 마주쳤던 도전과 어려움, 꿈에 대해 호기심을 갖게 만들었다. 나는 군인들과 함께 그 길을 가로지르며 마음으로 여행했다. 이 경험은 내가 지도, 사진, 그림, 일기, 회고록 같은 더 많은 것을 찾아보고, 그 사람들의 삶과 환경의 관계를 탐구하도록 만들었다. 그렇지만 그 지도는 나를 더 멀리 데려갔다. 나는 윌리엄 테쿰세 셔먼William Techumseh Sherman의 길과 그의 인생, 꿈과 악몽에 대해 궁금해지기 시작했다. 하지만 그중 일부는 문서에 기록되거나 그려지지 않았다. 그래서 지도를 보고, 목화 농장과 숲이 우거진 습지 사이에 있는 잃어버린 장소에 가서 '빌리 아저씨'라고 불리던 셔먼과 그의 말 렉싱턴을 만나고 그로부터 들었다. '전쟁은 지옥이다'.(원문 영어)

## 로라 카날리, 〈하얀 종이〉

로라 카날리Laura Canali는 1993년부터 지금까지 '라임스: 리비스타 이탈리아나 디 지오폴리티카Limes: Rivista Italiana di Geopolitica'(국제관계 분야의 우수 간행물이자 이탈리아의 저명한 여론 형성 저널)에서 3,500개의 지정학 지도를 제작한 전문적인 지도 디자이너이다(Boria and Rossetto 2017 그리고 웹사이트 www.limesonline.com 참조). 지도를 만들 때 색상을 사용하는 것은 그녀의 개인적인 스타일의 중요한 특징이며, 나는 이미 그녀의 '색채지도학'을 민족지학적으로 연구했다. 브레데캄프(2018, p. 212-232)는 '색채의 자율적인 민첩성'을 성찰하여 살아 움직이는 이미지의 표현에서 색채의 중요한 역할을 강조한 바 있다. 여기서 로라는 자신이 상상하며 만드는 지도에 관해 기술하는데, 특히 활기찬 디지털(그리고 인쇄된) 지도들의 물질적 창조에 협력하는 색채들을 이야기한다(그림 9.4).

나의 지도가 내 머릿속, 나의 상상 속에만 있는 순간이 있다. 내 앞에는 하얀 종이 한 장만 있다. 그렇지만 나는 이미 볼 수 있다. 그 중심과 경계선이 보인다. 어떤 색을 고를지도 상상한다. 물론 마지막 순간까지 색상의 조화를 수정하기는 하지만. 가장 적절한 상징과 기호들을 골라 내고자 다시 한 번 고민하는데, 그것들이 내가 지도에 나타내야 하는 정치적 역학에 힘을 실어 줄 것이기 때문이다. 나는 국경과 해안선, 즉 내가 그려야 하며 그 안에 내 지도의 심장이 포함될 저 지리적 요소들을 따라가면서 이 시간을 보낼 것이다. 국경과 해안선을 그리는 것은 매우 편안한 순간으로, 순수한 그림 그리기의 행위이기에 근심이 없다.

이 지점에서 지도는 흰 바탕에 검은 선으로만 이루어져 있다. 이

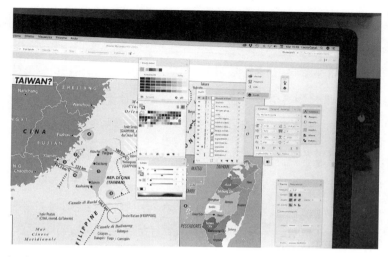

**| 그림 9.4 |** 로라의 컴퓨터 모니터에 띄워진 지도 색상 (출처: 로라 카날리의 사진)

미 아름답다. 이 검은 기호들은 내 색채의 제한선, 내 색채를 담을 경계가 될 것이다. 색채의 진정한 힘은 그것들의 아상블라주에, 모든 것의 균형에 있다. 색채들은 몇몇 특정 부분을 강조해야 하지만 충돌하지는 않아야 한다. 이는 마치 물체를 주의 깊게 관찰하기 위해 들어 올리는 것과 같다. 색채는 사람들이 보도록 초대하고, 지도가 묘사하려는 이야기로 시선을 안내하는 무엇인가를 제공하기 위해 존재한다. 끊임없이 변화하는 지구 위의 칠해진 길….

나의 지도는 밝고 대담한 색채들로 가득 차 있을 것이다. 누군가는 팝컬러라고 말할 수도 있겠다.

나는 종종 색깔로 손을 더럽힌다. 나는 그것들을 섞고 그것들이 검정색과 만났을 때 일으키는 반응을 알고 있다. 엄청난 일이 될 수도 있다. 순수한 노란색이 최소한의 검정색과 접촉할 때, 그것은 따뜻하고 태양 같은 것에서 멀어진 채 산성이 되고, 해로워지고, 사악해진다. 대신 청록색과 검은색을 섞으면 깊이감을 높일 수 있다. 청록색이 훨씬 더 흥미로워진다. 그렇지만 자홍색도 약간 필요하다. 이렇게 하면 진한 파란색이 생동감을 얻을 수 있기 때문이다.

대신에 녹색… 모든 역동성을 멈추게 하는 색이다. 나는 청록색을 높이고 노란색을 줄이는 것을 선호한다. 맞다, 아쿠아마린색에 닿을 정도로 말이다. 이것이 내가 지금 젊은 지도에 사용할 수 있는 유일한 녹색이다. 그렇다, 바로 지금 이 순간에 그리고 있는 것이다. 필요하다면 이 아름다운 아쿠아마린색을 사용하고 검은색을 더해서 두 가지 색을 얻을 수 있다. 이런 경우엔 거의 지도 밖으로 질주하는 신선하고 빠른 녹색이 유용할 수 있다. 운 좋게도, 언제나 검은색 선이 이를 멈추게 한다. 그렇지 않으면 종이 밖으로 범람할 수 있다.

나는 빨간색을 사랑한다. 그것은 항상 나를 유혹한다. 나는 그것을 모든 음영으로 지도에 넣고 싶다. 아니다, 아니다. … 하지 않는 게 낫겠다. 빨간색은 그냥 여기저기서 튀어나와야 한다. 그것은 눈을 상하게 하기 때문에 넓게 쓸 수 없다. 즉시 피난처를 찾게 된다. 그것은 경고를 하고 그리고 … 자만에 차 있다, 첫 번째로 눈을 사로잡는다. 다른 색상과 섞을 수 없다. 귀뚜라미처럼 튀어나오기에, 거부할 수 없다. 특수 경계선을 추적해야 한다. … 화살표, 동그라미, 폭발 기호. 가장 먼저 주목할 것이다. 그것은 무엇보다도 가장 새롭고 역동적인 사실들을 가리키는 데에 있을 것이다.

그리고 보라색이 나온다. 매우 문제적인 색깔로, 검은색에 가깝다. 애도의 문양. 나는 그것이 거만해 보이기 때문에 멀리한다. 그렇다, 나는 그것이 자신으로 가득 차 있다고 말해야 한다. 하얀색으로 칠하면 약해진다. 나는 그 자체로 노란 자국들에 좋은 동료가 될 수 있게 그렇게 한다. 너무 부드러워졌으니, 내가 그 위에 올릴 빨간색 상징들을 집어삼키려는 시도는 더 이상 없을 것이다.

이렇게 그림 그리기와 색칠을 마쳤다. 파티는 끝나지만, 곧 다른 단어들을 번역하여 읽고 다른 지도들이 코끝에 맺혀서 또 다른 하얀 종이 위로 내려올 준비를 할 것이라는 것을 나는 안다.[이탈리아어에서 저자가 영어로 번역]

반 에크가 이미지 연구의 관점에서 주장하는 것처럼(van Eck 2015, p. 182), '거리를 창출하려는 경향과 삶으로 귀속시키려는 경향 사이에는 재현하는 인간homo repraesentans과 살아 움직이는 인간homo animans의 갈등이 지속적으로 존재한다'고 할 수 있다. 나의 참여자들이 만든 자기-내레이션은 **지도학적 이미지**가 적절한 사례임을 보여 준다. 지도는 재현이지만, 또한 다양하게 움직이기도 한다. 〈탐험가 도라〉가 지도에게 말을 건네는 애니메이션 장면은 지도 존재와 인간 존재 간의 대화를 가장 분명하고 공상적으로 현실화한다. 우리는 지도와 사람의 공존에서 발생하는 다른 종류의 대화를 상상하고 경험하고 사유해 볼 수 있다. 미첼이 《그림은 무엇을 원하는가》

에서 제안한 것은, "'살아 움직이는" 존재, 유사행위주체, 모의적 인격으로서 그림이라는 구성적 허구는 마치 그림에 느낌, 의지, 의식, 행위성, 욕망이 있는 것처럼 자신의 삶과 사랑을 가진 개체로서의 이미지 자체(우리는 지도를 포함해야 한다)에 초점을 맞추는 것이다 (van Eck 2005, pp. 46, 31). 이러한 접근법에 대해 미첼은 '대화의 시작 또는 즉흥 연주로의 초대'라고 쓴다(van Eck 2005, p. 49). 우리 대화를 시작해 볼까요?

# 지도와 지도의 대면

## : (차량 내) 내비게이션, 공존, 디지털 타자들

디지털로의 변환은 우리가 지도학을 사유하고 실천하는 방식에 막대한 영향을 미쳤다. 그렇기에 우리는 습관적으로 지도보다는 매핑, 고정된 시선보다는 유연한 탐색navigation, 멀리 내다보는 시선보다는 체화된 수행, 안정성보다는 다사다난함, 정체보다는 역동성, 재현에의 수동적 노출보다는 몰입적인 상호작용을 경험하고 이론적으로 강조한다. 이러한 현상은 특히 최근 지도학의 대중적 인지도에서 중요한 역할을 맡고 있는 차량 내 위성항법장치Sat Nav(Noronha 2015)에서 뚜렷하며, 본 장에서 이 사례를 다뤄 보려 한다. 탈재현적 지도학의 현재 패러다임(Doge, Kitchin and Perkins 2009)에 따라, 매핑 실천은 근본적으로 관계적인 것이 되었다. 맥락의존적이며, 창발적이고, 언제나 다시-만들어지고, 가장 중요하게는 '관계적인 문제를 해결하기 위해 활성화'(Kitchin and Dodge 2007, p. 1) 되기 때문이다.

3장에서 보았듯, 객체지향 존재론에서 가장 논쟁적인 측면 중 하나는 바로 **비관계주의**non-relationalism다. 실제로 객체지향 존재론은 대개 관계적인 존재론, 시스템 지향 개념, 과정 혹은 아상블라주 이론과 거리를 두는 이론적 입장으로 간주된다. 간단하게 말해서, 객체지향 존재론은 사물을 관계**로서** 사유하기보다는 사물 그 자체와 그것들의 분리, 붙잡기 어려움, 물러나 있는 본성에 집중한다. 하먼(Harman 2011a)은 비관계적 실재론에 대한 그의 지지가 객체가 관계로 진입한다는 사실을 부정하는 것이 아니라고 명시했다. 샤비로(Shaviro 2011)에 응답하여 쓴 글에서, 그는 다음과 같이 적었다.

한편으로 내 입장과 다른 화이트헤드Whitehead와 라투르 입장의 주요 차이점은, 내게 객체는 그것들이 지닌 모든 관계와 별개로(그리고 그들의 우유성, 질들, 계기들과도 별개로. 여기서는 단순하게 이 정도로만 이야기해 두자) 고려되어야 하는 것이다. 이는 객체가 절대 관계로 들어서지 않는다고 생각한다는 **뜻은 아니다**. 내 철학의 모든 목표는, 외견상 불가능해 보임에도 불구하고 관계들이 어떻게 일어나는지 보여 주는 것이다. 나의 요점은 간단히, 객체가 그들의 관계보다 더 심오하며, 관계로 용해될 수 없다는 것이다. 내가 이렇게 말하는 이유 중 하나는, 객체가 현재 관계로 완전히 식별될 수 있다면 어떤 것도 변화할 이유가 없기 때문이다. 모든 객체는 다른 모든 사물을 현재 다루는 것으로 소진될 것이다. 실재는 잉여를 포함하지 않으며, 그렇기에 그것이 지니는 관계들에서 완벽하게 결정될 것이다. 내가 보기에, 이는 화이트헤드와 라투르의 존재론이 지불한 주요 대가이다. 만약 객체가 현재 사태 이면에 도사리고 있는 어떤 것이라는 점을 부정한다면, 변화를 제대로 설명할 수 없는 입장에 처하게 된다.(Harman 2011a, p. 295)

그렇기에 객체가 비관계적 실재로서 항상 현재 관계들로부터 무언가를 유보한다고 말하는 것은, 하먼에게는 객체를 언제나 새로운 관계에 들어갈 준비를 시킨다는 의미다. 다른 말로, 객체의 물러남은 역설적으로 객체를 역동적으로 만드는 것이다. 베넷(Bennett 2012, p. 227)은 '객체나 그 관계 사이에서 선택할 필요가 없을지도 모른다'며 객체지향 존재론의 비관계주의를 언급했다. 그녀는 '한번에 두 가지 모두에 똑같은 관심을 기울이는 것이 불가능할지라도 … 객체와 관계 모두를 돌아가면서 이론적 관심의 초점으로 만드는' 프로젝트를 진행시켰다. 베넷(Bennett 2012, p. 230)에게 객체지향 존재론 사상가들이 말하는 **사물-그 자체** 주장은 근본적으로 인간-예외주의human exceptionalism에 대응하고 객체-지향성을 강조하기 위해 채택한 일종의 '수사적 틱〔경련〕'이다. 그러나 이와 똑같은 객체-지향성이 베넷에게는 물질적인 객체와 신체의 **아상블라주**에 대신 초점을 맞추도록 이끌었다. 그녀는 사물의 네트워크가 폐쇄되거나 소진되지 않고, 어느 정도 창의성을 가진다고 말한다. '사물뿐 아니라 시스템도 과소 결정된 잉여를 수용할 수 있다'(2012, p. 231). 앞서 보았듯이(3장 참조), 객체지향적 사유의 일부 버전은 다른 것보다 아상블라주와 네트워크에 더 관심이 있는 반면에, 비관계적 사고와 관계적 사고의 결합을 제안하는 철학 외부 학문 분야에서 많은 개입이 등장했다(Fowler and Harris 2015 참조). 이런 논의에 비추어 볼 때, 나는 특히 **공존**이 생산적인 용어라고 생각한다. 이 장에서는 인간과 비인간 개물이 함께 존재하지만 서로의 관계나 협력으로 소진되지는 않는다는 사유 방식으로 쓰인다. 모튼(Morton 2013, p. 113)이 말하였듯,

**존재는 바로 공존이다.** 존재가 공존이라는 것은 사물이 단지 그 관계로 환원된다는 의미가 아니다. 오히려 물러남으로 인해 객체가 그 나타남으로 결코 소진되지 않는다고 주장하는 것이다. 이는 왜곡, 틈

새 또는 공백으로 경험할 수 있는, 언제나 남겨진 무엇인가가 있다는 의미다.

이 장은 인간에 대해 말했듯이 '공동 현전과 협력은 매우 다른 두 가지'(Amin 2012, p. 59)이기 때문에, '함께함togetherness'에 대한 미묘한 이해를 제시하는 것을 목표로 한다. 나아가, 공존의 관점에서 사유하는 것은 객체를 주체와 반드시 연관시킬 필요가 없다는 비상관주의적 입장을 수용하고, 대신에 객체가 '내가 아닌 것'임을 인식하도록 돕는다(Morton 2013, p. 135). 이런 의미에서, 공존 개념은 현상학적 문제에도 영향을 미친다. 실제로, 관계적/비관계적 차원은 객체지향 존재론과 행위자-네트워크 이론 또는 기타 관계적/아상블라주적 이론 간의 비교에서만 필수적인 것이 아니라, 객체지향적 입장과 현상학의 비교에서도 중요한 역할을 한다.

최근 지리학 분야에서, 포스트현상학은 특히 사변적 실재론와 객체지향 존재론 문헌의 영향을 받아 객체가 인간에게 나타나거나 사용되는 방식을 벗어나 자율적 삶을 가진다는 점을 인식함으로써 현상학과 비판적으로 관련된다(Ash and Simpson 2018, 2016). 하먼에 따르면 (Harman 2011b, p. 139), 현상학에서 주체와 객체는 말할 수 있는 모든 상황에 언제나 참여자로 남아 있는 반면, **객체 간**의 관계는 고려되지 않는다. 그러나 포스트현상학의 현재 형태는 객체-객체 관계뿐만 아니라 사물의 행위성을 진지하게 고려하는 동시에 그것을 중심에 두지만 인간을 무시하지는 않는 방식으로 현상학을 객체지향 존재론의 이론적 중요성과 병합시킨다. 이 장에서 취하는 추가적인 이론적·방법론적 입장은 애덤스와 톰슨(Adams and Thompson 2016)이 디지털 기술 연구에서 행위자-네트워크 이론과 현상학을 혼성화한 것이다. 내가 참고한《포스트휴먼 세계 연구: 디지털 객체와의 인터뷰 Researching a Posthuman World: Interviews with Digital Objects》는 기술적인 객체들을 조사하기 위해 체험적 방식을 제안하는 저서이다. 애덤스와 톰슨의 연구는 주로 객체와 관련되어 있지만, 아상블라주·네트워크·그물구조meshwork와 같은 관계 개념의 사용이 두드러진다. 그들이 쓴 것처럼 '사회물질적인 관점은 사물을 연결과 활동의 결과로 보기 때문에 출발점은 개물 그 자체가 아니다'. '문제는 객체를 고립된 것으로 보는 것이 아니다'(Adams and Thompson 2016, p. 38). 반면에, 행위자-네트워크 이론은 기술과 생활세계에 초점을 맞추고 '인간 주체와 관련된 물질 객체의 체화되고 감각적이며 해석학적인 측면을 추적'하기 위한 관점을 사용하는 현상학과 결합된다(Adams and Thompson 2016, p. 10). 이러한 이론적·방법론적 혼성화를 관찰한 후에는 **매핑, 실천, 관계성**에 대한 강조가 **지도, 존재, 객체성**에 대한 사유와 함께 발생할 수 있음을 보기 위해 지도학으로 전환하는 것이 더 쉽다.

위성항법장치와 관련한 연구들은 인지적인 것을 넘어서는 관점에서, 인간-공간 상호작용, 인간-장치 상호작용, 그리고 최근에는 인간-인간 상호작용에 초점을 맞추게 되었는데, 이때 아상블라주, 관계, 창발 이론을 주로 사용하면서도 객체에 대해 점점 더 관심을 기울이고 있다. 운전 실천의 체험적 요소를 강조하고 나아가 운전자가 자신의 개인화된 체험을 형성하는 다양한 기술들을 큐레이팅하는 방식을 강조하면서, 더건(Duggan 2017, p. 142)은 차량 내 매핑 실행을 '운전의 사회적-기술적 실천을 통해 창발하여 서로 접속하는 만남들의 폭넓은 아상블라주의 일부'로 읽어 낸다. 이런 점에서, 매핑 인터페이스는 다수의 아상블라주 내에서 다른 많은 사회기술적 인터페이스와 함께 일상적 실천을 공동 구성한다. 더건은 민족지학적 연구에서 차량 내 내비게이션 실행을 이해하는 데에 아상블라주 이론과 여타 관계적 존재론의 중요성을 인정했지만, 이런 관계적인 특질뿐만 아니라 **매핑 기술 자체의** 고유한 속성과 물질적 특성 또한 인식할 필요성을 강조했다는 점에 주목해야 한다. 그럼에도 불구하고, 관계와 개인적 경험, 인간의 실행, 문화적 조정에 초점을 두는 경향이 많다.

스피크(Speake 2015)는 (보행자) 내비게이션 기술에 대한 사용자 참여와 위성항법장치 지원 스마트폰처럼 길찾기 인공물에 대한 감정적 반응을 조사했다. 그녀는 탐색 감정을 연구하고 탐색 주체의 목소리를 수집하기 위해, 참여자가 기록한 비네트vignette〔특정 인물이나 사건을 간단하게 묘사하는 짧은 글〕 형식의 대화와 문자화된 내러티브를 사용했다. 인간-공간의 상호작용을 넘어, 위성항법 기술이라는 비인간 객체와의 관계도 고려한 분석이다. 그 예로, 스피크는 위성항법장치의 가용 상태로부터 연결 해제, 제거, 고장 단계로 전환할 때, 즉 내비게이션 중에 "제어하고 있다"는 느낌이 전자적 객체로부터 인간에게로, 그리고 길찾기 인공물의 한 형태로부터 다른 형태로(스마트폰에서 표지판으로) 변경될 때의 언어화된 내러티브를 분석했다. 인터뷰 대상자들이 객체(전화, 앱, 신호)에 느끼는 긍정적이거나 부정적인 감정 및 그들의 행동 반응은 이를 담은 비네트를 통해 생생하게 도출된다. 스피크(Speake 2015, p. 352)는 '분노는 예를 들어 버튼을 누르거나 언어로 공격성을 발산함으로써 대개는 전화기 자체에 대해 "끄집어 내는 것"(쏟아 붓는 것) 같다'고 했다. 이때 표현된 감정의 강도는 그 객체에의 의존성을 드러내는데, 내비게이션 시스템에의 접근이 박탈될 때 이런 의존성이 온전히 인식된다. 그렇기에, '사물들의 중심에 있다고 느끼는' 개인의 자기중심적 경향을 드러내는 것은 장치의 오작동이다(Speake 2015, p. 353). 일상적인 내비게이션 및 길찾기 실행 중에 기술적 객체와 인간의 상호작용은 특히 차량 내 내비게이션을 사용할 때 분실 및 발견의 정서적 · 경험적 · 체화된 차원에 관한 휴즈와 미(Hughes and Me 2018)의 연구에서 언급된다. 이들은 내비게이션 및 길찾기 기술을 사용해 생생한 이동성의 감정적 측면을 이끌어 내고자 뉴스나 소설에서 가져온 짧은 이야기, 국제 언론 매체로 유포되거나 인터넷 블로그에서 검색된 길찾기에 대한 대중 미디어 계정을 사용했다. 다시 말하지만, 기술적 객체 자체의 존재와 자율성에 대한 의식이 고장, 실패 혹은 오작동의 상황에서 나온다는 것은 언급할 가치가 있다.

모바일 기술과 관련하여 더 명확한 객체지향 입장이 채택되었다. 객체의 무궁무진성과 객체 간의 동요perturbation〔섭동攝動. 작은 변화〕와 같은 객체지향 개념을 개발함으로써, 애쉬(Ash 2013)는 비관계적 접근법을 기술 장치에 적용하자고 제안했다. 지리학자들이 관계 이론, 특히 행위자-네트워크 이론ANT을 인간/기술 관계에서 나타나는 것을 따라가기 위해 생산적으로 사용한다는 점을 인정하며, 애쉬는 대안적으로 기술적 객체 자체의 특이성에서 시작하여 인간/객체의 상호작용뿐만 아니라 객체 간의 관계 또는 '동요들'을 파악할 것을 제안했다. 그는 관계 존재론의 반본질주의적 입장을 환영하면서도, 과정과 아상블라주에 대한 이해가 객체의 특이성을 많이 잃기 때문에 순전히 관계적 틀을 사용하는 것에 주의를 표했다. 대신에 애쉬는 객체의 특이성, 특정 상황에서 나타나는 선택된 객체의 특성, 객체들이 만들어 내는 특정한 시간과 공간, 분위기, 다른 객체와의 공존, 간극, 중첩에 다시 초점을 맞추자고 제안한다.

애쉬는 유도성affordance이나 정동affect 같은 개념은 능동적 만남, 상호작용, 변형의 순간에 출현하고 나타난다는 점에서 관계적 개념이지만, 동요〔섭동〕 개념은 비非유기적이거나 침묵하거나 비활성적일 수도 있는 사물들이 어떤 국지적 상황에서 그저 공존하는 것을 비관계적으로 고찰하기를 허용한다고 기술했다. 흥미롭게도, 애쉬 (Ash 2013, p. 21)는 모바일 기술(차량 내 위성항법장치)을 간략하게 언급하면서 기존 설명은 '기기의 객체로서의 실제 지위를 축소하고 사람들이 해당 객체를 가지고 하는 작업을 강조하는 경향이 있다'고 말한다. 공간 탐색에 대한 기존의 (인지적·실천 기반적·인간중심적) 설명은 '모바일 컴퓨팅 객체가 그 자체로 객체로서의 지위가 아니라 인간에게 나타나는 방식으로 축소된다는 의미에서 상관주의'이다

(Ash 2013, p. 21). 주어진 위치/상황에서 기술적 실체의 공존을 감지하고 비인간 사물 사이의 동요에 집중하는 것은, 반상관주의적 접근법을 활성화하기 위해 애쉬가 제안한 객체지향 전술이다. 또한, 이 장의 뒷부분에서 모바일 기술을 다루면서 다시 언급할 애쉬 연구의 두 가지 측면에 대해 간략히 서술하고자 한다. 첫째, 애쉬는 객체 간 동요의 노출 순간과 객체가 친숙한 맥락에서 제거된 것처럼 보이는 상황으로서 고장의 역할을 강조했다. 둘째, 그는 기술 장치의 세계가 확장되고 밀도가 높아짐에 따라 객체 간 관계가 더 중요해지고 있다고 강조했다.

매핑 기술과 위성위치확인시스템GPS 장치에 대한 사례연구는 애덤스와 톰슨(Adam and Thompson 2016)의 객체 인터뷰 작업에서도 다뤄진 바 있다. 이들은 포스트휴머니즘의 이론적 통찰을 구체적인 연구 실천으로 옮길 목적으로 우리의 일상 활동, 특히 전문적 실천을 지원하는 디지털 객체로 포스트휴먼 연구를 수행할 여러 **발견법** heuristics을 제안했다. '객체 인터뷰'는 연구자가 인간과 비인간 존재의 아상블라주에 접근할 때 제기되는 일련의 인터뷰 질문을 식별하여 탐구의 참여자로 기술적 장치를 포함시키는 수단으로 발전한다. '객체 인터-뷰잉inter-viewing'이라는 구절은 '서로를 보거나 방문하다'라는 어원적 의미로 사용된다. 애덤스와 톰슨(Adam and Thompson 2016, pp. 17-18)이 지적하듯,

객체나 사물은 그것을 사용하는 인간의 몸짓과 이해를 수행하고

중재하므로, 객체나 사물을 인터뷰하는 것은 행위하고 있는 그것을 통찰력 있게 포착하는 것이다. 그러한 객체 인터뷰는 일상적인 상호 작용과 인간 또는 비인간 개물과의 관계에서 사물을 관찰할 기회를 찾는 것을 수반한다. … 우리에게 객체를 인터뷰한다는 것은 사물이 침묵—일상적인 맥락에서 후퇴하는 '어두운' 속성—을 유지하도록 하는 동시에, 사물을 빛 속으로 부드럽게 유인하여 우리가 알아차릴 수 있도록 말할 시간과 공간을 제공하는 것이다. 여기서 인터뷰는 주의 깊고 경탄하는 시선 또는 존중하는 시선을 포함한다.

객체 인터뷰 발견법의 몇 가지 예를 들자면, **개인 진술 수집**은 1인칭/3인칭 이야기 또는 인간과 비인간 간의 대화적이고 친밀한 관계에 관한 설명을 수집하거나 엮는 것을 목표로 한다. **행위자를 따라가는 것**은 주요 객체를 식별하고 객체 주변의 관련 미시실천과 사회성을 추적하는 것을 의미한다. **사물의 초대적 특질에 귀를 기울이는** 것은 인간 존재와 기술 간의 몸짓, 무언의 조응을 파악하는 데에 초점을 맞춘다. **고장, 사고, 이례를 연구**하는 것은 단 한 번의 실패 순간에 유도되거나 상상되거나 자연적으로 발생하는 객체의 가시성에 초점을 맞춘다. 애덤스와 톰슨은 또한 방법론적 가능성을 실험하며 GPS 지원 내비게이션 장치도 다룬다. 이 사례연구에 채택된 객체 인터뷰 발견법은 미디어 법칙을 적용하는 것이며, 미디어 생태학과 체험되는 기술의 현상학 모두를 기반으로 한다.

마셜 매클루언식 미디어 법칙에 따라, GPS 기술은 다음과 같은 미디어로 간주된다. ① 인간의 신체 기능과 인지 능력(길 탐색 능력)을 향상시킨다. ② 이전 기술들(도로지도 또는 지도책)을 한물간 것으로 만든다. ③ 잃어버린 관행들(지도 읽기와 같이 공간을 살펴보는 것이 아니라 나침반을 과거 탐색에서처럼 방향을 찾는 데에 쓰는 것)을 되찾아 온다. ④ 잠재력의 한계에 도달했을 때 특성이 역전된다(운전자가 명백한 불일치에도 불구하고 GPS 방향을 따르고, GPS가 길을 잃은 것으로 역전되는 경우). 애덤스와 톰슨은 매핑과 GPS, 차량 내 위성항법장치와 같은 사례연구를 사용하여 또한 **인간-기술-세계 관계의 스펙트럼을 식별하기**라는 또 다른 발견법을 설명한다. '얽혀 있는 관심 사물(들)을 부드럽게 들어 올려 구조하기'(Adam and Thompson 2016, p. 57) 위해 인간과 비인간 행위주체자의 '그물망을 느슨하게 하는 것'을 일반적인 목표로 삼아, 그들은 돈 아이디Don Ihde의 기술에 대한 포스트현상학과, 체화·해석학·타자성 및 배경을 포함하는 아이디의 유명한 인간-기술 관계 집합을 참고한다. 차량 내 위성항법장치는 자동차 운전자가 의미를 찾고자 GPS 장치를 읽어야 하기 때문에 체화적 관계 및 해석학적 관계의 문제로 간주되지만, 기술과의 실존적 관계나 신체적 관여도 경험한다. 인간은 기술을 통해 지각하기 때문에 기술은 물러나고, 관계는 투명성의 감각을 특징으로 한다. 따라서 차량 내 내비게이션은 습관적으로 기술이 어떻게 실존적이고 해석학적으로 물러나는지를 보여 주는 한 사례이다. 기술은 너무 투명하게 작동하여 사라지고 눈에 띄지 않는 배경이 될 수 있다. 애덤스와 톰슨이 언급한 이런 물러나는 특성들은 기술적 인공물이

갑자기 고장 나거나, 우리가 기기 사용법을 배울 때 어려움을 겪는다던가, 기술 객체가 마치 마음이 있는 것처럼 예상과 다른 방식으로 행동할 때 우리가 경험하는 **타자성**alterity의 감각과는 사뭇 다르다.

이어서 나는 타자성은 고장이나 오작동 같은 이탈의 순간뿐만 아니라 **둘 이상의 내비게이션 장치**가 공존하는 얽힘의 순간에도 나타난다는 점을 강조하여, 기술적 객체, 특히 차량 내 위성항법장치의 타자성에 초점을 맞출 것이다. 기술적 인공물의 실패와 고장에 초점을 맞추는 것은 그것들의 필수적인 기여를 전면화하는 데에 도움이 되지만(Graham and Thrift 2007), 여기서 나는 내비게이션 객체의 자율적인 존재를 인식하기 위해 우리가 고장에 의존할 필요가 없으며, 이에 따라 객체가 내비게이션의 관계적 실천으로 해소되는 것을 굳이 방해할 필요가 없다는 점을 강조한다. 우리는 특히 둘 이상의 객체가 공존할 때, 실천하는 동안에도 객체 자체를 파악할 수 있다. 하먼이 썼듯이(Harman 2011b, p. 59), '부서진 도구가 인간 의식에 현전하는 것처럼, 작동하는 실용적 도구는 인간 실천에 현전하기 때문이다. 그리고 이것들 중 어느 것도 충분하지 않을 것이다. 왜냐하면 우리가 찾고 있는 것은 그것이 이론이나 실천에 현전하는 한이 아니라 그것이 **존재**하는 한의 것이기 때문이다.' 앞으로 살펴보겠지만, 나의 경우 객체의 타자성 감각은 인간-기술의 면대면 관계(나 이외의 장치)가 아니라 자율적인 비인간 존재들의 공-현전의 감각을 의미한다.

모바일 기기들이 널리 보급된 이 세계에서 우리는 중복되거나 경쟁적이거나 융합된 디지털 인공물에 둘러싸여 있는 경우가 많다.

실제로 우리가 '여러 화면을 큐레이팅하고', 디지털 행위자들의 '안무'(Thompson 2018, p. 1043)를 실천하는 것, 특히 이동 중인 전문적인 활동에서 '모바일 기기 간의 소동과 모순, 혼란 속에서 길을 잃지 않기 위해' 일상적으로 하는 일이 최근 학계의 주목을 받고 있다. 그러나 나는 지도 사용자의 관점에서가 아니라 지도가 지도에 대면하여 현전함을 감각하는 객체지향적 태도를 통해 내비게이션 장치들의 공-현전을 살펴볼 것이다. 이러한 객체지향 태도를 나타내기 위해, 게일(Gale 2018)이 설명한 것과 같은 **비네트**vignetting 방식을 사용한다. 게일의 접근법이 사물 그 자체보다는 제작 중인 사물, 특이성보다는 아상블라주에 더 관심을 기울인다 해도, 나는 비네트 기법을 통해 사물을 아는 것보다 **감각**한다는 생각이 생산적이라는 것을 깨달았다. 게일(Gale 2014, p. 1000)은 비네트 기법의 방법론적 역할을 다음과 같이 검토했다.

나는 한 순간에 초점을 맞추거나, 간단한 움직임을 따라가거나 유발하거나, 캐릭터나 아이디어, 설정, 심리 상태에 대한 특별한 통찰을 제공하고, 직감적으로 불확정성에 대한 암묵적인 인식 등등을 제공하는, 짧고 인상적인 장면을 제공하는 비네트 기법의 역할에 호기심을 품었다. 어디에선가, '비네트vignett'가 '포도 잎vine leaf에 쓰여진 것'이라는 문자적 의미가 있다는 것을 읽었고, 내 생각에 포도나무 잎이 포도의 신선하고 감미로운 잉태와 함께 오그라들어 떨어지듯이, 비네트 '글쓰기'도 그렇다고 생각한다. 따라서 비네트 기법은 적어도 의도적인 방식으로는 설명하거나 정의하거나 개념화하지 않는다는 게 분명하다. 비네트 기법은 작은 창, 안/밖의 광경, 문자 그대로 원본보다 작은 이미지를 살짝 보여 주지만, 다른 방식으로는 보이거나 느끼거나 들리지 않을 미묘함과 풍미, 뉘앙스, 특질을 제공한다. 강렬함을 자아내는 집중의 날카로움, 의식의 고양.

앤더슨과 애쉬[2015]도 개인적 경험에서 가져온 경험적 비네트[문화지리학의 가상 비네팅에 대한 Rabbiosi and Vanolo 2017 참조]를 사용해 대기와 같은 비재현적 현상을 설명하기보다는 심화시키고 감각했다. 잠정적인 방식으로 사진을 포함한 나의 비네트는 지도학적 객체들의 존재를 감각하고 지도학적 타자성을 심화하는 것을 목표로 한다.

## 평행한 지도들

밤이 되고 몇 시간 동안 우리는 북부에서 남부로 계속 여행하고 있었다. 우리에겐 익숙하지 않은, 매우 긴 여정이었다. 새로운 해변의 목적지로 가는 길. 이른 아침이었다. 나는 뒷자리에 일곱 살 딸(가족 중 이 두 명은 멀미로 고통 받고 있었다)과 함께 앉아 있었고 멀미약으로 인해 상태가 좋지 않았다. 잠깐 동안 눈을 감았다가 떴을 때, 나는 [앞에 앉은] 남편과 큰아들 사이에 지도가 표시되는 장치가 한 개가 아니라 두 개(차에 내장된 내비게이션과 그 근처에 부착된 스마트폰) 있다는 사실을 갑자기 깨달았다. 침묵의 평온. 운전하는 남

| **그림 10.1** | 차량 내 위성항법장치, 2018년 이탈리아 남부 (출처: 저자 사진)

편, 잠들어 있는 딸, 화면을 바라보는 아들, 길을 알려 주는 두 개의
지도와 그 장면을 보고 있는 나. 기묘하게도, 거기에는 인간-지도-
길이라는 융합의 감각이 존재하지 않았다. 운전자의 신체가 기술적
으로 확장된 감각도, 디지털 무의식도, 유연하고 자연스러운 상호작
용도, 외부 환경에 대한 가상의 몰입도 없었다. 즉, 내비게이션 감각
이 아니라 공동거주의 감각이었다. 그 순간에, 우리는 그물이나 아
상블라주로 묶인 것이 아니라, 단지 자동차 안에 있는 여섯 개의 개
물들이었다. 두 개의 장치는 분명히 함께 작동하지 않았다. 오히려,
그들은 서로에게 낯설었다. 평행하게 기능한다는 사실은 어떻게든
각 장치의 개체성, 다양성, 특수성을 고양시켰다. 두 개의 내비게이

| 그림 10.2 | 차량 내 위성항법장치, 2018년 파도바 (출처: 저자 사진)

선 장치의 공존은 그들의 자율적인 현전을 심화시켰다. 그들은 존 재했고 우리에게 낯설었다.

이 장면은 심슨(Simpson 2017)처럼 주체를 '공간에 둠'으로써 정의될 수 있는 방식으로 주체성을 재구성한다. 심슨이 말하듯, 주체를 공간에 두는 것은 '주체성들이 함께 나타나기도 하지만 물러나기도 하고, 제기되기도 하지만 철회되기도 하고, 애착이 생기기도 하지만 분리되기도 하며, 따라서 세계에서 그들의 만남이 전개되는 과정에서 주체화와 탈주체화의 움직임을 끝없이 겪게 한다'(Simpson 2017, p. 10). 심슨이 다시 언급하였듯, 객체지향 존재론에 대한 관심은 주체성에 대한 토론이나 표현을 다룰 때 특이하게 보일 수 있지만, 그럼에도 불구하고 특히 다양한 기술적 객체와 관련된 주체성의 기술적 구성의 경우에 객체와 세계 그 자체에 초점을 맞춤으로써 탈중심화되는/탈중심화하는 주체성을 사유하는 방식일 수 있다. 여기서 주체와 객체 사이의 존재 공유를 제대로 다루기 위해 포스트현상학적이고 객체지향적인 사고 방식이 채택된다.

이 장의 두 번째 비네트는 한 커플의 차량 내 내비게이션 경험에 관한 것이다[그림 10.2]. 운전자 에마누엘레는 아쿠스마 어쿠스틱Akusma Acoustic이라는 블루스 록밴드의 리더이고, 조수석에 앉은 리앙카는 밴드의 로드매니저이자 기획자이다. 나는 그들의 가장 힘든 업무 중 하나인 행사 장소(펍, 카페, 축제, 온갖 종류의 무대) 물색 과정을 반복적으로 관찰하고 인터뷰했다. 그들은 목적지를 정하고 외출할 때 에마누엘레의 스마트폰을 내비게이션 기기로 활용했다. 운전석에 부착된 에마누엘레의 스마트폰 네이게이션 앱의 목소리가 안내를 제공하면, 리앙카는 자신의 스마트폰을 사용해 경로에 관한 추가 정보를 얻고 개인화된 '아쿠스마 지도'를 체크했다. 리앙카가 이 지도를 만든 까닭은, 그들이 여행하는 경로를 따라 있거나 그 경로에서 멀지 않은 다른 모든 관련 목적지의 개요를 얻기 위함이었다(이미 공연을 한 적이 있는 거리라든가, 다시 연주하고 싶은 곳 혹은 새로운 가능성이 있는 장소).

# 네 핸드폰은 그렇게 말하지만, 내 핸드폰은 …

앞좌석에서 에마누엘레가 운전하고 있다. 로드매니저 리앙카는 그 옆에 앉아 있다. … 아쿠스마 어쿠스틱 밴드의 새로운 공연 장소를 찾고자 그들은 일상적인 자동차 여정을 시작했고, 나는 뒷좌석에서 그들을 지켜본다. 에마누엘레의 스마트폰이 운전석에서 말하고 있다. 그 여성의 목소리는 길을 따라가는 법을 말해 준다. … 결국, 차에 내재된 위성항법장치는 '말하는 지도'의 가장 대중적인 사물화 중 하나이다. 딱딱한 비인간 내레이션, 생동하는 유물론, 에일리언 현상학 같은 것들을 둘러싼 복잡한 이론화를 불러올 필요 하나 없이 말이다. 내비게이터는 흔히 의인화된다. 그녀는 말하고 어디로 돌아설지 알려 주고 필요한 곳으로 데려다 준다. 리앙카는 운전석에 있는 에마뉴엘레의 스마트폰에 주의를 기울이는 동시에 자신의 스마트폰을 들고 직접 만든 '아쿠스마 지도'를 확인하며 밴드 홍보를 위해 막판에 다른 흥미로운 여행지를 계획할 수 있는지 살핀다. 때때로 에마누엘레는 말한다. '네 핸드폰을 봐 봐'. 그러면 리앙카는 지도를 닫고 내비게이션 앱을 실행하여 그녀의 스마트폰을 두 번째 내비게이션 장치로 활용한다. 이 장치들은 각각 다른 일을 한다. 그것들은 특정한 개별적인 위치에 자리하고, 경쟁하고, 나름의 권위와 특성을 지닌다. 그들의 유일무이한 '인격'은 그들의 공존으로 강화된다. 이 두 전화기는 자동차 내부의 관심 경제에 큰 영향을 미친다. 나는 과잉의 감각, 혼잡의 감각을 느낀다. 마치 이 차에 탄 우리

*가 셋보다 훨씬 많은 것처럼.*

자동차 운전자, 그 혹은 그녀의 자동차, 위성항법장치 그리고 길 간에 존재하는 자연스럽고 거의 무의식적인 상호작용은 종종 아상블라주나 그물망처럼 여겨진다. 최근에는 이른바 소셜 내비게이션이라 불리는, 기기를 가지고 일상적으로 운전하는 자연스러운 경험에 초점이 맞춰진다. 이 용어는 웨이즈Waze 내비게이션 앱과 그것을 이용해 차량 내 독립 실행형 장치를 다른 도로 사용자들과의 상호작용 및 정보 공유 도구로 변환하는 방법을 가리킨다. 이를 통해 위험을 감지하거나 도움을 제공하거나 새로운 경로를 여는 것이다. 이 앱은 '데이터 피드백 루프data feedback loop'의 한 형태로 작동한다. 여기서 '사용자들은 의식적이거나 무의식적으로 능동적 운전과 데스크톱 편집, 수동적 메타데이터 수집을 통해 기여한다'(Gekker and Hind 2016). 이 증가하는 소셜 내비게이션은 다른 운전자를 포함함으로써 '새로운 운전-세계와 "운전자-자동차" 아상블라주를 존재하게 하는' '협력적 운전 수행'으로 묘사된다(Gekker and Hind 2016, pp. 86, 89). 어떤 면에서는 아쿠스마 밴드의 차량 안에서도 일종의 소셜 내비게이션 형식이 자리했다고 볼 수 있다. 하지만 나의 비네트는 (소셜) 내비게이션의 자연스럽지 않은, 투명하지 않은 측면에 중점을 두었다. 기기가 둘 이상일 때, 기기를 가지고 운전하는 것은 무의식적인 것이 아니다. 기기들은 개체로서 공존한다. 그것들은 눈에 띄지 않는 보완적 실천으로 배경으로 사라지지 않고 개별 객체로서 그들의 존재를 긍정한다. 따라서 객체지향 태도는 실천을 전개하기 위해서가 아니라 내비게이션과 연관된 개물을 식별하기 위해서 그물망을 느슨하게 하는 데에 도움이 된다. 이런 심화된 순간을 통해, 이 태도는 사람들이 디지털 타자가 고장 났을 때뿐만 아니라 디지털 타자가 사람들의 일상적 삶에 적극 관여하고 있을 때 그것을 어떻게 인식하는지를 알 수 있게 한다.

# 지도학적 장소에 다시 방문하기

: 지도의 생성과 '반생성'

미첼(Mitchell 2005, p. 28)은《그림은 무엇을 원하는가》에서 '우리는 그림이 무엇을 의미하는지, 무엇을 하는지를 알고자 한다. 그것들이 어떻게 기호와 상징으로서 의사소통을 하는지, 인간의 감정과 행동에 어떤 힘을 미치는지'라고 쓴다. 사진—지도도 여기에 포함시킬 수 있다—에 관한 이런 질문은 이미지의 생산자와 소비자에 초점을 맞추는 반면, 미첼은 신체를 드러내고, '단순한 표면surface이 아니라 보는 사람을 마주하는 얼굴face'을 보여 주는 개체로서의 이미지 자체에 초점을 맞추자고 제안한다(Mitchell 2005, p. 30).

미첼에 따르면, 이미지에 접근하는 이 대안적 방식은 이미지가 가진 힘에 대한 수사학의 스케일을 한 단계 내려서 복잡하게 만드는 경향이 있다. 이미지는 허약하고, 하위의 주체이자 신체로 여겨지고 다음과 같이 말하도록 초대된다. '우리가 그림을 의미의 매개체나 권력의 도구로 보지 않고 그 그림들의 욕망에 대해 물으면 어떻게 될까?'(Mitchell 2005, p. 36). 그가 제안한 것은 '읽기나 해석의 모델에서 인식, 인지, 언명/포고(로 불릴 수 있는 것)의 장면으로 그림과의 만남을 전환하는 것이다'(Mitchell 2005, p. 49). 그렇기에 미첼(Mitchell 2005, p. 49)은 '그림을 단지 우리 주변의 지각적/언어적/개념적 놀이에서 생생하게 살아나는 묘사나 에크프라시스 대상으로 보는 것을 넘어, "고유한" 것으로 보이는 어떤 삶을 지닌 주체로서, 언제나 이미 우리에게 (잠재적으로) 말을 걸고 있는 사물로 보아서, 우리의 묘사가 그림의 삶 및 보는 사람으로서 우리 자신의 삶에 관여하게 할 것'을 제안한다.

이 장에서는 지도학적 그림을 고유한 삶을 가진 개체로 **인식할** 실험적인 수단을 찾고자, 반복 사진이라는 전통적인 지리적 기법의 이상한 적용을 제안해 보려 한다. 앞으로 살펴보겠지만, 지도학적 장소를 재방문하는 동안 반복적으로 지도를 촬영하는 것은 지도 객체를 '새롭게 감각'(McCormack 2015, p. 98)하고 그것의 고유한 삶과 시간성에 반응하는 방법으로 이야기될 것이다. 실제로 객체지향 존재론은 객체의 시간성에 특별한 관심을 기울였다. 브라이언트(Bryant 2014, pp. 157-158)는 다음과 같이 썼다.

존재-지도학은 모든 개물을 담는 유일한 시간이라는 개념을 거부한다. 공간이 기계(즉, 객체)를 담는 것이 아니라 기계에서 발생하는 것과 마찬가지로, 시간도 기계에서 발생한다. 복수의 시간이 존재한다. … 모든 기계는 내적인 시간성 형식을 지니고 있고 이러한 시간적 리듬은 각자 다르다. … 바위가 "실존적 기획"을 갖는다거나 미래를 투영하고 과거로부터 끌어온다고 말하는 건 이상할 것이다. 그럼에도 불구하고, 이 개물들은 고유한 종류의 시간성을 갖는다. 어떤 원소의 붕괴 속도와 같이, 그들은 고유한 리듬이나 지속을 가지고 시간 안에서, 그리고 시간을 가로질러 존재한다. 다른 한편으로, 시간성의 구조와 리듬이 다른 다양한 생명체, 제도, 사회현상 등이 있다. 존재-지도학은 시간성에 대한 현상학적 설명을 인간이 시간을 경험하는 방식에 대한 설명으로서 유효하게 받아들이지만, 이러한 다른 형태의 시간성을 포착할 수 있을 만큼 견실한 틀을 필요로 한다.

하면(Harman 2011a, p. 103)에게 시간과 공간은 '더 기본적인 실재의 파생'이다. 모튼(Morton 2013, p. 35)의 표현에 따르면, 그것들은 '객체의 창발적 속성'이다. 모튼(Morton 2013, p. 102)을 따르자면, 사실 '모든 객체는 "걷다"와 "웃다"와 같은 자동사의 의미에서 "시간한다time.*"' 객체가 '시간하는' 구체적 방식에 대한 이러한 감성은 모든 객체를 기록하는 개물entity로 인식하게 한다.

모든 객체는 그것에 일어난 모든 일에 대한 놀라운 고고학적 기록이다. 그렇다고 해서 객체가 단지 그것에 일어난 모든 일에 불과하다는 말은 아니다. 하드 드라이브나 종이와 같이 어떤 새길 수 있는 표면이 그것이 기록하는 바로 그 정보인 것은 아니다. 객체지향 존재론의 추론처럼, 객체는 물러나기 때문이다. … 만약 우리가 각각의 흔적을 올바로 읽어 낼 수 있다면, 우리는 아주 작은 거미줄 조각이 음파, 거미 다리, 불운한 집파리의 날개, 이슬 방울 등등 거미줄에 닿았던 객체들에 대한 일종의 테이프 녹음이라는 것을 알게 될 것이다. 거미줄 방식의 녹음테이프.(Morton 2013, p. 112)

객체지향 존재론 내에서 시간을 고려하는 추가적인 시각은 (일시적으로) **휴면** 또는 수면 중인 객체 개념으로, 이는 실재하지만 관계

---

* 여기에서 모튼은 time을 동사로 쓰고 있으므로, 여기에서는 문맥에 의거하여 '시간하다'라고 옮긴다.

에 들어가지 않은 객체, 그러나 특정 상황에서는 변화하고 다시 깨어날 수 있는 객체이다(Harman 2011a, p. 125). 실제로 객체지향 존재론은 객체에 대한 초점이 시사하는 것처럼, 정체stasis에 관한 철학이 아니고 **생성**becoming의 철학이다(Harman 2011b).

최근 지도 연구에서 시간은 많은 관심을 끌었는데, 그 주제는 시간 지도로부터 역사적 지도학에 나타나는 시간 재현까지, 시간 과정 또는 시간 병치가 지리시각화되어 왔고 되고 있는 방식으로부터 디지털 내비게이션 실천의 지도 사용 리듬과 체험된 시간성까지, 실시간으로부터 느린 매핑까지, 지도의 살아 움직임으로부터 지도의 우연성까지 이른다(Wiegen and Winterer forthcoming; Kaak 2013; Lammes et al. 2018; Hornsey 2012). 분명히 이 '시간적 전환'은 '"사물"로서 지도의 물질성'(Gekker et al. 2018, p. 7)의 역할을 다양하게 인정하지만 나는 여기에서 추가적인 측면, 즉 지도 객체 또는 개물에 내재된 시간성을 언급한다. 이러한 태도는 단순한 지도 연대 측정에 대한 아카이브적 관심을 넘어 '지도의 전기적 특성'에 주목하거나 역사를 가로질러 지도학적 인공물을 추적하여 그것들의 사회적 삶과 '복잡한 후생afterlife'을 분석하는 아이디어를 불러일으킬 수 있다(Oliver 2016, pp. 79, 80). 그러나 이 장에서는 모튼의 표현을 사용하자면, 지금까지 발생한 모든 것에 대한 일종의 테이프 녹음으로서 지도학적 객체에 더 초점을 맞춰 보려 한다.

지도를 녹음 테이프로 보기 위해, 나는 지도학적 객체와 같은 낯선 주체에 한번 적용되면 낯설게하기나 수정하기와 같은 과정을 거치는, 말하자면 반복 사진 기법을 사용한다. 이 과정은 맥코맥 (McCormack 2015)이 객체지향 입장과의 대화에서 비재현적 실험을 제안하면서 제시한 것과 유사하다. 맥코맥(McCormack 2014, p. 95)이 객체지향 존재론의 접근법을 완전히 지지하지는 않지만, 그가 한편으로는 객체지향 접근법의 사변적 실재론과 에일리언 현상학, 다른 한편으로는 비재현적 이론 사이의 '공감'을 본다는 점은 주목할 가치가 있다. 이 사유들은 '세계에는 재현이 접근할 수 없고 언제나 재현을 초과하는 무엇인가가 있다'는 제안과 '글쓰기 스타일 및 현시 스타일에서 표현되는, 세계에 대한 다양한 설명 유형의 수행적 힘에 대한 강조'를 공유한다(McCormack 2015, p. 95).

맥코맥은 비인간들의 독립적인 삶에 관심을 끌 수 있는 능력 면에서 객체적 전환을 높이 평가하지만, 그럼에도 불구하고 그의 성향은 '사물이 불연속적이고 분산된 개물이라는 감각과 사건이라는 감각 사이의 어딘가에서 작업하는 것'이며, 그렇기에 아마도 '포스트 현상학적'이라고 불릴 수 있는 방식으로 사물에 대한 초점을 관계성과 과정성에 대한 초점과 결합한다(Ash and Simpson 2016). 맥코맥은 '사물로 사유하기' 방식을 실험하면서, '한 맥락에서 친숙한 기법을 취해 그것이 다른 문맥에서는 질적으로 다른 유의 작업을 어떻게 할 수 있는가를 보여 준다'거나, '어떤 상황적 맥락과 밀접한 기법으로 작업하면서 그것을 낯설게 함'으로써 **기법을 새롭게 만들기**를 제안한다(McCormack 2015, pp. 97, 100). 이러한 기법—그리고 이 기법들이 적용되는 세계—은 조현, 공명, 창의적인 사고를 증진시키는 데에 도움을 주는 방식으로 낯설고, 변형되고, 재발명되는 동시에 사물에 대한 실용적이고, 심미적이며, 겸손한 실험을 생성한다. 맥코맥(McCormack 2010)은 비극으로 끝난 역사적인 어느 북극 탐험이 남긴 물질적 잔해의 유령 같은 후생afterlife을 서사적으로 포착하는 데에, 원격 감각 기법의 수정 버전을 적용하여 이런 잠재력을 효과적으로 보여 주었다. 여기서 원격 감각은 위에서 바라보는 기술적 시선의 한 형식이 아니라, 객체를 건드리지 않고 감각하고 직접 접촉하지 않고도 객체에 대해 무엇인가를 말할 수 있게 하는 일련의 실용적이고 미학적인 기법을 의미한다.

유사하게, 나는 물리적인 경관 변화를 평가하기 위해 지리학에서 일반적으로 사용되는 반복 사진 기법을 채택하여 어떤 작은 지도학적 객체의 삶에 주의를 기울이고, 이 객체에 대해 **간접적으로** 무엇인가를 말한다. 이 주체의 작은 규모와 특이성은 리포토그래피 rephotography〔같은 장소를 그때와 지금이라는 두 개의 다른 시점에서 촬영하는 사진 기법〕뿐 아니라 반복적으로 인식되고 대화에 초대되는 지도학적 객체 자체를 불안정하게 만드는 데에 기여한다. 실제로 반복은 사물을 실험하는 비재현적 스타일의 일부이다. 맥코맥(McCormack 2015, pp. 101-102)이 말하였듯, 사물에 열린다는 것은 '무언가에 계속 주의를 기울이는 것, 사례를 접할 때마다 기록하는 것'이다. 그것은 '반복적이고 반응적인 주의를 통해 어떻게든 무엇인가가 이륙하고 비행할 수 있다는 감각이고, 사물들 사이의 어떤 궤적, 어떤 창조적 변이의 선'이다. 나의 지도학적 시각에서, 나는 맥코맥이 제안한 물질적 잔재의 후생을 원격으로 감각하는 과정을 담은 특히 흥미로운 에피소드를 발견했다. 이 에피소드는 1897년 스웨덴 앙드레Andrée의 북극 탐험을 기리는 기념비를 방문한 것인데, 스톡홀름의 어느 묘지에 있는 이 기념비에는 지도가 부조浮彫로 새겨져 있다. 다음 인용문에서, 나는 '지도학적 장소'로 불릴 수 있을 만한 곳을 방문한 맥코맥의 자기서술을 재연한다.

## 부조에서 영면하다

앙드레는 어디에 있는가? 스톡홀름 북부 교외에 있는 공동묘지 노라 베그라빙스플랏센Norra begracingsplatsen〔'북쪽 묘지'라는 뜻〕에서 영면에 들었다. 지도도 없이 택시 기사가 묘지 한쪽 끝에 내려 줘 위치를 찾기 어렵다. 지나가던 행인 몇이 의아한 표정으로 질문을 받는다. 그러나 시간과 약간의 끈질김이 있다면, 결국 그것은 나타난다. 따로 떨어져 있고, 나무들로 둘러싸여 있고, 약간 높은 곳에 있는 그것은 돛과 상어 지느러미 사이의 어떤 것, 즉각적이거나 분명하지는 않더라도 비행과 관련된 것이다.

방해받지 않고 오래 머물며 고요함을 사진으로 찍고 비디오로 녹화한다. 얕은 부조로 새겨진 이야기의 질감과 선을 만지고 따라가 본다. 기념비를 마주 볼 때 왼쪽 부분에서는 기단부터 상승하는 과정이 새겨져 있는데, 이는 데인스섬에서의 발대와 출발을 묘사한 것이다[그림 11.1]. 바구니에 있는 형상들은 바로 식별할 수 있으며, 땅에서 손을 흔들고 있는 한 무리의 사람들이 있다. 이 측면의 표면은 위로 올라가면서 위도와 경도가 새겨지는데, 바람을 타고 스발바르 북쪽으로 유빙을 넘어간 열기구의 짧은 항행 지도이다. 그 정점에서, 기념비는 열기구가 도달한 최북단 지점과 만난다.

…

곰곰이 생각해 보면, 이 기념비는 상징적인 의미로, 실패한 극지 탐험이라는 특별한 사건에 대한 기억의 재현을 돌에 새기고 각인시키려는 의도적인 노력으로 해석될 수 있다. 그러나 부조는 그저 재현이 아니다. 부조는 여기에서 촉각과 시각을 통해 감각되는 물질로의 변형이다. 기념비의 부조는 라투르(Latour 1999)가 '순환하는 지시체 circulating reference'라고 부른 더 넓은 과정의 일부로 이해될 수 있다. 즉, 기념비의 부조는 말과 세계, 이미지와 사물 사이의 존재론적 간극, 존재인식론적 속임수로 횡단해야 하는 그 간극을 재승인하지 않는다. 대신, 기념비는 '기묘한 횡단적인 객체, 앞선 것과 뒤에 오는 것 사이의 통과를 허용하는 조건에서만 참이 되는 정렬 연산자'가 된다 (Latour 1999, p. 67). 이 통과는 탐험의 후생을 감각하는 서로 다른 실천들 간의 움직임이다.(McCormack 2010, p. 646)


오래 머물고, 사진을 찍고, 녹화를 하고, 기록하는 과정을 통해 부조 지도는 그 의미나 상징적 가치를 추출하기 위해 침투되는 것이 아니라 그 표면에서 '원격' 감각된다. 외딴 곳에서 영면하는 이 지도는 지리학자의 원격 감각으로 어떻게든 다시 깨어난다. 이 감지는

**| 그림 11.1 |** 앙드레 탐험대를 기리는 기념비에 새겨진 지도, 스톡홀름의 노라 베그라빙스플랏센 (출처: 데렉 맥코맥, 허가 받음)

라투르식의 '가볍게 걸어 다니는deambulatory'(Latour 1999, p. 79) 철학적 접근법과 유사해 보인다. 이를 통해 지도에서 (인식론적으로) 세계와의 유사성을 찾는 것이 아니라, 사슬, 링크, 네트워크에 연루된 물질적 객체임을 찾는 것이다. 라투르와 맥코맥이 환기한 네트워크 종류는 '다른 과학자들이 제정한 지시체들이 **아니라** 암시'로 만들어진다(Latour 1999, p. 78). 이곳 앙드레 기념비에 있는 부조 지도는 재현으로 설명되거나 해체되기보다는 암시되어 있다. 이 맥락에서, 지도 객체를 암시할 특별한 역능이 있는 기법이나 변형된 기법을 생각할 수 있을까? 나는 지도학적 객체의 삶과 시간성에 포스트현상학적 주의를 기울이기 위해, 변칙적인 주제에 이 기법을 낯설게 적용한 것으로 지도 리포토그래피를 실험한다.

대학교 사무실에 가면 체계적으로 마주치는 지도 하나가 있다. 그것은 파도바에서 가장 유명한 관광지 중 하나인 이른바 트로이 영웅 안테노르의 무덤에 위치해 있으며, 가깝지만 훨씬 덜 유명한 목적지를 가리킨다. 지하에 있는 로마 다리다. 주변 관광 지도라고 할 수도 있다. 웨인 왕 감독의 영화 〈스모크Smoke〉의 주인공이 자신의 가게에서 매일 같은 도시 풍경을 촬영하듯, 나는 지난 몇 년간 이 지도를 반복해서 촬영했다. 반복 사진은 지난 50년간 주로 지형학 및 기타 자연과학 연구에서 물리적 경관의 변화를 질적으로 평가하기 위해 수행된 기술이다. 기본적으로, 반복 사진은 '개별 기간 동안 동일한 촬영 위치에서 얻은 특정 장면의 연속 이미지들'을 짝짓는 일이다(Cerney 2010, p. 1339). 자연과학 분야에서는 원격 디지털 카메라를 사용하여 이 도구를 더 자동화하고 디지털 이미지 처리 기술을 사용하여 더 정량화하려는 시도가 증가하고 있다.

그러나 반복 사진은 사회학, 지리학, 인류학, 설계 및 순수예술 분야에서는 덜 기술적인 방식으로 사용된다(Klett 2011; Rieger 2011; Kumar 2014). 예술가이자 인류학자인 스미스(Smith 2007)는 창의적인 반복 사진 기법에 대한 혁신적인 글을 썼는데, 이 기법은 주체와 경관의 관계에 대해 질문하고 이야기하는 표현적이고 체화된 민족지학적 전략이다. 스미스는 경험과 주체성의 역할을 강조했는데, 이 방식은 주체중심적이고 현상학적인 지향으로 읽힐 수도 있다. 그러나 사실 그녀는 기술적이거나 물리적인 '예측할 수 없는 사건들'의 역할을 암시했고, 그에 따라 반복 사진에서 비인간 존재들의 독특한 행위성을 올바르게 평가할 통로를 암시했다. 그녀는 캐나다의 워터튼레이크국립공원에서 연구하는 동안, 긴 노출시간으로 인해 예측할 수 없는 결과를 낳는 핀홀카메라로 반복 사진을 찍기 시작했다. 그녀가 유명한 프린스오브웨일즈 호텔을 리포토그래피 촬영하고 있을 때 폭풍이 몰려와 호텔을 가렸다. 여기에 이미지 과다 노출이 겹쳐, 리포토그래피된 사진에서 호텔이 사라지고 말았다. 이 사건은 반복 사진의 본질과 반복 사진이 증거 혹은 매개와 맺는 관계에 대한 몇 가지 의문을 낳았다(MacManus 2011 참조). 그러나 스미스는 이러한 사진적 사건 내에서 사물의 행위성을 전적으로 인정하지는 않았으며, 리포토그래피에 대한 그녀의 해석은 여전히 주체중심적이고 인간중심적으로 남아 있다. 그녀의 고무적인 논의를 포스트현상학적이고 객체중심적인 영역으로 끌어들인다면 어떨까?

실제로 반복 사진에서 인간 행위성의 감각은 인간의 퇴거와 공존한다. 리포토그래피는 비인간 힘이 작용하도록 허용하는 인간의 의도적인 프로젝트이다. 엄격한 규칙(같은 주체, 동일한 위치, 동일한 프레임, 동일한 분위기)에 따라, 리포토그래피는 인간의 창의성이 퇴색하는 기계적인 행위로의 회귀이다. 이전에 객체를 촬영한 유리한 지점을 재점유할 때, 사진가는 자신이 무엇을 발견하게 될지 알수 없다. 사진가는 사물의 반응을 기다리며, 주어진 세계의 자율적인 힘에 영향을 받는다. 실제로, 반복 사진의 구속력 있는 규칙은 물질 세계에 자율적으로 말할 권리를 제공한다. 반복 사진의 명백한 강제성의 특성은 사진가를 창의적인 사진의 자기지시적인 특성에서 **해방시키고**, 다른 행위주체가 최종 결과물을 결정지을 여지를 만든다. 반복 사진에서, 세계는 주어진 것이고 주관적 구성보다 선행하며 행위주체적이다. 인간은 프레임을 생성하지만, 미학적 사건은 객체에 의해 창조된다. 이는 인간 행위주체와 무관하게 독립적으로 발생한다. 말하자면, 리포토그래피는 주체를 사물의 자율적인 삶의 현전 안에 들여놓는다[Rossetto 2019].

내가 파도바에 있는 트로이 영웅 안테노르의 무덤 근처에 있는 지도를 같은 시점視點에서 다시 촬영할 때, 나는 예측할 수 없는 사물들이 일어나고 행동할 프레임을 제공한 것이다. 날마다 사용 흔적과 기물파손, 유지보수 작업뿐 아니라 각종 기이한 층위의 것들이 지도와 맞닿아 있고, 나의 리포토그래피 행위는 지도의 존재와 조우들을

| **그림 11.2** | 트로이 영웅 안테노르의 무덤 근처에 있는 지도 리포토그래피, 파도바 2012-2018 (출처: 저자 사진)

명시할 틀과 기회를 제공한다[그림 11.2].

여기서 우리는 '객체가 변화하기 위해서는 새로운 연결을 형성해야 하며, 이는 객체가 현재 상태에서 분리되어야 하고 어떻게든 이전에 직접 접촉하지 않은 무언가와 접촉해야 함'을 알 수 있다[Harman 2011b, p. 300]. 리포토그래피는 '[길찾기] 기호의 적절한 상태 조건이 돌이킬 수 없이 변화하는 특성을 조명하기' 때문에 '불안정성과 물질적

| **그림 11.3** | 지도가 이동했다. 파도바, 2018 (출처: 저자 사진)

취약성을 다루는' 방법이다(Denise and Pontille 2014, p. 413). 리포토그래피는 지도의 삶에서 일어나는 갑작스러운 변화에 조현하는 방법이기도 하다. 이는 '"불모의 화면"에서 연속된 개물을 파악하는 데에 도움이 되지만, 극적인 사건으로 중단되기도 한다'(Harman 2011b, p. 301). 2018년 어느 가을날, 나는 진행 중인 작업 때문에 지도가 몇 미터 이상 이동했다는 것을 발견했다[그림 11.3].

실제로 최근 몇 년간 파도바 도심에서 많은 지도 표지판들이 완전히 철거된 것을 목격했지만, 내가 촬영하고 있는 이 지도는 어쩌면 무거운 틀에 박혀 원래 상태를 유지할 수 있을지도 모른다. 아니면, 내가 날 안심시키려고 그렇게 생각하고 싶을 수도 있다. 분명히, 이 지역의 무질서는 안테노르 무덤 근처 지도의 불확실한 운명을 예고하는 것 같다.

반복적으로 지도를 촬영하는 것은 휴면 상태의 지도를 각성시키고 그들의 '생성'에 조현되는 방식일 뿐만 아니라, '반쯤 죽은' 지도의 '반생성'에 주의를 기울이는 방법이기도 하다. 코펜하겐에서 반쯤 죽은 자전거의 불안정한 삶을 따라가던 라르센Larsen과 크리스텐센Christensen(2015)은 보통 이동성 실천의 주역으로 여겨지던 객체가 망가지고, 반쯤 구겨지고, 썩고, 벗겨지고, 녹슬고, 반쯤 잊혀지고, 파손된 것을 보았다. 그들은 사용하지 **않을** 때 자전거의 물질적 삶과 고요함에 초점을 맞췄고, 이에 따라 이러한 소비 객체의 '지속적인 생성과 반생성'을 파악했다(Larsen and Christensen 2015, p. 926). '반생성'이라는 표현은 특히 폐기된 선박에 대한 다큐멘터리 사진에 초점을 맞춰, '수명이 다한, 버려지고, 폐기되고, 해체되는 제품들', 즉 '쓰레기'를 둘러싼 이미지를 고찰한 크랑(Crang 2010)의 작업에서 따왔다. 크랑은 다음과 같이 말한다(Crang 2010, p. 1086).

쓰레기를 통해 사유하는 것은 사물의 불안정성을 폭로하는 시간-이미지를 만들어 낸다. 이 이미지는 있음에 초점을 맞추는 것을 넘어서고, 사물을 긍정적 생명력의 감각을 지닌 채 언제나 되어 가는 becoming 것으로 보는 이미지까지 넘어서서, 사물의 영락unding과 반생성을 강조하는 이미지로 넘어간다. 그리고 사물의 망가짐unding과 되지 않기unbecomin를 강조하는 이미지. … 쓰레기는 미덥지 않다, 보기 흉하다, 어울리지 않는다를 동의어로 포함하는 형용사적 의미에서 반생성적 사물을 강조한다.

모바일 매핑, 지도학적 살아 움직임 및 실시간 상호작용의 시대에 우리는 보통 지도를 쉬지 않고 움직이는 능동적이고 활력 있는 행위주체로 여긴다. '실천의 존재론화'의 한 종류로서 지도보다 매핑을 강조하는 최근의 흐름은 종종 '실천의 부재' 상태에 놓여 있는 지도, 잠들고 관계에서 벗어나고 물러나고 수동적이고 유한하고 '실천의 부재' 상태에 놓여 있는 지도, 잠들고 관계에서 벗어나고 물러나고 수동적이고 유한하고 '이음매에서 풀려난' 지도를 다루지 못한다 (Harrison 2009, pp. 987, 1004). 버려지고, 휴면 중이고, 방치되고, 부식 중이거나 반쯤 죽은 지도에 초점을 맞추는 건 어떨까? 지도 사용자를 따라다니는 지도가 아니라, 스톡홀름의 저 기념비처럼 비켜나 있고 우리가 방문해야만 하는 고정된 지도에 관심을 가져보는 건 어떨까? 생성도 반생성도 아닌 채 홀로 서 있는 고정된 지도들은 기록보관소나 박물관, 외딴 장소나 예외적인 곳에만 있는 것이 아니다. 그들은 우리가 일상적으로 거주하는 평범한 환경에서 다소 수수한 톤으로 살고 있다.

델라 도라는 경관–객체(우리는 이 사유를 지도에 적용해야 한다)에 대한 글(Della Dora 2009)에서, 그래픽 경관 재현을 2차원의 시각적 텍스트가 아닌 3차원의 물질적 객체로 간주하는 것은 재현적 특성 이상이고 텍스트적 특성 이상이며 인간적 특성 이상의 특성을 그들에게 돌려주는 것을 의미한다고 말했다. 이는 관심을 그들의 의미에서 그들의 물질적 구성으로 재설정하는 것을 의미한다. 이러한 물질적 구성은 시간에 영향을 받는다. 시간이 지남에 따라 이런 객체에는 '초대받지 않은 인간 행위주체와 비인간 행위주체가 거주하게 된다'(Della Dora 2009, p. 340). 델라 도라는 시간을 통해 여행한 객체-경관은 우리로 하여금 그것의 물질성을 인식하게 하고, 일상적인 틀에 갇힌 이미지의 덧없는 속성을 인식하게 한다고 말한다. 반복 사진의 경우처럼, 시간의 흐름은 이미지의 사물성을 감상하는 방법으로 전환될 수 있다. 또한, 델라 도라는 클락(Clark 2006)의 《죽음의 광경: 예술 글쓰기의 실험The Sight of Death: An Experiment in Art Writing》을 언급하는데, 이 책의 저자인 미술사학자는 일기에 기반한 실험적인 글쓰기를 통해 '시간이 지남에 따라 발생하고 변화하는 응시의 기록'을 언어적이고 시각적으로 만들어 냈다(Clark 2006, p. 5). 로스앤젤레스의 게티연구소Getty Research Institute에 머무는 동안, 클락은 매일 근처 박물관에 전시된 두 개의 푸생Nicolas Poussin 그림을 감상하며 관찰한 내용에 주석을 달았다. 클락은 그림의 구성적 세부 사항, 색채, 크기, 모양뿐 아니라 텍스트적 특질과 빛의 조건 같은 환경적 변화도 기록했다. 그러니까 그는 이 그림들을 거듭 찾아간 데에 바탕을 둔 연구 실천을 진행하면서 '보고 또 보는 과정에 몰두하면 경이로운 일이 일어난다'고 주장했다(Clark 2006, p. 5). 의미와 정치적 내용을 찾는 것을 넘어 시각적 경험을 글로 쓰는 데에는 반복의 역할이 결정적이다. 이러한 시간에 따른 변화의 기록과 바라보는 행위의 반복은 **반복적인 보기**를 기반으로 하는 몸짓인 리포토그래피 실천과 비슷하다. 분명 감각 주체의 역할이 중요하기에, 여기서 우리는 인간 경험이 사물의 행위성을 위한 여지를 만들지만 인간과 너무 거리를 두지는 않는 포스트현상학적 스타일(Ash and Simpson 2018) 또는 '덜 주체중심적인 현상학'(Simpson 2017, p. 5)의 한 형태를 볼 수 있다.

그러나 나와 트로이 영웅의 무덤 근처 지도가 이루는 것과 같은 인간-객체 쌍을 배경에 머물게 한다면, 우리는 리포토그래피에서 객체들이 서로 관련되어 있음을 알 수 있다. 그것들은 비인간 행위자로서 **무엇인가를 함께한다.** 사실, 반복 사진은 문테안(Munteán 2015)이 '시간의 다리time-bridges'라 부른 작업에 근거한다. 시간의 다리는 선행하는 사진과 일치하는 현재 장면의 세부 사항이다. 내가 안테노르의 무덤 근처 지도를 찍은 일련의 사진에서, 지도의 흰색 윤곽선과 그것을 담은 금속판의 윗부분은 일치 지점 또는 시간의 다리다. 반복 사진은 과거가 현재를 잠식하는 관문이 되는 이러한 물리적 일치점의 작용을 바탕으로 한다. 리포토그래피 과정에서 이러한 일치점은 대화로 나타난다. 그것은 사진의 상징적 기호일 뿐만 아니라 그 과정에 참여하는 행위자이기도 하다. 반복 사진은 공존하는 비인간 사물들의 이 자율적이고 미학적인 행위성을 선언할 공간을 열어 준다.

우리가 보았듯이, 반복 사진이 포착할 수 있는 추가적인 측면은, 우리의 경우에 시간의 경과가 이미지-객체 및 지도에 미치는 물리적인 영향이다. 시간이 지나면서 어떤 인간과 비인간 행위주체가 지도에 접촉했는가? 시간이 지남에 따라 그리고 공간에서 지도학적 사물은 어떻게 나이 드는가? 이런 의미에서 반복 사진은 데실비(DeSilvey 2006)가 인간 이외의 행위성이 특정한 객체나 장소에 대한 이야기를 하는 데에 참여하도록 허용할 때 작동한다고 한 일종의 '협업적 해석 윤리'로 볼 수 있다. 데실비의 연구는 미국 몬태나의 버려진 농가에 초점을 맞추어, 버려진 장소에 **남겨진** 물질문화를 조사했다. 그녀는 물리적 완전성의 상실은 문화적 정보의 상실과 연관되기 때문에 문화적 인공물artefact의 훼손은 일반적으로 순전히 부정적인 방식으로 이해된다고 말한다. 데실비는 그러나 분해와 부식 과정이 다른 영역에서는 기억의 복구에 기여한다고 제안한다. 데실비에게 몬태나 농가에 있는 이 인간 기억 저장소의 잔재는, 동시에 동물들에게는 활용할 수 있는 자원의 저장소였던 것이다. 인공물(인간이 물질 세계를 조작한 유물)은 동시에 생태물ecofact(비인간이 물질과 관여한 유물)이기도 했다. 버려진 농가에서 발견한 책 상자─둥지는 '그것의 내용물이 책이라는 정체성을 주장하는 동시에 설치류의 살림에 필요한 재료들의 저장고라는 정체성을 주장할 수 있도록 하는 해석적 틀을 필요로 한다'(DeSilvey 2006, p. 323).

따라서, 부식은 의미의 소거일 뿐만 아니라 다른 종류의 평가를 생성할 수 있는 과정으로 드러난다. 사물은 사회적 삶뿐만 아니라 물리적 삶도 지니고 있으며, 둘 다 역사와 기억의 절합으로 이어진다. 데실비는 또한 '모든 것은 인간의 관심과 흥미에서 멀어진 매트릭스matrix일지라도 어떤 기억의 매트릭스에 속한다'(Casey 2000, p. 311, DeSilvey 206, p. 325 재인용)며 기억의 매트릭스라는 개념을 사용한다. 따라서 비인간 행위자는 파괴적인 방식으로 객체에 개입할 수 있지만, 그들의 개입은 과거를 회상하는 다른 간접적인 자원을 생산하는 것으로

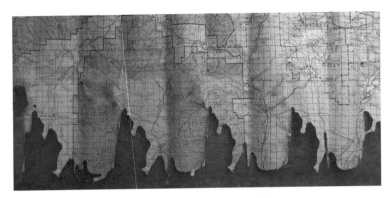

| **그림 11.4 |** 가장자리가 벌레 먹은 숲 지도 (출처: 케이틀린 데실비, 허가 받음)

볼 수 있다. 데실비가 몬태나의 농가에서 관찰한 썩어 가는 객체 중 하나는 몇 개의 손상된 지도들이 들어 있던 지하 저장고였다. 그중 하나는 비버헤드와 디어로지 삼림관리구역을 담은 미국 산림청 지도로, 지도를 펼치면 벌레 먹은 가장자리가 나타났다. 아래에서 나는 전통적이지 않은 지도학적 장소를 방문한 와중에 썩어 가는 지도를 마주한 데실비의 서술을 싣는다[그림 11.4].

## 다른 편집

농장의 지하 저장고(흙벽이 무너지고 시큼한 썩은 냄새가 나는 동굴 같은 공간)의 어두운 구석과 상자들에는 지도가 여러 장이 있었는데, 모두 나름의 방식으로 엄청나게 퇴색되어 있었다. 한 발굴에서 미줄라시 바로 서쪽에 있는 비버헤드 및 디어로지 삼림관리구역을 담은 미국 산림청 지도가 발견되었다. 지도를 펼치자, 아래쪽 가장 자리를 따라 벌레가 지도의 격자 영토를 먹어 치운 화려한 테두리가 눈에 들어왔다. 벌레들은 지도의 물질성을 주장하려 개입했고, 그렇게 함으로써 지역 생태계에 대한 인간의 개입을 나름대로 에둘러 논평한 것이다. 훼손된 종이 지도에 묘사된 물리적 영토에서 숲들은 수십 년 동안 부실한 관리와 화재 진압으로 고통받았고, 다른 유기체의 약탈에도 취약해졌다. 지난 수십 년 동안 파괴적인 나무껍질 딱정벌레의 침입으로, 지도에 녹색으로 재현된 많은 나무들이 죽었다. 지하 저장고 지도의 파괴는 주변 숲의 파괴에 대한 환유로 해석할 수 있다. 문화적 인공물의 탈절합은 무척추동물의 전기와 식욕에 관한 다른 역사의 절합으로 이어진다. 이 사변적이고 우화적인 사례에서, '객체는 다른 수준에서 더 완전하게 자신의 것이 되기 위해 다른 수준에서 폐용廢用되어야 한다'(Gross 2002, p. 36).

(DeSilvey 2006, p. 329)


먹어 치워진 지도에는 비인간 행위주체와의 협업에 개방된 큐레이터가 필요했다. 같은 방식으로, 반복 사진의 실천과 그 시간-이미지는 큐레이터 행위로 협력하도록 사물을 불러들이는 초대로 구상될 수 있으며, 이에 따라 시간이 지나며 지도의 생성과 반생성을 위한 자기표명 공간을 열어젖힐 수 있다.

결론

지도는 1980년대 후반부터 담론적·비판적·사회구성주의적 관점에서 광범위하게 검토된 대표적인 문화적 객체이자 일종의 재현이다. 최근에는 지도 사유에 상당한 발전이 있었다. 지도학 이론의 새로운 경향은 다면적인 디지털 및 비디지털 지도학적 수행, 이미지, 물질성을 다루면서 지도학적 재현에서 매핑 실천으로 관심을 이동시켰다. 지도학과 매핑을 이론화하는 이러한 새로운 포스트재현주의적 스타일(Dodge, Kitchin and Perkins 2009; Rossetto 2015 참조)은 아마도 우리의 디지털 시대에 영향을 미치는 새로운 지도학의 영역을 파악하고, 결과적으로 현재의 감성에 비추어 지도학 전반을 재고하려는 시도로 등장했다.

지도 연구 범위의 확장(Kent and Vujakovic 2018, Brunn and Dodge 2017; Azoxar Fernandez and Buchroithner 2015), 지도학 및 매핑 실천에 대한 다중음성적이고 비판을 넘어서는 이론적 설명의 출현(Perkins 2018), 그리고 '지도인문학carto-humanities'의 새로운 주창(Duxbury, Garrett-Petts and Longley 2019 사례; Reddleman 2018 참조)은 이 책 전체에서 지도학과 객체지향 존재론의 실험적 혼성을 뒷받침하는 생산적인 배경으로 등장했다. 사실, 나는 객체지향 지도학을 제안함으로써 지도 사유에 혁신적인 패러다임을 도입하려는 것이 아니다. 나는 단지 객체지향 사상가들의 여러 작업(Harman 2011, 2018; Morton 2013; Bogost 2012; Bryant 2011, 2014; Bennett 2010)을 지도 이론화와 비교하여 기존의 번영하는 지도 연구 경관에 하나의 층위를 추가하고 싶었을 뿐이다. 이런 방식으로 이 책은 구체적이고 혁신적인 각도에서 지도학과 지도 연구의 변화하는 특성에 진입했다.

이러한 객체지향 존재론의 시각은 다양한 학문 분과에서 '사물의 세계'를 바라보는 독특한 초점을 불러일으키는 철학적 흐름이다. 객체지향 철학이 1990년대에 시작된 물질과 비인간을 향한 더 폭넓은 움직임의 계승자인지 아닌지와 관계없이(Fowles 2016), 최근에 일어난 것으로 보이는 것은 객체지향 존재론의 인기가 객체 연구라는 다학제적 분야를 새롭게 했을 뿐 아니라, 서로 다른 탐구 분야 내부에서 사물, 객체, 물질성이 지닌 매력도 새롭게 했다는 것이다. 그런 의미에서, 나의 첫 번째 시도는 객체지향 지도학에 대한 탐구를 지도학의 물질성과 객체성을 파고든 기존의 탁월한 연구들과 연결하는 것이었다.

사실 물질적 전환과 객체지향 존재론의 관계는 문제적이다. 객체지향 사상가들 사이에서 물질에 대한 사유는 차별화되기까지는 않더라도 매우 미묘한 차이들이 있기 때문이다. 이 책에서 지도는 존재 혹은/그리고 물질적 개물로 간주되었다. 이 특정 사례뿐만 아니라 다른 문제적인 측면과 관련해서도, 포괄적인 이론적 틀짓기를 지향하는 태도는 책 전반에 걸쳐 객체지향 지도학에 대한 나의 탐구를 이끌었다. 부분적으로 이러한 태도는 많은 분야, 특히 객체 연구의 초학제적 분야에서 발생하는 몇 가지 이론적 혼성화로 제안된다. 더욱이 최근 부상한 객체지향 철학에 참여하려는 절충적이고 실험적인 노력은 지리학과 같은 다양한 학문적 관점에서 점점 더 많이 시행되고 있다. 여러 장에서 언급했듯이, 객체지향적인 이론적 제안들은 포스트현상학적 · 비재현적 · 물질적 · 비판적 · 포스트휴먼적 지리학 지형에 점차 포함되고 있다. 지난 몇 년 동안 지도학이 이러한 이론적 혼합에 특히 개방적인 분야임이 입증되었고, 이 책은 탈재현적 지도학에서 비재현적 지도학에 이르기까지, 현상학적·물질적 접근뿐만 아니라 탈비판적 접근에 이르는 기존 작업에서 큰 도움을 얻었다. 이론적 관점에서 이 책은 객체지향 존재론의 더 정통적인 활용과 덜 정통적인 활용, 객체지향 이론의 다양한 버전들, 인간중심 접근법과 객체지향 접근법, 객체에 대한 관계적 개념과 비관계적 개념, 서로 대안적인 객체가 **무엇인가**에 대한 강조와 객체가 **무엇을 하는가**에 대한 강조에서 파생되는 잠재적인 모순과 아포리아에 직면하게 되었다.

코스그로브(Cosgrove 2008)가 단언했듯, 지도가 전례 없는 방식으로 일상의 물질 세계를 관통했기에 우리는 현재 역사상 지도학적으로 가장 풍부한 문화에 거주하고 있다. 디지털 장치 및 실천의 폭발적 증가와 지도학적 인터페이스 및 이미지의 확산으로 편재하는 모바일 매핑은 사회 내 지도학의 프로필을 심대하게 변화시켰다. 오늘날에는 지도학적 객체의 블랙 노이즈[기술적인 침묵 상태]를 증폭시킬 필요가 없다. 지도는 주변적이지 않다. 지도는 어디에나 있다. 그러나 동시에 이 성장하는 편재성은 지도를 배경에 위치시켰다. 디지털 지도와 비디지털 지도 모두 보이지 않는 지하 세계로 돌아가 무의식적으로 실천되거나 구조화되지 않은 청중과 관련을 맺는다. 돈 아이디의 유명한 인간과 기술의 관계 분류를 사용하여, 우리는 지도가 대부분 해석학(의미를 읽어 내는 기술적 인공물로서의 지도), 체화(육화된 지도) 또는 배경(우리 세계에서 눈에 띄지 않는 지도) 문제로 여겨진다고 말할 수 있다.

그러나 이 책은 아이디가 제안한 네 번째 범주, 즉 **타자성**에 훨씬 더 중점을 두었다. 타자로서, 개체로서, 살아 있는 비인간으로서, 인간의 이해와 사용 너머의 존재로서의 지도 말이다. 지도학적 존재를 전경에 내세우고 지도 그 자체를 고려함으로써, 나는 실천과 관계를 덜 강조했다. 실제로 나의 객체지향 지도학은 객체 그 자체에 더 초점을 맞춘다. 이것은 아마도 이 책이 현재의 지도 사유에 층위를 한 겹 추가하려고 한 가장 미끄러운 방향 중 하나일 것이다. 물론 지도는 인간이 만든 도구이기에 인간과 거리를 두는 접근 방식을 지도학 영역에 적용하는 것은 특히 미끄러운 일이다. 앞서 언급했듯이(Shaviro 2014, p. 48), '도구는 아마도 우리가 객체 독립이라는 역설에 가장 완전히 직면하는 객체일 것이다.' 그럼에도 불구하고, 지도학적 영역에 대한 '민주적' 고려와 미학적 성향은 그러한 인간과의 거리두기를 실험하고, 예상할 수 없고 초과하며 고갈될 수 없는 지도학적 사물의 비축을 인지하는 데에 도움이 되었다. 객체지향 존재론의 가장 기본적이고 공통된 원칙 중 하나는 평평한 존재론이 모든 사물을 동등하게 취급한다는 것이다. 이 원칙에 따라, 나는 지도학적 사물의 광범위한 목록을 사유했고 이에 따라 지도를 어떤 식으로든 한계에 다다르게 했다. 객체지향 존재론이 승인한 사물의 민주주의 정신에 따라, 나는 **모든** 지도학적 사물을 올바르게 다룰 자유를 느꼈다(그림 12.1).

| **그림 12.1** | 한계에 이른 지도학 (출처: 리앙카 로제토의 사진, 파도바, 2017, 허가 받음)

    우리의 일상 환경을 채우는 모든 지도학적 객체에 민감하게 반응하는 중요한 양식은 미적인 것이다. 객체지향 존재론 사상가들에게 미학은 실재에 대한 간접적인 암시를 허용함으로써 객체의 존재와 삶을 파악할 수 있는 잠재력을 지닌다. 비슷한 맥락에서, 이 책은 이론적 성찰과 미학적 암시를 통해 지도에 접근하려 노력했다. 이런 태도는 '살아 있는 이미지'의 이론화에 대한 특별한 참조와, 지도 연

구와 이미지 이론의 대화를 마련함으로써 길러졌다[Bredekamp 2018; van Eck 2015; Belting 2014; Mitchell 2005]. 1인칭으로 말할 수 있는 능력, 이미지의 자율성, 독립성, 저항성, 자기 내부로 물러나서 자기 존재에 대해 이렇게 멀리서 말해 주는 어떤 것으로서의 예술 작품, 이것들과 또 다른 것들은 모두 시각 연구 분야에서 널리 관찰된 이미지의 살아 움직임 형식이며, 이 책은 이를 지도학 영역에 잠정적으로 적용한 것이다. 물론, 지도가 자율적 존재처럼 그것의 힘을 사악하게 주장한다는, 지도학적 이미지의 물신화는 지도학의 이론적 담론, 특히 비판적 지도학에 깊이 뿌리박혀 있다. 이 책은 그러한 지도공포적 접근 방법을 다시 제안하기는커녕 지도를 살아 움직이게 하는 다른 분위기와 양식을 살펴보았다. 나의 주된 논점은 지도학의 인식론(지도가 세계에서 사물을 매핑하는 방식)이 아니라, 지도학의 중심이 되는 지도학적 객체이기 때문에 지도의 개체발생(지도가 실천을 통해 살아나는 방식)보다는 지도의 존재론에 관한 질문으로 회귀한다고 말할 수도 있겠다. 이는 부분적으로 사실이지만, 내가 이 책에서 제안하는 존재론적이고 미학적인 탐색의 의미는 지도의 존재론적 힘에 대한 기존의 비판적 평가와는 다르다.

지도에 대한 명시적인 객체지향 접근법을 채택하는 것 외에도, 이 책은 보고스트가 2012년《에일리언 현상학》에서 제안한 **실용적인** 사변적 실재론의 지도중심적 버전을 탐구하려고 했다. 보고스트는 구체적인 방법론적 응용을 발전시키고자 객체지향 존재론의 '응용된' 버전을 이론화했다. 어떻게 하면 지도학에 **실질적으로** 접근할 수 있을까? 오늘날 철학적 사변적 실재론에 동조하는 다양한 분야의 학자들은 실용적인 응용과 방법론적 결과를 열렬히 찾으려 한다. 실용적인 관점에서 지도의 '사물성'을 탐구하기 위해, 이 책은 지도학적 객체의 삶을 추측할 뿐만 아니라 객체지향 지도학 연구를 개발하는 방법을 제공하는 것을 목표로 했다. 이를 위해, 앞부분의 이론장을 제외하고 각 장마다 하나의 방법론적 제안과 적어도 하나 이상의 사례연구를 제공했다. 새롭게 고안된 방법 또는 기존의 질적 연구 방법을 수정한 형태의 포스트휴먼, 비재현적, 포스트현상학적 방법론 스타일과 전략은 특히 문화지리학(Ash and Simpson 2018; Dowling, Lloyd and Suchet-Pearson 2017, Bastian et al. 2016; Vannini 2015) 같은 분야에서 새로운 추진력을 얻고 있다. 이는 부분적으로 광범위한 새로운 디지털 객체를 다루어야 하는 필요성에서 기인한다. 애쉬와 다른 학자들(2018, p. 165)이 디지털과 관련하여 지적했듯이, 현대 문화지리학을 살아 움직이게 하는 문제는 "'새로운' 문화지리학을 구성하는 분석 습관과 실천에 의문을 제기하는 새로운 문화적 객체가 등장하고 있다는 것'이다(Rose 2016 참조). 그러나 이러한 새로운 디지털 객체가 자극하는 새로운 방법론적 감성은 **모든** 종류의 객체 연구에도 영향을 미친다. 다시 말하지만, 디지털 전환에 엄청난 영향을 받은 지도학과 지도이론 영역은 이러한 경향의 사례가 된다. 왜냐하면 디지털로의 이행과 더불어 출현한, 탈재현적 지도학과 같은 새로운 접근 방식이 **전반적인** 지도학 사유에 영향을 미치기 때문이다. 따라서 이 책은 자체적인 방식으로 디지털과 비디지털 및 혼합된 형식의 지도학에 모두 객체지향 접근법을 적용하여 '비디지털 및 디지털 매핑에 대한 전체론적 논의'(Duggan 2017, p. 11)를 시도하였다. 실제로 디지털 및 비디지털 매핑에 대한 유동적인 접근 방식과 디지털 지도학적 유물론에 대한 관심은 많은 이상한 지도학적 사물과 사건을 탐구하도록 허락한다(그림 12.2).

랜킨(Rankin 2015)이 적었듯이,

GPS 장치의 확산과 인터랙티브 온라인 매핑을 고려할 때, 전통적인 지도는 구식이라고 말하기 쉽다. 직관적인 길 안내가 도로지도를 대체했고, 구글은 실시간 교통정보에서 식당 리뷰에 이르기까지 모든 것을 가지고 정적인 지도를 업그레이드했으며, 위키피디아는 방대한 지리 교과서를 대신했다. 지도애호가에게 희망은 없는가? 사랑스럽게 맞춤 제작된 독립형 지도는 부유한 수집가들과 신기술 반대자들만 찾는 틈새 상품이 될 것인가?

이런 식으로 질문을 구성하는 것은 오해의 소지가 있다 ….

GPS 및 GIS Geographic Information System에서 통계 및 환경 데이터 설정의 손쉬운 가용성에 이르기까지 새로운 공간 도구의 확산은 특정 종류의 매핑을 그 어느 때보다 중요하고 어디에나 있도록 만들고 있다. 우리는 지도의 쇠퇴에 직면한 것이 아니라, 지리적 사실의 저장소로서의 지도에서 해석적이고 논쟁적이며 당당하게 부분적인 지도로의 전환에 직면해 있는 것이다.

지도학적 저작 행위 역시 학문과 디자인, 공예가 점점 더 혼합되면

| 그림 12.2 | 디지털 습관(확대하기)을 비디지털 지도 객체에 적용하기. 리메나, 2018 (출처: 저자 사진)

서 극적으로 변화하고 있다. 매핑은 더 이상 과학적 자격 증명을 걱정하는 전문가의 것이 아니다. 대신에 일상적인 의사소통의 중요한 형식이다. 이러한 새로운 지도가 종이에 나타나든, 온라인에 나타나든 크게 상관이 없다.

이 책은 디지털 및 비디지털 지도학적 객체들의 민주주의를 간청하며, 객체지향 존재론과 지도 연구 간의 대화를 확립할 몇 가지 방법을 모색했지만 다른 길이 있었거나 있을 수 있다. 나의 길은 상상력이 풍부하고, 때로는 순진하지만 현재의 활기차고 용감한, 장난기 많은 객체 사유의 풍경에 적합해 보이는 것이다. 하먼(Harman 2018, p. 256)이 최근에 분석한 것과 같이 '객체지향 존재론의 학제적學際的 성공은 객체지향 존재론이 행위자-네트워크 이론의 정신에서 이루어지는 극단적으로 광범위한 방법인 것처럼 보이도록 만들지만, 그것은 모든 객체의 비관계적 핵심을 구출하여 사물에 대한 미학적 개념을 위한 길을 닦는 방법'이다. 지도를 비관계적 개물로 다루는 것은 무의미하지는 않지만 미끄럽고 모순적이다. 그럼에도 불구하고, 나는 지도에 대한 관심에서 출발하여 지도와 지도에 대한 기존 문헌 모두를 새로운 관점에서 고찰할 길을 객체지향 존재론 문헌에서 자연스럽게 발견했다. 쉼 없이 달려온 이 책을 마무리하며, 나는 이 책이 활성화시킨 이상하고, 더 믿을 만하거나 덜 믿을 만한 이론적ㆍ방법론적ㆍ경험적 연결 고리에 조금은 놀라움을 느낀다. 다른 연구 분야에 대한 객체지향 철학적 사유의 적용에 대해 하먼(Harman 2018, p. 183)은 다음과 같이 말한다. '다른 사람들이 우리 작업으로 무엇을 하는지를 보고 놀라움을 가지자. 마치 가는 집마다 음악을 고르는 거만한 파티꾼처럼 그러한 각색을 명령하기보다는 말이다.'

지도학과 객체 사유에 매료되어, 나는 개인적으로 각색을 시도했고, 불협화음이나 너무 감상적인 음악으로 들릴 위험을 감수하며 내 집에서 음악을 연주한 것이다.

## 서론 _ 지도 사유하기의 층위

Ash, J and Simpson, P 2016, 'Geography and Post-phenomenology', *Progress in Human Geography*, Vol. 40, No. 1, pp. 48-66.

Bogost, I 2012, *Alien Phenomenology or What It's Like to Be a Thing*, University of Minnesota Press, Minneapolis, MN.

Boria, E and Rossetto, T 2017, 'The Practice of Mapmaking: Bridging the Gap Between Critical/Textual and Ethnographic Research Methods', *Cartographica*, Vol. 52, No. 1, pp. 32-48.

Bruno, G 2002, *Atlas of Emotion: Journeys in Art, Architecture, and Film*, Verso Books, New York.

Casti, E 2015, *Reflexive Cartography: A New Perspective on Mapping*, Elsevier, Amsterdam.

Cosgrove, D 1990, *Realtà sociali e paesaggio simbolico*, Unicopli, Milano.

Cosgrove, D 2008, 'Cultural Cartography: Maps and Mapping in Cultural Geography', *Annales de Géographie*, Vol. 660-661, No. 2-3, pp. 159-178.

Dodge, M, Kitchin, R and Perkins, C (eds) 2009, *Rethinking Maps: New Frontiers in Cartographic Theory*, Routledge, Abingdon.

Dubois, P 1983, *L'acte photographique*, Labor, Brussels.

Edney, MH 2015, 'Cartography and Its Discontents', *Cartograhica*, special issue 'Deconstructing the Map: 25 years on', Vol. 50, No. 1, pp. 9-13.

Farinelli, F 1992, *I segni del mondo. Immagine cartografica e discorso geografico in età moderna*, La Nuova Italia, Firenze.

Harley, JB 1989, 'Deconstructing the Map', *Cartographica*, Vol. 26, No. 2, pp. 1-20.

Kitchin, R 2010, 'Post-representational Cartography', *Lo Squaderno: Explorations in Space and Society*, No. 15, pp. 7-12.

Kitchin, R and Dodge, M 2007, 'Rethinking Maps', *Progress in Human Geography*, Vol. 31, No. 3, pp. 331-344.

Lladó Mas, B 2012, 'El revés del mapa. Notes al voltant de Brian Harley i Franco Farinelli', *Documents d'Anàlisi Geogràfica*, Vol. 58, No. 1, pp. 165-176.

Lo Presti, L 2017, *(Un)Exhausted Cartographies: Re-Living the Visuality, Aesthetics and Politics in Contemporary Mapping Theories and Practices*, PhD Thesis, Università degli Studi di Palermo.

Marra, C 2001, *Le idee della fotografia. La riflessione torica dagli anni sessanta a oggi*, Bruno Mondadori, Milano.

Mitchell, P 2008, *Cartographic Strategies of Postmodernity. The Figure of the Map in Contemporary Theory and Fiction*, Routledge, New York and London.

Monmonier, M 2007, 'Cartography: The Multidisciplinary Pluralism of Cartographic Art, Geospatial Technology, and Empirical Scholarship', *Progress in Human Geography*, Vol. 31, No. 3, pp. 371-379.

Papotti, D 2000, 'Le mappe letterarie: Immagini e metafore cartografiche nella narrativa italiana', in Morando, C (ed), *Dall'uomo al satellite*, Franco Angeli, Milano, pp. 181-195.

Perkins, C 2018, 'Critical Cartography', in Kent, A and Vujakovic, P (eds), *The Routledge Handbook of Mapping and Cartography*, Routledge, London and New York, pp. 80-89.

Pickles, J 2004, *A History of Spaces: Cartographic Reason, Mapping, and the Geo-Coded World*, Routledge, London and New York.

Quaini, M 1979, 'Esiste una questione cartografica?' *Hérodote/Italia, Strategie Geografie Ideologie*, No. 1, pp. 172-185.

Rossetto, T 2012, 'Embodying the Map: Tourism Practices in Berlin', *Tourist Studies*, Vol. 12, No. 1, pp. 28-51.

Wood, D 2006, 'Map Art', *Cartographic Perspectives*, No. 53, pp. 5-14.

## 1_ 지도학적 사물들로의 (재)전환

Agarwal, P 2004, 'Ontological Considerations in GIScience', *International Journal of Geographical Information Science*, Vol. 19, No. 5, pp. 501-536.

Ash, J 2013, 'Rethinking Affective Atmospheres: Technology, Perturbation and Space Times of the Non-Human', *Geoforum*, Vol. 49, pp. 20-28.

Axon, S, Speake, J and Crawford, K 2012, '"At the Next Junction, Turn Left": Attitudes towards Sat Nav Use', *Area*, Vol. 44, No. 2, pp. 170-177.

Barber, P and Harper, T 2010, *Magnificent Maps: Power, Propaganda and Art*, British Library, London.

Brown, B 2001, 'Thing Theory', *Critical Inquiry*, Vol. 28, No. 1, pp. 1-22.

Brückner, M 2011, 'The Ambulatory Map: Commodity, Mobility, and Visualcy in Eight- eenth-Century Colonial America', *Winterthur Portfolio*, Vol. 45, No. 2/3, pp. 141-160.

Brückner, M 2016 'Karten als Objekte. Materielle Kultur und räumliche Arbeit im frühen Nordamerika', in Kalthoff, H, Cress, T and Röhl, T (eds), *Materialität:*

*Herausforderungen für die Sozial- und Kulturwissenschaften*, Fink Verlag, Paderborn, pp. 195-218.

Brückner, M 2017, *The Social Life of Maps in America, 1750–1860*, University of North Carolina Press, Chapel Hill.

Candlin, F and Guins, R (eds) 2009, *The Object Reader, Routledge*, London and New York.

Czemiel, G 2017, 'The Secret Life of Things: Speculative Realism and the Autonomous Object', in Malinowska, A and Lebek, K (eds), *Materiality and Popular Culture: The Popular Life of Things*, Routledge, London and New York, pp. 41-52.

Della Dora, V 2005, 'Towards a "3D Understanding" of Renaissance Cartography' *H-HistGeog, H-Net Reviews*, October, viewed 24 November 2018, https://networks. h-net.org/node/5280/ reviews/6415/della-dora-fiorani-marvel-maps-art-cartography-and-politics-renaissance

Della Dora, V 2007, 'Materilità, specificità e "quasi-oggetti" geografici', *Bollettino della Società Geografica Italiana*, No. 2, pp. 315-343.

Della Dora, V 2009a, 'Travelling Landscape-Objects', *Progress in Human Geography*, Vol. 33, No. 3, pp. 334-354.

Della Dora, V 2009b, 'Performative Atlases: Memory, Materiality, and (Co-) Autorship', *Cartographica*, Vol. 44, No. 4, pp. 240-255.

Dillon, D 2007, 'Consuming Maps', in Akerman, JR and Karrow, W Jr (eds), *Maps: Finding Our Place in the World*, University of Chicago Press, Chicago and London, pp. 290-343.

Dodge, M, Kitchin, R and Perkins, C (eds) 2009, *Rethinking Maps: New Frontiers in Cartographic Theory*, Routledge, London and New York.

Duggan, M 2017 'The Cultural Life of Maps: Everyday Place-Making Mapping Practices', *Livingmaps Review*, No. 3, pp. 1-17.

Edwards, E and Hart, J (eds) 2004, *Photographs Objects Histories: On the Materiality of Images*, Routledge, London and New York.

Field, K, O'Brien, J and Beale, L 2011, 'Paper Maps or GPS? Exploring Differences in Wayfinding Behaviour and Spatial Knowledge Acquisition', *Proceedings of the 25th International Cartographic Conference*, Paris, July 3–8, pp. 1-8.

Fiorani, F 2005, *The Marvel of Maps: Art, Cartography and Politics in Renaissance Italy*, Yale University Press, New Haven.

Fowles, S 2016, 'The Perfect Subject (Postcolonial Object Studies)', *Journal of Material Culture*, Vol. 21, No. 1, pp. 9-27.

Harman, G 2018, *Object-Oriented Ontology: A New Theory of Everything*, Pelican Books, London.

Jacob, C 2006, *The Sovereign Map. Theoretical Approaches in Cartography Throughout History*, The University of Chicago Press, Chicago and London.

Lammes, S 2017, 'Digital Mapping Interfaces: From Immutable Mobiles to Mutable Images', *New Media & Society*, Vol. 19, No. 7, pp. 1019-1033.

Latour, B 1986, 'Visualisation and Cognition: Drawing Things Together', in Kuklick, H (ed), *Knowledge and Society: Studies in the Sociology of Culture Past and Present*, Vol. 6, JAI Press, Greenwich, CT, pp. 1-40.

Latour, B 1987, *Science in Action*, Harvard University Press, Cambridge, MA.

Laurier, E and Brown, B 2008, 'Rotating Maps and Readers: Praxiological Aspects of Alignment and Orientation', *Transaction of the Institute of British Geographers*, Vol. 33, No. 2, pp. 201-216.

Leszczynski, A 2009a, 'Postructuralism and GIS: Is There a "Disconnect"?' *Environment and Planning D: Society and Space*, Vol. 27, No. 4, pp. 581-602.

Leszczynski, A 2009b, 'Rematerializing GIScience', *Environment and Planning D: Society and Space*, Vol. 27, No. 4, pp. 609-615.

Malinowska, A and Lebek, K (eds) 2017, *Materiality and Popular Culture: The Popular Life of Things*, Routledge, London and New York.

November V, Camacho-Hübner, E and Latour, B 2010, 'Entering a Risky Territory: Space in the Age of Digital Navigation', *Environment and Planning D: Society and Space*, Vol. 28, No. 4, pp. 581-599.

Perkins, C 2014, 'Plotting Practices and Politics: (Im)mutable Narratives in OpenStreet- Map', *Transactions of the Institute of British Geographers*, Vol. 39, No. 2, pp. 304-317.

Perkins, C, Dodge, M and Kitchin, R 2011, 'Introductory Essay: Cartographic Aesthetics and Map Design', in Dodge, M, Kitchin, R and Perkins, C (eds), *The Map Reader: Theories of Mapping Practice and Cartographic Representation*, John Wiley & Sons, London, pp. 194-200.

## 2_객체지향 존재론에서 지도 연구로, 그리고 그 반대로

Agarwal, P 2004, 'Ontological Considerations in GIScience', *International Journal of Geographical Information Science*, Vol. 19, No. 5, pp. 501-536.

Bennett, J 2010, *Vibrant Matter: A Political Ecology of Things*, Duke University Press, Durham and London.

Bogost, I 2012, *Alien Phenomenology or What It's Like to Be a Thing*, University of Minnesota Press, Minneapolis, MN.

Bryant, LR 2011, *The Democracy of Objects*, Open Humanities Press, Ann Harbor,

MI. Bryant, LR 2014, *Onto-Cartography: An Ontology of Machines and Media*, Edinburgh University Press, Edinburgh.

Chandler, D 2018 'Mapping Beyond the Human: Correlation and the Governance of Effects', in Bargués-Pedreny, P, Chandler, D and Simon, E (eds), *Mapping and Politics in the Digital Age*, Routledge, London and New York, pp. 167-184.

Driesser, T 2018, 'Maps as Objects', in Lammes, S, Perkins, C, Gekker, A, Hind, S, Wilmott, C and Evans, D (eds), *Time for Mapping: Cartographic Temporalities*, Manchester University Press, Manchester, pp. 223-237.

Ferraris, M 2014, *Manifesto of New Realism*, SUNY Press, New York.

Harley, JB 1989, 'Deconstructing the Map', *Cartographica*, Vol. 26, No. 2, pp. 1-20.

Harman, G 2011, *The Quadruple Object*, Zero Books, Winchester and Washington, DC.

Harman, G 2018, *Object-Oriented Ontology: A New Theory of Everything*, Pelican Books, London.

Latour, B 2005, *Reassembling the Social: An Introduction to Actor-Network-Theory*, Oxford University Press, Oxford.

Leszczynski, A 2009, 'Poststructuralism and GIS: Is There a "Disconnect"?', *Environment and Planning D: Society and Space*, Vol. 27, No. 4, pp. 581-602.

Lo Presti, L 2017, *(Un)Exhausted Cartographies: Re-Living the Visuality, Aesthetics and Politics in Contemporary Mapping Theories and Practices*, PhD Thesis, Università degli Studi di Palermo.

Mitchell, P 2008, *Cartographic Strategies of Postmodernity. The Figure of the Map in Contemporary Theory and Fiction*, Routledge, New York and London.

Morton, T 2013, *Realist Magic: Objects, Ontology, Causality*, Open Humanities Press, Ann Harbor, MI.

Perkins, C 2003, 'Cartography: Mapping Theory', *Progress in Human Geography*, Vol. 27, No. 3, pp. 341-351.

Perkins, C 2009, 'Mapping, Philosophy', in Kitchin, R and Thrift, N (eds), *International Encyclopedia of Human Geography*, Elsevier, Amsterdam.

Rossetto, T 2014 'Theorizing Maps with Literature', *Progress in Human Geography*, Vol. 38, No. 4, pp. 513-530.

## 3_이론의 확장: 지도학적 객체, 지도 행위

Adams, C and Thompson, TL 2016, *Researching a Posthuman World: Interviews with Digital Objects*, Palgrave Pivot, London.

Belting, H 2014, *An Anthropology of Images: Picture, Medium, Body*, Princeton University Press, Princeton, NJ.

Bennett, J 2010, *Vibrant Matter: A Political Ecology of Things*, Duke University Press, Durham and London.

Bennett, J 2012, 'Systems of Things: A Response to Graham Harman and Timothy Morton', *New Literary History*, Vol. 43, No. 2, pp. 225-233.

Bogost, I 2012, *Alien Phenomenology or What It's Like to Be a Thing*, University of Min- nesota Press, Minneapolis, MN.

Boria, E and Rossetto, T 2017, 'The Practice of Mapmaking: Bridging the Gap Between Critical/Textual and Ethnographic Research Methods', *Cartographica*, Vol. 52, No. 1, pp. 32-48.

Bredekamp, H 2018, *Image Acts: A Systematic Approach to Visual Agency*, Walter De Gruyte, Berlin and Boston.

Bryant, LR 2014, *Onto-Cartography: An Ontology of Machines and Media*, Edinburgh University Press, Edinburgh.

Caquard, S 2015, 'Cartography III: A Post-Representational Perspective on Cognitive Car- tography', *Progress in Human Geography*, Vol. 39, No. 2, pp. 225-235.

Corner, J 1999, 'The Agency of Mapping: Speculation, Critique and Invention', in Cosgrove, D (ed), *Mappings, Reaktios Books*, London, pp. 213-252.

Crampton, J 2009, 'Being Ontological: Response to Postructuralism and GIS: Is There a 'Disconnect'?' *Environment and Planning D: Society and Space*, Vol. 27, No. 4, pp. 603-608.

Della Dora, V 2007, 'Materilità, specificità e "quasi-oggetti" geografici', *Bollettino della Società Geografica Italiana*, No. 2, pp. 315-343.

Della Dora, V 2009a, 'Travelling Landscape-Objects', *Progress in Human Geography*, Vol. 33, No. 3, pp. 334-354.

Della Dora, V 2009b, 'Performative Atlases: Memory, Materiality, and (Co-) Autorship', *Cartographica*, Vol. 44, No. 4, pp. 240-255.

Dodge, M, Kitchin, R and Perkins, C (eds) 2009, *Rethinking Maps: New Frontiers in Cartographic Theory*, Routledge, London and New York.

Driesser, T 2018, 'Maps as Objects', in Lammes, S, Perkins, C, Gekker, A, Hind, S, Wil- mott, C and Evans, D (eds), *Time for Mapping: Cartographic Temporalities*, Manchester University Press, Manchester, pp. 223-237.

Duggan, M 2017, *Mapping Interfaces: An Ethnography of Everyday Digital Mapping Practices*, PhD Dissertation, Royal Holloway University of London.

Fowler, C and Harris, JTO 2015, 'Enduring Relations: Exploring a Paradox of New Mate- rialism', *Journal of Material Culture*, Vol. 20, No. 2, pp. 127-148.

Gerlach, J 2014, 'Lines, Contours and Legends: Coordinates for Vernacular Mapping', *Progress in Human Geography*, Vol. 38, No. 1, pp. 22-39.

Gerlach, J 2018, 'Mapping as Performance', in Kent, A and Vujakovic, P (eds), *The

*Routledge Handbook of Mapping and Cartography*, Routledge, London and New York, pp. 90-100.

Harman, G 2011, 'Response to Shaviro', in Bryant, L, Srnicek, N and Harman, G (eds), *The Speculative Turn: Continental Materialism and Realism*, re.press, Melbourne, pp. 291-303.

Harman, G 2018, *Object-Oriented Ontology: A New Theory of Everything*, Pelican Books, London.

Ingold, T 2010, 'Bringing Things to Life: Creative Engagements in a World of Materials', ESRC National Center for Research Methods, Realities Working Paper #15.

Kitchin, R 2008, 'The Practices of Mapping', *Cartographica*, Vol. 43, No. 3, pp. 211-215.

Kitchin, R and Dodge, M 2007, 'Rethinking Maps', *Progress in Human Geography*, Vol. 31, No. 3, pp. 331-344.

Leszczynski, A 2009a, 'Postructuralism and GIS: Is There a 'Disconnect'?' *Environment and Planning D: Society and Space*, Vol. 27, No. 4, pp. 581-602.

Malinowska, A and Lebek, K 2017, *Materiality and Popular Culture: The Popular Life of Things*, Routledge, New York and Abingdon.

Mitchell, WJT 2005, *What Do Pictures Want? The Lives and Loves of Images*, University of Chicago Press, Chicago.

Morton, T 2013, *Realist Magic: Objects, Ontology, Causality*, Open Humanities Press, Ann Harbor, MI.

Perkins, C 2009, 'Mapping, Philosophy', in Kitchin, R and Thrift, N (eds), *International Encyclopedia of Human Geography*, Elsevier, Amsterdam.

Perkins, C 2018, 'Critical Cartography', in Kent, A and Vujakovic, P (eds), *The Routledge Handbook of Mapping and Cartography*, Routledge, London and New York, pp. 80-89.

Shaviro, S 2011, 'The Actual Volcano: Whitehead, Harman, and the Problem of Relations', in Bryant, L, Srnicek, N and Harman, G (eds), *The Speculative Turn: Continental Materialism and Realism*, re.press, Melbourne, pp. 279-289.

Shaviro, S 2014, *The Universe of Things: On Speculative Realism*, University of Minnesota Press, Minneapolis, MN.

Shaw, IGR and Meehan, K 2013, 'Force-full: Power, Politics and Object-Oriented Philosophy', *Area*, Vol. 45, No. 2, pp. 216-222.

van Eck, C 2015, *Art, Agency and Living Presence: From the Animated Image to the Excessive Object*, De Gruyter, Berlin.

Wilson, MW 2014, 'Map the Trace', *ACME: An International E-Journal for Critical Geographies*, Vol. 13, No. 4, pp. 583-585.

Wood, D 2010, *Rethinking the Power of Maps*, The Guilford Press, New York.

Bennett, J 2010, *Vibrant Matter: A Political Ecology of Things*, Duke University Press, Durham and London.

Bogost, I 2012, *Alien Phenomenology or What It's Like to Be a Thing*, University of Min- nesota Press, Minneapolis, MN.

Bruno, G 2014, *Surface. Matters of Aesthetics, Materiality, and Media*, University of Chi- cago Press, Chicago.

Bryant, LR 2011, *The Democracy of Objects*, Open Humanities Press, Ann Harbor, MI. De Wesselow, T 2013, 'Locating the Hereford Mappamundi', *Imago Mundi: The International Journal of the History of Cartography*, Vol. 65, No. 2, pp. 180-206.

Duggan, M 2017a, *Mapping Interfaces: An Ethnography of Everyday Digital Mapping Practices*, PhD Dissertation, Royal Holloway University of London.

Duggan, M 2017b, 'The Cultural Life of Maps: Everyday Place-Making Mapping Practices', *Livingmaps Review*, No. 1, pp. 1-17.

Forsyth, I, Lorimer, H, Merriman, P and Robinson, J 2013, 'What Are Surfaces?' *Environmental and Planning A*, Vol. 45, No. 5, pp. 1013-1020.

Fowler, C and Harris, JTO 2015, 'Enduring Relations: Exploring a Paradox of New Materialism', *Journal of Material Culture*, Vol. 20, No. 2, pp. 127-148.

Harman, G 2011, 'Response to Shaviro', in Bryant, L, Srnicek, N and Harman, G (eds), *The Speculative Turn: Continental Materialism and Realism*, re.press, Melbourne, pp. 291-303.

Harman, G 2012a, 'The Well-Wrought Broken Hammer: Object-Oriented Literary Criticism', *New Literary History*, Vol. 43, No. 2, pp. 183-203.

Harman, G 2012b, 'On Interface: Nancy's Weights and Masses', in Gratton, P and Morin, M (eds), *Jean-Luc Nancy and Plural Thinking: Expositions of World, Politics, Art, and Senses*, SUNY Press, New York, pp. 95-107.

Hawkins, H and Straughan, E 2015, 'Tissues and Textures: Reimagining the Surficial', in Hawkins, H and Straughan, E (eds), *Geographical Aesthetics: Imagining Space, Staging Encounters*, Ashgate, Farnham, pp. 211-224.

Hornsey, R 2012, 'Listening to the Tube Map: Rhythm and the Historiography of Urban Map Use', *Environment and Planning D: Society and Space*, Vol. 30, pp. 675-693.

Ingold, T 2010, 'Bringing Things to Life: Creative Engagements in a World of Materials', ESRC National Center for Research Methods, Realities Working Paper #15.

Jacob, C 2006, *The Sovereign Map. Theoretical Approaches in Cartography Throughout History*, The University of Chicago Press, Chicago and London.

Lehman, AS 2015, 'The Matter of the Medium: Some Tools for an Art Theoretical

Interpretation of Materials', in Anderson, C, Dunnlop, A and Smith, PH (eds), *The Matter of Art: Materials, Technologies, Meanings 1200–1700*, Manchester University Press, Manchester, pp. 21-41.

Mappa Mundi, Hereford Cathedral, viewed 26 November 2018, www.themappamundi. co.uk/mappa-mundi/

Rose, G 2015, 'Rethinking the Geographies of Cultural "Objects" Through Digital Technologies: Interface, Network and Friction', *Progress in Human Geographies*, Vol. 40, No. 3, pp. 334-351.

Rossetto, T 2019 'The Skin of the Map: Viewing Cartography Through Tactile Empathy', *Environment and Planning D: Society and Space*, Vol. 37, No. 1, pp. 83-103.

Shaviro, S 2011, 'The Actual Volcano: Whitehead, Harman, and the Problem of Relations', in Bryant, L, Srnicek, N and Harman, G (eds), *The Speculative Turn: Continental Materialism and Realism*, re.press, Melbourne, pp. 279-289.

Shaw, IGR and Meehan, K 2013, 'Force-full: Power, Politics and Object-Oriented Philosophy', *Area*, Vol. 45, No. 2, pp. 216-222.

Tolia-Kelly, DP 2013, 'The Geographies of Cultural Geography III: Material Geographies, Vibrant Matters and Risking Surface Geographies', *Progress in Human Geography*, Vol. 37, No. 1, pp. 153-160.

Tuan, YF 1989, 'Surface Phenomena and Aesthetic Experience', *Annals of the Association of American Geographers*, Vol. 79, No. 2, pp. 233-241.

## 5_지도제품에서 배우기, 지도경관에서 표류하기

Ashton Smith, A 2011, 'Algebra of the Visual: The London Underground Map and the Art It Has Inspired', *New American Notes Online*, No. 1, np.

Assman, A 2010, 'The Shaping of Attention by Cultural Frames and Media Technology', in Emden, CJ and Rippl, G (eds), *Image-scapes: Studies in Intermediality*, Peter Lang, Oxford, pp. 21-38.

Banks, M 2007, *Using Visual Data in Qualitative Research*, Sage, London.

Bennett, J 2010, *Vibrant Matter: A Political Ecology of Things*, Duke University Press, Durham and London.

Bignante, E 2011, *Geografia e ricerca visuale: strumenti e metodi*, Laterza, Roma and Bari. Bogost, I 2012, Alien Phenomenology or What It's Like to Be a Thing, University of Minnesota Press, Minneapolis, MN.

Brückner, M 2011, 'The Ambulatory Map: Commodity, Mobility, and Visualcy in Eighteenth-Century Colonial America', *Winterthur Portfolio*, Vol. 45, No. 2/3, pp. 141-160.

Brückner, M 2015, 'Maps, Pictures and Cartoral Arts in America', *American Art*, Vol. 29, No. 2, pp. 2-9.

Brückner, M 2017, *The Social Life of Maps in America, 1750–1860*, University of North Carolina Press, Chapel Hill.

Bryant, LR 2011, *The Democracy of Objects*, Open Humanities Press, Ann Harbor, MI.

Bryant, LR 2012, 'Towards a Machine-Oriented Aesthetics: On the Power of Art, Unpublished Paper', *The Matter of Contradiction: Ungrounding the Object* Conference, Limousine, France September, viewed 29 November 2018, https:// larvalsubjects.files. wordpress.com/2012/09/bryantlimosine.pdf

Bryant, LR 2014, *Onto-Cartography: An Ontology of Machines and Media*, Edinburgh University Press, Edinburgh.

Caquard, S and Dormann, C 2008, 'Humorous Maps: Explorations of an Alternative Car- tography', *Cartography and Geographic Information Science*, Vol. 35, No. 1, pp. 51-64.

Casey, ES 2002, *Representing Place: Landscape Paintings & Maps*, University of Minnesota Press, Minneapolis, MN and London.

Cosgrove, D 2005, 'Maps, Mapping, Modernity: Art and Cartography in the Twentieth Century', *Imago Mundi: The International Journal for the History of Cartography*, Vol. 57, Part I, pp. 35-54.

Cosgrove, D 2008, 'Cultural Cartography: Maps and Mapping in Cultural Geogra phy', *Annales de Géographie*, Vol. 660-661, No. 2, pp. 159-178.

Craine, NJ and Aitken, S 2009, 'The Emotional Life of Maps and Other Visual Geographies', in Dodge, M, Kitchin, R and Perkins, C (eds), *Rethinking Maps: New Frontiers in Cartographic Theory*, Routledge, London and New York, pp. 149-167.

Della Dora, V 2009, 'Travelling Landscape-Objects', *Progress in Human Geography*, Vol. 33, No. 3, pp. 334-354.

Dillon, D 2007, 'Consuming Maps', in Akerman, JR and Karrow, W Jr (eds), *Maps: Finding Our Place in the World*, University of Chicago Press, Chicago and London, pp. 290-343.

Dodge, M 2018, 'Mapping II: News Media Mapping, New Mediated Geovisualities, Mapping and Verticality', *Progress in Human Geography*, Vol. 42, No. 6, 949-958.

Dodge, M, Kitchin, R and Perkins, C 2009, *Rethinking Maps: New Frontiers in Cartographic Theory*, Routledge, London and New York.

Dodge, M, McDerby, M and Turner, M (eds) 2008, *Geographic Visualization: Concepts, Tools and Applications*, Wiley, Chichester.

Elkins, J 1999, *The Domain of Images*, Cornell University Press, Ithaca and London.

Field, K and Cartwright, W 2014, 'Becksploitation: The Over-Use of a Cartographic Icon', *The Cartographic Journal*, Vol. 51, No. 4, pp. 343-359.

Griffin, A and Caquard, S (eds) 2018, 'Maps and Emotions' special issue, *Cartographic Perspectives*, No. 91.

Hanna, SP and Del Casino, VJ 2003, 'Introduction: Tourism Spaces, Mapped Representations, and the Practices of Identity', in Hanna, SP and Del Casino, VJ (eds), *Mapping Tourism*, University of Minnesota Press, Minneapolis, MN and London, pp. ix-xxvii.

Harman, G 2012, 'The Well-Wrought Broken Hammer: Object-Oriented Literary Criticism', *New Literary History*, Vol. 43, No. 2, pp. 183-203.

Harman, G 2018, *Object-Oriented Ontology: A New Theory of Everything*, Pelican Books, London.

Kent, AJ 2012, 'From a Dry Statement of Facts to a Thing of Beauty: Understanding Aesthetics in the Mapping and Counter-Mapping of Place', *Cartographic Perspectives*, No. 73, pp. 39-60.

Kitchin, R, Lauriault, TP and Wilson, MW (eds) 2017, *Understanding Spatial Media*, Sage, London.

Kurgan, L 2013, *Close Up at a Distance: Mapping, Technology and Politics*, Zone Books, New York.

Lo Presti, L 2017, *(Un)Exhausted Cartographies: Re-Living the Visuality, Aesthetics and Politics in Contemporary Mapping Theories and Practices*, PhD Thesis, Università degli Studi di Palermo.

Lo Presti, L 2018a, 'Maps In/Out of Place. Charting Alternative Ways of Looking and Experimenting with Cartography and GIS', *Journal of Research and Didactics in Geography (J-READING)*, Vol. 7, No. 1, pp. 105-119.

Lo Presti, L 2018b, 'Extroverting Cartography: "Seensing" Maps and Data Through Art', *Journal of Research and Didactics in Geography (J-READING)*, Vol. 7, No. 2, pp. 119-134.

Mains, SP, Cupples, J and Lukinbeal, C (eds) 2015, *Mediated Geographies and Geographies of Media*, Section III: 'Transforming Geospatial Technologies and Media Cartographies', Springer, Berlin, pp. 158-240.

Marin, L 2001, *On Representation*, Stanford University Press, Stanford, CA.

Mattern, S 2018, *Map as Method and Medium*, pedagogy workshop, Experimental Humanities Lab, Bard College, 4 May, viewed 28 September 2018, http:// wordsinspace. net/shannon/mapping-as-method-and-medium-2018/

Maycroft, N 2004, 'The Objectness of Everyday Life: Disburdenment or Engagement?' *Geoforum*, Vol. 35, No. 6, pp. 713-725.

McKinnon, I 2011, 'Expanding Cartographic Practices in the Social Sciences', in Mar golis, E and Pauwels, L (eds), *The Sage Handbook of Visual Research Methods*, Sage, London, pp. 452-472.

Mitchell, WJT 1994, *Picture Theory: Essays on Verbal and Visual Representation*, University of Chicago Press, Chicago and London.

Morton, T 2013, *Realist Magic: Objects, Ontology, Causality*, Open Humanities Press Ann Harbor, MI.

Papotti, D 2012, 'Cartografie Alternative. La Mappa Come Rappresentazione Ludica, Immaginaria, Creativa', *Studi Culturali*, No. 1, pp. 115-134.

Playful Mapping Collective 2016, *Playful Mapping in the Digital Age*, Institute of Network Cultures, Amsterdam.

Post, JB 2007, *Ruminations on the Borderlands of Cartography*, New York Map Society Website, viewed 20 February 2014, www.newyorkmapsociety.org/ FEATURES/POST2. HTM

Roberts, L 2012, 'Mapping Cultures: A Spatial Anthropology', in Roberts, L (ed), *Mapping Cultures: Place, Practice, Performance*, Palgrave Macmillan, Basingstoke, pp. 1-25.

Rossetto, T 2013, 'Mapscapes on the Urban Surface: Notes in the Form of a Photo Essay (Istanbul, 2010)', *Cartographica*, Vol. 48, No. 4, pp. 309-324.

Rossetto, T 2016, 'Geovisuality: Literary Implications', in Cooper, D, Donaldson, C and Murrieta-Flores, P (eds), *Literary Mapping in the Digital Age*, Routledge, Abingdon and New York, pp. 258-275.

Ryan, JR 2003, 'Who's Afraid of Visual Culture?' *Antipode*, Vol. 35, No. 2, pp. 232-237.

Smits, J 2009, 'Cartifacts, a Completely Different Kind of Map!' Journal of *Map & Geography Libraries*, Vol. 5, No. 2, pp. 177-186.

Thoss, J 2016, 'Cartographic Ekphrasis: Map Descriptions in the Poetry of Elizabeth Bishop and Eavan Boland', *Word & Image: A Journal of Verbal/Visual Enquiry*, Vol. 32, No. 1, pp. 64-76.

Tolia-Kelly, DP and Rose, G 2012, *Visuality/Materiality: Images, Objects and Practices*, Routledge, London and New York.

Tormey, J 2013, *Cities and Photography*, Routledge, London and New York.

Wheeler, JO 1998, 'Mapphobia in Geography? 1980–1996', *Urban Geography*, Vol. 19, No. 1, pp. 1-5.

6_문학 속 지도학 객체들의 생산적 실패: 아버지, 아들, 《로드》, 그리고 망가진 지도

Akerman, JA 2002, 'American Promotional Road Mapping in the Twentieth Century', *Cartography and Geographical Information Science*, Vol. 29, No. 3, pp. 175-191.

Bennett, J 2012, 'Systems of Things: A Response to Graham Harman and Timothy Mor- ton', *New Literary History*, Vol. 43, No. 2, pp. 225-233.

Brown, B 2001, 'Thing Theory', *Critical Inquiry*, Vol. 28, No. 1, pp. 1-22.

Brown, B 2015, *Other Things*, University of Chicago Press, Chicago.

Brückner, M 2016, 'The Cartographic Turn in American Literary Studies: Of Maps, Mappings and the Limits of Metaphor', in Blum, H (ed), *Turns of Event: American Literary Studies in Motion*, University of Pennsylvania Press, Philadelphia, pp. 44-72.

Caracciolo, M 2019, 'Object-Oriented Plotting and Nonhuman Realities in DeLillo's Underworld and Iñárritu's Babel', in James, E and Morel, E (eds), *Environment and Narrative: New Directions in Econarratology*, Ohio State University Press, Columbus.

Cometa, M 2012, *La scrittura delle immagini. Letteratura e cultura visuale*, Raffaello Cortina, Milano.

Cooper, D, Donaldson, C and Murrieta-Flores, P (eds) 2016, *Literary Mapping in the Digital Age*, Routledge, London and New York.

Engberg-Pedersen, A 2017, *Literature and Cartography: Theories, Histories, Genres*, The MIT Press, Cambridge, MA and London.

Epp, MH 2004, 'Object Lessons: The New Materialism in U.S. Literature and Culture', *Canadian Review of American Studies*, Vol. 34, No. 3, pp. 305-313.

Guglielmi, M and Iacoli, G (eds) 2012, *Piani sul mondo. Le mappe nell'immagianzione letteraria*, Quodlibet, Macerata.

Hamilton, G 2016, *The World of Failing Machines: Speculative Realism and Literature*, Zero Books, Winchester and Washington, DC.

Harman, G 2011, *The Quadruple Object*, Zero Books, Winchester and Washington, DC.

Harman, G 2012, 'The Well-Wrought Broken Hammer: Object-Oriented Literary Criticism', *New Literary History*, Vol. 43, No. 2, pp. 183-203.

Luchetta, S 2017, 'Exploring the Literary Map: An Analytical Review of Online Literary Mapping Projects', *Geography Compass*, Vol. 11, No. 1, pp. 1-17.

McCarthy, C 2006, *The Road*, Vintage Books, New York.

Morton, T 2013, *Realist Magic: Objects, Ontology, Causality*, Open Humanities Press, Ann Harbor, MI.

Muehrcke, PC and Muehrcke, JO 1974, 'Maps in Literature', *The Geographical Review*, Vol. 63, No. 3, pp. 317-338.

Peterle, G 2017, 'Comic Book Cartographies: A Cartocentred Reading of City of Glass, the Graphic Novel', *Cultural Geographies*, Vol. 24, No. 1, pp. 43-68.

Rossetto, T 2014, 'Theorizing Maps with Literature', *Progress in Human Geography*, Vol. 38, No. 4, pp. 513-530.

Rossetto, T and Peterle, G 2017, 'Letteratura e teoria cartografica a confronto: per una "carto-critica"', in Fiorentino, F and Paolucci, G (eds), *Letteratura e cartografia*, Mimesis, Milano, pp. 31-45.

Tally, RT Jr (ed) 2014, *Literary Cartographies: Spatiality, Representation and Narrative*, Palgrave Mcmillan, Basingstoke.

Thoss, J 2016, 'Cartographic Ekphrasis: Map Descriptions in the Poetry of Elizabeth Bishop and Eavan Boland', *Word & Image: A Journal of Verbal/Visual Enquiry*, Vol. 32, No. 1, pp. 64-76.

Tischleder, BB 2017, 'Beating True: Figuring Object Life Beyond Ontology', online, *Arcade: Literature, the Humanities, & the World Digital Salon*, University of Stanford, viewed 7 August 2018, https://arcade.stanford.edu/content/thing-theory-2017-forum

Wasserman, S 2017, 'Thing Theory 2017: A Forum', online, *Arcade: Literature, the Humanities, & the World* digital salon, University of Stanford, viewed 7 August 2018, https://arcade.stanford.edu/content/thing-theory-2017-forum

Weiss, D 2010, 'Cormac McCarthy, Violence, and Borders: The Maps as Code for What Is Not Contained', *Cormac McCarthy Journal*, Vol. 8, No. 1, pp. 63-77.

## 7_비인간 내레이션의 온화한 정치학: 유럽 지도의 자서전

Adams, TD 2000, *Light Writing & Life Writing: Photography in Autobiography*, The University of North Carolina Press, Chapel Hill and London.

Anderson, B and Ash, J 2015, 'Atmospheric Methods', in Vannini, P (ed), *Non-representational Methodologies: Re-envisioning Research*, Routledge, London and New York, pp. 34-51.

Bennett, J 2010, *Vibrant Matter: A Political Ecology of Things*, Duke University Press, Durham and London.

Bernaerts, L, Caracciolo, M, Herman, L and Vervaeck, B 2014, 'The Storied Lives of Non- Human Narrators', *Narrative*, Vol. 22, No. 1, pp. 68-93.

Blackwell, M (ed) 2007, *The Secret Life of Things: Animals, Objects and It-Narratives in Eighteenth-Century England*, Bucknell University Press, Lewisburg.

Bogost, I 2012, *Alien Phenomenology or What It's Like to Be a Thing*, University of Min- nesota Press, Minneapolis, MN.

Brückner, M 2011, 'The Ambulatory Map: Commodity, Mobility, and Visualcy in Eighteenth-Century Colonial America', *Winterthur Portfolio*, Vol. 45, No. 2/3, pp. 141-160.

Coplan, A 2004, 'Empathic Engagement with Narrative Fictions', *The Journal of Aesthetics and Art Criticism*, Vol. 62, No. 2, pp. 141-152.

Crouch, D 2011, 'Gentle Politics, Identity and the Spaces of Everyday Action', *Response. University of Derby's Online Journal*, No. 9, pp. 1-6.

Foster, R 2013, 'Tabula Imperii Europae: A Cartographic Approach to the Current Debate on the European Union as Empire', *Geopolitics*, Vol. 18, No. 2, pp. 371-402.

Foster, R 2015, *Mapping European Empire: Tabulae Imperii Europaei*, Routledge, London and New York.

Haralambidou, P 2015, 'The Architectural Essay Film', *Architectural Research Quarterly*, Vol. 19, No. 3, pp. 234-248.

Harley, JB 1987, 'The Map as Biography: Thoughts on Ordnance Survey Map, Six-Inch Sheet Devonshire CIX, SE, Newton Abbot', *Map Collector*, No. 41, pp. 18-20.

Harley, JB 1989, 'Deconstructing the Map', *Cartographica*, Vol. 26, No. 2, pp. 1-20.

Harman, G 2009, 'Zero-person and the Psyche', in Skrbina, D (ed), *Mind That Abides. Panpsychism in the New Millennium*, John Benjamins Publishing Company, Amsterdam and Philadelphia, pp. 253-282.

Jensen, OB and Richardson, T 2003, 'Being on the Map: The New Iconographies of Power Over European Space', *International Planning Studies*, Vol. 8, No. 1, pp. 9-34.

Lamb, J 2011, *The Things Say*, Princeton University Press, Princeton, NJ.

Maciulewicz, J 2017, 'The Representation of Book Culture in It-Narratives', in Malinowska, A and Lebek, K (eds), *Materiality and Popular Culture: The Popular Life of Things*, Routledge, London and New York, pp. 55-64.

Markham, B 1988, *West with the Night*, Penguin Books, London.

Morton, T 2013, *Realist Magic: Objects, Ontology, Causality*, Open Humanities Press, Ann Harbor, MI.

Nic Craith, M, Böser, U and Devasundaram, A 2016, 'Giving Voice to Heritage: A Virtual Case Study', *Social Anthropology*, Vol. 24, No. 4, pp. 433-445.

Peterle, G 2018, Carto-fiction: Narrativising Maps Through Creative Writing, *Social & Cultural Geography*, published online first.

Rossetto, T and Peterle, G 2018, 'City Buildings as Non-human Narrators: The Materiality of the Mythical in Wim Wender's *The Berlin Philharmonic*', Paper Presented at the conference *The City: Myth and Materiality*, Institute of Historical Research, London, 29 May.

Sassatelli, M 2017a, ' "Europe in Your Pocket": Narratives of Identity in Euro Iconography', *Journal of Contemporary European Studies*, Vo. 25, No. 3, pp. 354-366.

Sassatelli, M 2017b, 'Has Europe Lost the Plot? Europe's Search for a New Narrative Imagination', *Intervention at the Narratives of Europe Reading Room*, 20 June, viewed 30 November 2018, www.culturalfoundation.eu/library/narratives-for-europe- reading-room-monica-sassatelli

Scafi, A 2009, *Eurodesign. Immagini, avventure e misteri della moneta europea*, Milano, Bruno Mondadori.

Shaviro, S 2014, *The Universe of Things: On Speculative Realism*, University of

Minnesota Press, Minneapolis, MN.

## 8_지도 사진, 객체 렌더링, 자세히 읽기

Alpers, S 1983, *The Art of Describing: Duch Art in the Seventeenth Century*, Chicago University Press, Chicago.

Avezzù, G 2015, 'Film History and "Cartographic Anxiety" ', in Beltrame, A, Fidotta, G, and Mariani, A (eds), *At the Borders of (Film) History: Temporality, Archaeology, Theories*, Forum, Udine, pp. 323-330.

Bennett, J 2010, *Vibrant Matter: A Political Ecology of Things*, Duke University Press, Durham and London.

Bodei, R 2009, *La vita delle cose*, Laterza, Roma and Bari.

Bogost, I 2012, *Alien Phenomenology or What It's Like to Be a Thing*, University of Minnesota Press, Minneapolis, MN.

Bonini Lessing, E 2014, 'Atlante-Atlas. Luigi Ghirri's Imaginary Cartography', *Progetto Grafico. International Graphic Design Magazine*, No. 26, pp. 24-31.

Brückner, M 2015, 'Maps, Pictures and Cartoral Arts in America', *American Art*, Vol. 29, No. 2, pp. 2-9.

Bruno, G 2002, *Atlas of Emotion: Journeys in Art, Architecture, and Film*, Verso, London.

Caquard, S and Fraser Taylor, DR 2009, 'What Is Cinematic Cartography?', editorial of the *Cinematic Cartography* special issue, *The Cartographic Journal*, Vol. 46, No. 1, pp. 5-8.

Casey, E 2005, *Earth-Mapping: Artists Reshaping Landscape*, University of Minnesota Press, Minneapolis, MN.

The Cine-Tourist 2018, 'Website About Connections Between Maps and Films by Roland- François Lack', viewed 19 November 2018, www.thecinetourist.net

Conley, T 2006, *Cartographic Cinema*, Minneapolis, MN: University of Minnesota Press.

Costa, A 2014, *La mela di Cézanne e l'accendino di Hitchcock. Il senso delle cose nei film*, Einaudi, Torino.

Crampton, J and Krygier, J 2006, 'An Introduction to Critical Cartography', *ACME: International Journal of Critical Geographies*, Vol. 4, No. 1, pp. 11-33.

D'Ignazio, C 2009, 'Art and Cartography', in Kitchin, R and Thrift, N (eds), *International Encyclopedia of Human Geography*, Elsevier, Amsterdam.

Elsner, J 2010, 'Art History as Ekphrasis', *Art History*, Vol. 33, No. 1, pp. 10-27.

Ghirri, L 1997, *Niente di antico sotto il sole. Scritti e immagini per un'autobiografia*, edited by Paolo Costantini and Giovanni Chiaramonte, Società Editrice Internazionale, Turin.

Ghirri, L 1999, *Atlante*, Charta, Milan.

Giusti, S 2016, 'Earth e Street View Photography: esplorazioni e derive come brandelli della mappa sull'impero del codice', *Rivista di Studi di Fotografia*, No. 4, pp. 68-86.

Harley, JB 1988, 'Maps, Knowledge, and Power', in Cosgrove, D and Daniels, S (eds), *The Iconography of Landscape: Essays on the Symbolic Representation, Design and Use of Past Environments*, Cambridge University Press, Cambridge, pp. 277-312.

Harman, G 2018, *Object-Oriented Ontology: A New Theory of Everything*, Pelican Books, London.

Hedinger, B 1986, *Karten in Bildern: Zur Ikonographie der Wandkarte in holländischen Interieurgemälden des siebzehnten Jahrhunderts*, Georg Olms, Hildesheim.

Leszczynski, A 2009, 'Rematerializing GIScience', *Environment and Planning D: Society and Space*, Vol. 27, No. 4, pp. 609-615.

Llano Linares, N 2017, 'Emotional Territories: An Exploration of Wes Anderson's Cinemaps', in Malinowska, A and Lebek, K (eds), *Materiality and Popular Culture: The Popular Life of Things*, Routledge, London and New York, pp. 167-178.

Lo Presti, L 2018, 'Extroverting Cartography: "Seensing" Maps and Data Through Art', *Journal of Research and Didactics in Geography (J-READING)*, Vol. 7, No. 2, pp. 119-134.

Mitchell, WJT 1994, *Picture Theory: Essays on Verbal and Visual Representation*, The University of Chicago Press, Chicago.

Mitchell, WJT 2005, *What Do Pictures Want? The Lives and Loves of Images*, University of Chicago Press, Chicago.

Quaranta, D, McHugh, G, McNeil, J and Bosma, J 2011, *Collect the WWWorld. The Artist as Archivist in the Internet Age*, LINK, Brescia.

Roberts, L 2012, 'Cinematic Cartography: Projecting Place Through Film', in Roberts, L (ed), *Mapping Cultures: Place, Practice, Performance*, Palgrave Mcmillan, Basingstoke, pp. 68-84.

Rossetto, T 2015, 'The Map, the Other and the Public Visual Image', *Social and Cultural Geography*, Vol. 16, No. 4, pp. 465-491.

Rossetto, T 2019, 'The Skin of the Map: Viewing Cartography Through Tactile Empathy', *Environment and Planning D: Society and Space*, Vol. 37, No. 1, pp. 83-103.

Stoichita, V 1996, *The Self-Aware Image: An Insight into Early Modern Meta-Painting*, Cambridge University Press, Cambridge.

Taramelli, E 2013, 'Luoghi non comuni: Luigi Ghirri e Stephen Shore', *Conference Speech Presented at the British School of Rome Conference Come pensare per immagini? Luigi Ghirri e la fotografia, Rome*, 9 October, viewed 5 November 2018, www.youtube.com/ watch?v=bMfzfqOK7Og&feature=youtu.be

Tedeschi, F 2011, *Il mondo ridisegnato. Arte e geografia nella contemporaneità*, Vita e Pensiero, Milano.

Turkle, S 2011, *Evocative Objects: Things We Think With*, The MIT Press, Cambridge, MA.

Watson, R 2009, 'Mapping and Contemporary Art', *The Cartographic Journal*, Vol. 46, No. 4, pp. 293-307.

Welu, J 1975, 'Vermeer: His Cartographic Sources', *The Art Bulletin*, Vol. 57, No. 4, pp. 529-547.

Wood, D 2006 'Map Art', *Cartographic Perspectives*, No. 53, pp. 5-14.


## 9_살아 움직이는 지도학 혹은 지도와의 대화 속으로 진입하기

Belting, H 2014, *An Anthropology of Images: Picture, Medium, Body*, Princeton University Press, Princeton, NJ.

Bennett, J 2010, *Vibrant Matter: A Political Ecology of Things*, Duke University Press, Durham and London.

Boni, M and Re, V 2017, 'Here Be Dragons: la mappa come soglia, racconto, creazione', in Martin, S and Boni, M (eds), *Game of Thrones: una mappa per immaginare mondi*, Mimesis, Milano, pp. 105-128.

Boria, E and Rossetto, T 2017, 'The Practice of Mapmaking: Bridging the Gap Between Critical/Textual and Ethnographic Research Methods', *Cartographica*, Vol. 52, No. 1, pp. 32-48.

Bredekamp, H 2018, *Image Acts: A Systematic Approach to Visual Agency*, Walter De Gruyte, Berlin and Boston.

Bryant, LR 2011, *The Democracy of Objects*, Open Humanities Press, Ann Harbor, MI.

Buck, A, Sobiechowska, P and Winter, R (eds) 2013, *Professional Experience and Investigative Imagination: The Art of Reflective Writing*, Routledge, London and New York.

Butz, D and Besio, K 2009, 'Autoethnography', *Geography Compass*, Vol. 3, No. 5, pp. 1660-1674.

Caquard, S 2009, 'Foreshadowing Contemporary Digital Cartography: A Historical Review of Cinematic Maps in Films', *The Cartographic Journal*, Vol. 46, No. 1, pp. 46-55.

Craine, J and Aitken, S 2009, 'The Emotional Life of Maps and Other Visual Geographies', in Dodge, M, Kitchin, R and Perkins, C (eds), *Rethinking Maps: New Frontiers in Cartographic Theory*, Routledge, London and New York, pp. 167-184.

Ferrarese, F, Sauro, U and Tonello, C 1998, 'The Montello Plateau: Karst Evolution of an Alpine Neotectonic Morphostructure', *Zeitschrift für Geomorphologie*,

Supplementband 109, pp. 41-46 (Sheet 15 of the *International Atlas of Karst Phenomena*, Union Internationale de Spélèologie).

Freedberg, D 1989, *The Power of Images: Studies in the History and Theory of Response*, University of Chicago Press, Chicago and London.

Friesen, HJ 2013, 'What if Dora's Map Were Real?', *Web Log Post*, 3 March, viewed 4 October 2018, http://halfriesen.com/what-if-doras-map-were-real/

Gell, A 1998, *Art and Agency: An Anthropological Theory*, Clarendon Press, Oxford.

Harrower, M 2004, 'A Look at the History and Future of Animated Maps', *Cartographica*, Vol. 39, No. 3, pp. 33-42.

Lewes, D 1996, 'Utopian Sexual Landscapes: An Annotated Checklist of British Somatopias', *Utopian Studies*, Vol. 7, No. 2, pp. 167-195.

Lewis, JF 2008, 'Maps, Place, and Tatoos', Cartographic Perspectives, No. 61, pp. 70-71.

Lo Presti, L 2017, *(Un)Exhausted Cartographies: Re-Living the Visuality, Aesthetics and Politics in Contemporary Mapping Theories and Practices*, PhD Thesis, Università degli Studi di Palermo.

Luchetta, S 2018, 'Going Beyond the Grid. Literary Mapping as Creative Reading', *Journal of Geography in Higher Education*, Vol. 42, No. 3, pp. 384-411.

Mangani, G 2004, 'Somatopie. Curiosità Cartografiche', *FMR*, No. 3, pp. 62-76.

'Map' n.d., Wiki Article in *Dora the Explorer Wiki*, viewed 17 November 2018, http://dora. wikia.com/wiki/Map

Mattern, S 2018, 'Mapping's Intelligent Agents', in Bargués-Pedreny, P, Chandler, D and Simon, E (eds), *Mapping and Politics in the Digital Age*, Routledge, London and New York, pp. 208-224.

Mitchell, WJT 2005, *What Do Pictures Want? The Lives and Loves of Images*, University of Chicago Press, Chicago.

Monmonier, M 2014, *Adventures in Academic Cartography: A Memoir*, Bar Scale Press, Syracuse, NY.

Morton, T 2013, *Realist Magic: Objects, Ontology, Causality*, Open Humanities Press, Ann Harbor, MI.

Norment, C 2012, *In the Memory of the Map: A Cartographic Memoir*, University of Iowa Press, Iowa City.

Piovan, S, Hodgson, ME and Luconi, S 2017, 'I percorsi delle Armate del generale Sherman attraverso le aree umide del South Carolina (1865)', *Bollettino dell'Associazione Italiana di Cartografia*, No. 159, pp. 93-107.

Reed-Danahay, D 2012, 'Autobiography, Intimacy and Ethnography', in J Goodwin (ed), *SAGE Biographical Research*, Vol. I, Sage, London, pp. 127-150.

Rossetto, T 2015, 'Free the Map: Gazing at Belting's Anthropology of Images from a Map Studies Perspective', *Online Book Review, Society & Space Website*, viewed

17 Novem- ber 2018, http://societyandspace.org/2015/09/02/an-anthropology-of-images-picture- medium-body-by-hans-belting-reviewed-by-tania-rossetto/

Rossetto, T 2018, 'Chromocartographies: An Ethnographic Approach to Colours in Laura Canali's Geopolitical Maps', *Livingmaps Review*, No. 4, pp. 1-19.

van Eck, C 2015, *Art, Agency and Living Presence: From the Animated Image to the Excessive Object*, De Gruyter, Berlin.

Wilson, MW 2017, *New Lines: Critical GIS and the Trouble of the Map*, University of Minnesota Press, Minneapolis, MN and London.

## 10_지도와 지도의 대면: (차량 내) 내비게이션, 공존, 디지털 타자들

Adams, C and Thompson, TL 2016, *Researching a Posthuman World: Interviews with Digital Objects*, Palgrave Pivot, London.

Amin, A 2012, *Land of Strangers*, Polity Press, Cambridge and Malden, MA.

Anderson, B and Ash, J 2015, 'Atmospheric Methods', in Vannini, P (ed), *Non-representational Methodologies: Re-envisioning Research*, Routledge, London and New York, pp. 34-51.

Ash, J 2013, 'Rethinking Affective Atmospheres: Technology, Perturbation and Space Times of the Non-Human', *Geoforum*, Vol. 49, pp. 20-28.

Ash, J and Simpson, P 2016, 'Geography and Post-phenomenology', *Progress in Human Geography*, Vol. 40, No. 1, pp. 48-66.

Ash, J and Simpson, P 2018, 'Postphenomenology and Method: Styles for Thinking the (Non)Human', *GeoHumanities*, published online first.

Bennett, J 2012, 'Systems of Things: A Response to Graham Harman and Timothy Morton', *New Literary History*, Vol. 43, No. 2, pp. 225-233.

Dodge, M, Kitchin, R and Perkins, C (eds) 2009, *Rethinking Maps: New Frontiers in Cartographic Theory*, Routledge, London and New York.

Duggan, M 2017, *Mapping Interfaces: An Ethnography of Everyday Digital Mapping Practices*, PhD Dissertation, Royal Holloway University of London.

Kitchin, R and Dodge, M 2007, 'Rethinking Maps', *Progress in Human Geography*, Vol. 31, No. 3, pp. 331-344.

Fowler, C and Harris, JTO 2015, 'Enduring Relations: Exploring a Paradox of New Materialism', *Journal of Material Culture*, Vol. 20, No. 2, pp. 127-148.

Gale, K 2014, 'Moods, Tones, Flavors: Living with Intensities as Inquiry', *Qualitative Inquiry*, Vol. 20, No. 8, pp. 998-1004.

Gale, K 2018, *Madness as Methodology: Bringing Concepts to Life in Contemporary Theorising and Inquiry*, Routledge, London and New York.

Gekker, A and Hind, S 2016, ' "Outsmarting Traffic, Together": Driving as Social Navigation', Playful Mapping Collective, *Playful Mapping in the Digital Age*, Institute of Network Cultures, Amsterdam, pp. 78-92.

Graham, S and Thrift, N 2007, 'Out of Order: Understanding Repair and Maintenance', *Theory, Culture and Society*, Vol. 24, No. 3, pp. 1-25.

Harman, G 2011a, 'Response to Shaviro', in Bryant, L, Srnicek, N and Harman, G (eds), *The Speculative Turn: Continental Materialism and Realism*, re.press, Melbourne, pp. 291-303.

Harman, G 2011b, *The Quadruple Object, Zero Books*, Winchester and Washington, DC.

Hughes, A and Mee, K 2018 'Journeys Unknown: Embodiment, Affect and Living with Being "Lost" and "Found"', *Geography Compass*, published online first 3 May.

Morton, T 2013, *Realist Magic: Objects, Ontology, Causality*, Open Humanities Press, Ann Harbor, MI.

Noronha, V 2015, 'In-Vehicle Navigation System', in Monmonier, M (ed), *Cartography in the Twentieth Century*, Vol. 2, University of Chicago Press, Chicago, pp. 1716-1722.

Rabbiosi, C and Vanolo, A 2017, 'Are We Allowed to Use Fictional Vignettes in Cultural Geographies?' *Cultural Geographies*, Vol. 24, No. 2, pp. 265-278.

Shaviro, S 2011, 'The Actual Volcano: Whitehead, Harman, and the Problem of Relations', in Bryant, L, Srnicek, N and Harman, G (eds), *The Speculative Turn: Continental Materialism and Realism*, re.press, Melbourne, pp. 279-289.

Simpson, P 2017, 'Spacing the Subject: Thinking Subjectivity After Non-representational Theory', *Geography Compass*, Vol. 11, No. 12, pp. 1-13.

Speake, J 2015, 'I've Got my Sat Nav, It's Alright': User's Attitudes Towards, and Engagements with, Technologies of Navigation', *Cartographic Journal*, Vol. 52, No. 4, pp. 345-355.

Thompson, TL 2018, 'The Making of Mobilities in Online Work-Learning Practices', New Media & Society, Vol. 20, No. 3, pp. 1031-1046.

## 11_지도학적 장소에 다시 방문하기: 지도의 생성과 '반생성'

Ash, J and Simpson, P 2016 'Geography and Post-phenomenology', *Progress in Human Geography*, Vol. 40, No. 1, pp. 48-66.

Ash, J and Simpson, P 2018, 'Postphenomenology and Method: Styles for Thinking the (Non)Human', *GeoHumanities*, published online first.

Bryant, LR 2014, *Onto-Cartography: An Ontology of Machines and Media*, Edinburgh University Press, Edinburgh.

Casey, ES 2000, *Remembering: A Phenomenological Study*, Indiana University Press,

Bloomington.

Cerney, DL 2010, 'The Use of Repeat Photography in Contemporary Geomorphic Studies: An Evolving Approach to Understanding Landscape Change', *Geography Compass*, Vol. 4, No. 9, pp. 1339-1357.

Clark, TJ 2006, *The Sight of Death: An Experiment in Art Writing*, Yale University Press, New Haven and London.

Crang, M 2010, 'The Death of Great Ships: Photography, Politics, and Waste in the Global Imaginary', *Environment and Planning A*, Vol. 42, No. 5, pp. 1084-1102.

Della Dora, V 2009, 'Travelling Landscape-objects', *Progress in Human Geography*, Vol. 33, No. 3, pp. 334-354.

Denis, J and Pontille, D 2014, 'Maintenance Work and the Performativity of Urban Inscriptions: The Case of Paris Subway Signs', *Environment and Planning D: Society and Space*, Vol. 32, No. 3, pp. 404-416.

DeSilvey, C 2006, 'Observed Decay: Telling Stories with Mutable Things', *Journal of Material Culture*, Vol. 11, No. 3, pp. 318-338.

Gekker, A, Hind, S, Lammes, S, Perkins, C and Wilmott, S 2018, 'Introduction: Mapping Times', in Lammes, S, Perkins, C, Gekker, A, Hind, S, Wilmott, C and Evans, D (eds), *Time for Mapping: Cartographic Temporalities*, Manchester University Press, Manchester, pp. 1-23.

Gross, D 2000, 'Objects from the Past', in Neville, B and Villeneuve, J (eds), *Waste-site Stories: The Recycling of Memory*, State University of New York Press, Albany, pp. 29-37.

Harman, G 2011a, *The Quadruple Object*, Zero Books, Winchester and Washington, DC. Harman, G 2011b, 'Response to Shaviro', in Bryant, L, Srnicek, N and Harman, G (eds), *The Speculative Turn: Continental Materialism and Realism*, re.press, Melbourne, pp. 291-303.

Harrison, P 2009, 'In the Absence of Practice', *Environment and Planning D: Society and Space*, Vol. 27, No. 6, pp. 987-1009.

Hornsey, R 2012, 'Listening to the Tube Map: Rhythm and the Historiography of Urban Map Use', *Environment and Planning D: Society and Space*, Vol. 30, No. 4, pp. 675-693.

Klett, M 2011, 'Repeat Photography in Landscape Research', in Margolis, E and Pauwels, L (eds), *The SAGE Handbook of Visual Research Methods*, Sage, London, pp. 115-131.

Kraak, MG 2014, *Mapping Time: Illustrated by Minard's Map of Napoleon's Russian Campaign of 1812*, Esri Press, Redlands, CA.

Kumar, N 2014, 'Repetition and Remembrance: The Rephotographic Survey Project', *History of Photography*, Vo. 38, No. 2, pp. 137-160.

Lammes, S, Perkins, C, Gekker, A, Hind, S, Wilmott, C and Evans, D (eds) 2018, *Time for Mapping: Cartographic Temporalities*, Manchester University Press, Manchester.

Larsen, J and Christensen, M 2015 'The Unstable Lives of Bicycles: The "Unbecoming" of Design Objects', *Environment and Planning A*, Vol. 47, No. 4, pp. 922-938.

Latour, B 1999, *Pandora's Hope: Essays on the Reality of Science Studies*, Harvard University Press, Cambridge, MA.

McCormack, D 2010, 'Remotely Sensing Affective Afterlives: The Spectral Geographies of Material Remains', *Annals of the Association of American Geographers*, Vol. 100, No. 3, pp. 640-654.

McCormack, D 2015, 'Devices for Doing Atmospheric Things', in Vannini, P (ed), *Nonrepresentational Methodologies: Re-envisioning Research*, Routledge, London and New York, pp. 89-111.

McManus, K 2011, 'Objective Landscapes: The Mediated Evidence of Repeat Photography', *Intermédialités*, No. 17, pp. 105-118.

Mitchell, WJT 2005, *What Do Pictures Want? The Lives and Loves of Images*, University of Chicago Press, Chicago.

Morton, T 2013, *Realist Magic: Objects, Ontology, Causality*, Open Humanities Press, Ann Harbor, MI.

Munteán, L 2015, 'Of Time and the City: Urban Rephotography and the Memory of War', *Observatorio (OBS\*)*, No. 9, pp. 111-124.

Oliver, J 2016, 'On Mapping and Its Afterlife: Unfolding Landscapes in Northwestern North America', *World Archaeology*, Vol. 43, No. 1, pp. 66-85.

Rieger, JH 2011, 'Rephotography for Documenting Social Change', in Margolis, E and Pauwels, L (eds), *The SAGE Handbook of Visual Research Methods*, Sage, London, pp. 133-149.

Rossetto, T 2019, 'Repeat Photography, Post-phenomenology and "Being-with" Through the Image (At the First World Was Cemeteries of Asiago, Italy)', *Transactions of the Institute of British Geographers*, Vol. 44, No. 1, pp. 125-140.

Simpson, P 2017 'Spacing the Subject: Thinking Subjectivity after Non-representational Theory', *Geography Compass*, Vol. 11, No. 12, pp. 1-13.

Smith, TL 2007, 'Repeat Photography as a Method in Visual Anthropology', *Visual Anthropology*, Vol. 20, No. 2-3, pp. 179-200.

Wiegen, K and Winterer, C (eds) forthcoming, *Time in Space: Representing the Past in Maps*, University of Chicago Press, Chicago.

# 결론

Ash, J, Anderson, B, Gordon, R and Langley, P 2018, 'Unit, Vibration, Tone: A Post- Phenomenological Method for Researching Digital Interfaces', *Cultural Geographies*, Vol. 25, No. 1, pp. 165-181.

Ash, J and Simpson, P 2018, 'Postphenomenology and Method: Styles of Thinking the (Non)Human', *GeoHumanities*, published online first 17 December.

Azócar Fernández, PB and Buchroithner, MF 2014, *Paradigms in Cartography: An Epis- temological Review of the 20th and 21st Centuries*, Springer, Berlin and Heidelberg.

Bastian, M, Jones, O, Moore, N and Roe, E (eds) 2016, *Participatory Research in More-than-Human Worlds*, Routledge, Abingdon and New York.

Belting, H 2014, *An Anthropology of Images: Picture, Medium, Body*, Princeton University Press, Princeton, NJ.

Bennett, J 2010, *Vibrant Matter: A Political Ecology of Things*, Duke University Press, Durham and London.

Bogost, I 2012, *Alien Phenomenology or What It's Like to Be a Thing*, University of Min- nesota Press, Minneapolis, MN.

Bredekamp, H 2018, *Image Acts: A Systematic Approach to Visual Agency*, Walter De Gruyte, Berlin and Boston.

Brunn, S and Dodge, M (eds) 2017, *Mapping Across Academia*, Springer, Berlin.

Bryant, LR 2011, *The Democracy of Objects*, Open Humanities Press, Ann Harbor, MI.

Bryant, LR 2014, *Onto-Cartography: An Ontology of Machines and Media*, Edinburgh University Press, Edinburgh.

Cosgrove, D 2008, 'Cultural Cartography: Maps and Mapping in Cultural Geography', *Annales de Géographie*, Vol. 660-661, No. 2-3, pp. 159-178.

Dodge, M, Kitchin, R and Perkins, C (eds) 2009, *Rethinking Maps: New Frontiers in Cartographic Theory*, Routledge, London and New York.

Dowling, R, Lloyd, K and Suchet-Pearson, S 2017, 'Qualitative Methods III: "More-than- human" Methodologies and/in Praxis', *Progress in Human Geography*, Vol. 41, No. 6, pp. 823-831.

Duggan, M 2017, *Mapping Interfaces: An Ethnography of Everyday Digital Mapping Practices*, PhD Dissertation, Royal Holloway University of London.

Duxbury, N, Garrett-Petts, WF and Longley, A 2019, *Artistic Approaches to Cultural Mappings: Activating Imaginaries and Means of Knowing*, Routledge, London and New York.

Fowles, S 2016, 'The Perfect Subject (Postcolonial Object Studies)', *Journal of Material Culture*, Vol. 21, No. 1, pp. 9-27.

Harman, G 2011, *The Quadruple Object*, Zero Books, Winchester and Washington, DC.

Harman, G 2012, 'The Well-Wrought Broken Hammer: Object-Oriented Literary Criticism', *New Literary History*, Vol. 43, No. 2, pp. 183-203.

Harman, G 2018, *Object-Oriented Ontology: A New Theory of Everything*, Pelican Books, London.

Kent, A and Vujakovic, P (eds) 2018, *The Routledge Handbook of Mapping and Cartography*, Routledge, London and New York.

Lo Presti, L 2017, *(Un)Exhausted Cartographies: Re-Living the Visuality, Aesthetics and Politics in Contemporary Mapping Theories and Practices*, PhD Thesis, Università degli Studi di Palermo.

Mitchell, WJT 2005, *What Do Pictures Want? The Lives and Loves of Images*, University of Chicago Press, Chicago.

Morton, T 2013, *Realist Magic: Objects, Ontology, Causality*, Open Humanities Press, Ann Harbor, MI.

Perkins, C 2018, 'Critical Cartography', in Kent, A and Vujakovic, P (eds), *The Routledge Handbook of Mapping and Cartography*, Routledge, London and New York, pp. 80-89.

Rankin, W 2015, 'Redrawing the Map: New Tools Create a Niche for the Cartophile', *ArchitectureBoston*, Vol. 18, No. 3, pp. 42-45.

Reddleman, C 2018, *Cartographic Abstraction in Contemporary Art: Seeing with Maps*, Routledge, New York and London.

Rose, G 2016, 'Rethinking the Geographies of Cultural "Objects" Through Digital Technologies: Interface, Network and Friction', *Progress in Human Geography*, Vol. 40, No. 3, pp. 334-351.

Rossetto, T 2015 'Semantic Ruminations on Post-representational Cartography', *International Journal of Cartography*, Vol. 1, No. 2, pp. 151-167.

Shaviro, S 2014, *The Universe of Things: On Speculative Realism*, University of Minnesota Press, Minneapolis, MN.

van Eck, C 2015, *Art, Agency and Living Presence: From the Animated Image to the Excessive Object*, De Gruyter, Berlin.

Vannini, P (ed) 2015, *Non-representational Methodologies: Re-envisioning Research*, Routledge, London and New York.

# 객체지향 지도학

2023년 2월 28일 초판 1쇄 발행

지은이 | 타냐 로세토
옮긴이 | 박민지
펴낸이 | 노경인 · 김주영


펴낸곳 | 도서출판 앨피
출판등록 | 2004년 11월 23일 제2011-000087호
주소 | 우)07275 서울시 영등포구 영등포로 5길 19(양평동 2가, 동아프라임밸리) 1202-1호
전화 | 02-336-2776  팩스 | 0505-115-0525
블로그 | bolg.naver.com/lpbook12
전자우편 | lpbook12@naver.com


ISBN 979-11-92647-09-8   94300